노보리와 동발:
탄광민속문화 보고서

문화산업총서 7호

노보리와 동발: 탄광민속문화 보고서

2017년 3월 20일 초판 인쇄
2017년 3월 25일 초판 발행

지은이 | 정연수
펴낸이 | 이찬규
펴낸곳 | 북코리아
등록번호 | 제03-01240호
주소 | 13209 경기도 성남시 중원구 사기막골로 45번길 14
우림2차 A동 1007호
전화 | 02-704-7840
팩스 | 02-704-7848
이메일 | sunhaksa@korea.com
홈페이지 | www.북코리아.kr
ISBN | 978-89-6324-534-8 (94300)
978-89-6324-144-9 (세트)

값 20,000원

* 이 도서의 국립중앙도서관 출판예정도서목록(CIP)은 서지정보유통지원시스템 홈페이지(http://seoji.nl.go.kr)와 국가자료공동목록시스템(http://www.nl.go.kr/kolisnet)에서 이용하실 수 있습니다. (CIP제어번호 : CIP2017001526)

문화산업총서 7

노보리와 동발: 탄광민속문화 보고서

정연수

북코리아

프롤로그

탄광촌이 빚은 산업문화콘텐츠, 산업유랑민의 문화적 자산

탄광촌에서는 누구나 다 아는 '노보리'와 '동발'이지만, 다른 지역에서는 아는 사람이 드문 단어이다. 노보리(のぼり, 오르막)는 '경사진 면을 올라가면서 작업하는 갱도'라는 뜻을 지닌 일본어이고, 동발(동바리의 준말)은 '갱도가 무너지지 않게 받치는 기둥'이라는 우리말이다. '관광 노보리'라는 은어에서부터 '어젯밤 노보리 올랐나?'라는 성적 농담에 이르기까지 노보리는 탄광촌의 일상적 용어였다. 노보리 작업은 광부의 가혹한 노동 여건을 상징하는 말이기도 하다. 막장의 천장이 낮은 터라, 동발을 배 아래에 끼고서 낮은 포복으로 노보리를 기어오르는 배밀이 작업까지 있었으니 말이다.

광부들은 막장의 열악한 노동환경을 견디면서도 동발을 세우듯 '막장인생'에 몰린 가난한 삶을 일으켜 세우기 위해 온 힘을 다했다. 갱내 막장은 죽음의 현장이라고 불릴 정도로 몹시 위험한 곳이었으나, 광부들은 노보리를 오르고 동발을 세우며 석탄을 캤다. 산업 발전을 위해서는 우리나라 유일의 부존에너지 자원인 석탄의 대량 생산이 절실했었다. 광부들을 가리켜 산업역군 혹은 산업전사라고 부른 데서 알 수 있듯, 애국적 사명이 없었더라면 광부들은 노보리 막장을 거부했을지도 모른다. 노보리 막장이 사라진 것은 2000년대 들어 기계화채탄이 시작되면서 가능했다.

우리나라(남한)에 탄광촌이 형성된 지는 80여 년 정도에 불과하지만, 독특한 고유문화를 통해 산업사회의 이슈를 생산하곤 했다. 전국 각지에서 유입된 산업유랑민을 따라 농촌 · 어촌 · 산촌의 다양한 풍속이 탄광촌의 특성에 맞게 수용되거나 변이과정을 거쳤다. 탄광촌의 고유문화가 만들어진 것은 외부와 고립된 지형적 특성과 석탄산업이라는 단일 산업으로 도시가 형성된 특징에서 비롯한다. 가장 많은 탄광촌을 거느린 강원도에는 태백시 · 정선군 사북읍과 고한읍 그리고 신동읍 · 삼척시 도계읍 · 영월군 북면 마차리 등이 있다. 그 외 지역으로는 경북 문경 · 전남 화순 · 충남 보령 지역이 대표적 탄광촌이다.

사택 생활 중심의 탄광 공동체는 "여자가 남자의 앞을 가로질러 가지 못한다" 같은 숱한 금기들을 전 주민이 철저하게 지키도록 공고히 했다. 함태광업소가 3일 동안 성대하게 열던 '함태단오'는 산업과 풍속이 결합한 속성을 잘 보여 준다. 탄광촌 기층민중에 의해 창출되고 전승된 탄광민속문화는 탄광촌의 정체성을 확인하는 자료이자, 산업 변화의 소용돌이 속에서 전승과 변이를 겪는 한국 민속의 흐름을 보여 주는 자료이기도 하다.

1989년 석탄산업 합리화정책 이후부터 광업소가 문을 닫고, 광부들이 살던 사택이 철거되면서 탄광촌의 흔적이 사라지고 있다. 폐광촌으로 전락하면서 탄광촌은 저마다 관광도시화라는 정책을 내세웠으니, 지역적 정체성까지 흐려지고 있다. 석탄 개발 호황으로 시(市)로까지 승격했으며, 전국 최대 탄광촌 규모를 자랑하던 태백시 역시 폐광촌의 그늘이 짙다. 그래서일까, 태백시는 석탄산업 사양화 이후부터 정책을 펼칠 때마다 "탄광촌의 이미지를 벗고"라는 표현을 쓰곤 한다. 탄광촌의 역사와 흔적들을 콤플렉스로 여기는 심리를 보여 주는 셈이다.

그러나 탄광촌은 부끄러운 문화가 아니다. 석탄산업이 빚은 귀중한 문화적 자산인 것이다. 사라져 가는 탄광문화의 원형을 복원하려는 일은 그래서 더 시급한 셈이다. 이 책은 탄광촌을 이루던 태백 · 정선 · 삼척 · 영월 지역의 가장 큰 자산인 탄광민속문화를 다루고 있다. 금기 · 유행어 · 민요 · 작업 장비 · 세시풍속 · 축제 등에 관한 논문을 한자리에 엮어 탄광촌 고유의 정체성을 확인하고, 다른 지역과 차별성을 지닌 탄광민속문화를 규명하고자 했다. 탄광촌 문화를 논문으로 정리하는 일은 석탄이 빚은 산업문화콘텐츠라는 유형의 자산을 확보하는 일이자, 산업민속의 영역을 확대하는 일이기도 하다. 문화산업총서의 가치를 만들어 주신 이찬규 사장님께 깊은 감사를 전한다.

2017년 봄

문학박사 정연수

CONTENTS

CONTENTS

CONTENTS

1장

탄광촌 금기어·금기행위 연구

1.
금기어 연구의 의의

남한 탄광촌의 개발은 1930년대에 중일전쟁과 태평양전쟁으로 석탄의 수요가 급증하던 일본 제국주의의 자원 수탈 정책으로 시작된다. 1950년 한국전쟁을 전후해 북한에 의존하던 전력 공급이 중단되면서 국가적 차원의 석탄 개발이 본격화된다. 1950년대부터 1960년대까지 300% 이상의 높은 인구 증가율을 보이며 탄광촌이 형성되는데, 남한의 대표적인 탄광촌으로는 강원도의 삼척 · 태백 · 정선 · 영월, 경북의 문경, 충청의 보령, 전남의 화순 등을 꼽을 수 있다. 1989년의 석탄산업합리화정책으로 대규모 폐광을 맞으면서 쇠퇴기로 접어들기까지 탄광촌을 형성한다.

산간에 위치한 탄광촌은 토착민보다 전국 각지에서 몰려든 외지인들로 구성된다. 탄광촌에는 “전국에서 한 개 읍(면) 빼고는 온 동네에서 다 모여들었다”는 말이 있을 정도로 외지인으로 도시 공동체가 형성되는데, 유입된 사람들을 따라 전국 각지에서 지켜 오던 생활풍속도 함께 들어온다. 탄광촌은 산업사회가 만들어낸 부산물이었지만 다른 산업도시와는 달리 광업소라는 단일 산업을 중심으로 경제, 사회, 문화가 움직이는 집단 주거지가 형성되면서 농어촌 같은 집단 공동체의 특징을 띤다.

탄광촌이 만들어지면서 탄광촌 금기어 같은 새로운 풍속이 형성된다. 각지에서 지켜지던 금기어가 탄광촌 특성에 맞게 변모되면서 탄광촌 공동체의 질서를 유지하는 기제로 작동한다. 시대와 지역에 따라 사람들의 사고방식이 변한다는 것을 고스란히 보여 준 탄광촌 금기어를 통해 "인간은 이미 있는 문화를 전승하는 한편, 새로운 문화를 끊임없이 창조해 간다"[1]는 것을 확인할 수 있다.

그 시대 및 지역의 문화를 반영하는 금기어는 "민속 언어예술의 하나"[2]로까지 일컬어진다. 금기어를 '원시인들의 풍속'이라고 보는 이들도 있지만, 분명한 것은 금기어가 "인간의 가장 보편적인 정서에서 만들어졌다는 것"[3]이다. 시대와 지역에 따라 다르게 나타나는 금기어는 집단의 상징체계나 의식을 담고 있는 문화의 산물이다. 따라서 금기어를 살펴보는 일은 공동체를 이루며 살아가는 인간 심리와 문화의 성격을 확인하는 일이다.

석탄산업이라는 단일 경제를 통해 집단을 이루며 특수한 문화와 고유의 풍속들을 형성해 온 탄광촌은 1989년부터 시작된 대규모 폐광 이후 그 풍속이 급속도로 사라지고 있다. 광부와 주민들이 다른 지역으로 이주하면서 탄광촌 공동체가 와해되기 때문이다. 1988년 전국의 탄광 수가 347개에 이르던 것이 합리화정책으로 10년 만인 1996년에는 11개만 남았을 정도로 폐광 속도가 빨랐다(2016년 탄광 5개). 그 여파로 1980년대 68,500명에 이르던 전국 탄광노동자 수는 2000년 들어 8,200명으로 급감했다(2016년 노동자 3,500명). 탄광촌의 풍속이 더 사라지기 전에 탄광촌의 삶과 문화를 이해하는 자료를 수집하여 기록, 정리, 연구하는 일은 시급한 과제이다. 탄광촌 금기어의 정리는 탄광촌 고유의 전통과 문화를 살피는 일뿐만 아니라 한국 경제 발전 속에 형성된 근대 산업문화의 역사를 확인하는 가치를 지닌다. 한국인의 금기어를 통해 우리 민족의 의식과 문화를 엿볼 수 있는 것처럼, 탄광촌의 금기어를 통해 탄광촌 주민

1) 임재해, 『민속문화론』, 문학과지성사, 1994, 223쪽.

2) 김성배, 「금기어 · 속담」, 『한국민속대관』, 고려대 민족문화연구소, 1982, 691쪽.

3) 허재영, 『생활 속의 금기어 이야기』, 역락, 2000, 236쪽 참조.

들의 삶에 대한 의식과 문화를 구체적으로 확인할 수 있을 것이다.

그동안 금기어 사전 발행과 금기어 연구 작업이 활발히 진행되는 동안에도 탄광촌 금기어는 전혀 다루어지지 않았다. 이 글은 탄광촌 금기어를 정리한 첫 연구 성과라는 점에서도 큰 의의를 지닌다. 강원도 태백시 · 삼척군 · 정선군 · 영월군 지역을 조사 지역으로 삼아 광부와 그 가족들이 비교적 철저하게 지킨 금기들로 살폈다(조사 기간: 2003~2006년). 탄광촌 금기어의 형성 배경 및 금기어의 효과, 금기어에 반영된 탄광 주민들의 의식, 탄광촌 금기어와 타 지역 금기어의 상호 연관성, 탄광촌 금기어의 유형 등에 대해서 살펴보고자 한다.

2.
탄광촌의 금기어

주술, 예조, 점복 등과 함께 속신으로 자리해 온 금기는 앞날의 위험을 피하고 싶은 마음에서 인간의 행동을 제한한다. 해서는 안 되는 것이 '금(禁)'이라면, 두려운 마음에서 피하고 싶은 심리상태를 '기(忌)'라고 한다. 특정 행위나 대상에 대한 두려움을 극복하려는 소극적 심리에서 금기어가 생겨난다. 탄광촌 금기어는 금기에 대한 억제 행위를 통해 탄광촌 사회에 존재하는 각종 액운을 미리 피하려는 심리적인 방어 현상이라 하겠다. 금기어, 금기담, 전조어(길조, 흉조어), 속신어 등의 용어가 있으나 본고에서는 편의상 금기어로 통칭한다.

탄광촌 금기어는 각종 사고의 위험에 노출되고 있는 탄광노동현장에 대한 공포심에서 비롯한다. 탄광노동현장은 연평균 175명이 사망(1978년부터 1987년까지 10년간 총 1,749명 사망)하면서, '죽음의 작업장'이라 불린다. 작업장을 '인생막장', 광부의 처지를 '막장인생'이라고 표현하는 것도 그 때문이다. 재해가 잦은 탄광 작업장의 현실이 유별난 안전의식을 강조하면서, 덩달아 각종 금기가 생겨났다. 금기가 많다는 것은 그만큼 위험한 작업장이라는 것을 대변하는 셈이다.

탄광촌 금기어를 광부의 출퇴근, 갱내 노동, 일상생활 등으로 나누어 살펴본다.

1) 광부의 출퇴근과 관련한 금기어

생계를 위해 탄광을 작업장으로 선택한 광부에게 빈번한 사고가 발생하는 갱내 막장은 공포의 현장이었다. 출근하는 자체부터 두려운 심리가 출근 금기를 만들었다. 출근길부터 조심성을 보이는 광부, 금기를 함께 지켜 가는 가족과 주민들, 광부 중심의 탄광촌 사회에서 억압당하는 여자의 삶 등이 금기어에 담겨 있다. 광부들의 출퇴근과 관련한 금기어를 살펴보자.

① 출근하기 전에 여자가 방문하지 않는다

광부가 출근하기 전에 남의 여자가 집을 방문하는 것은 금기사항이었다. 아침에만 출근하는 것이 보편적인 다른 지역사회와 달리 갑방 · 을방 · 병방 3교대로 출근이 이루어지는 탄광촌에서는 출근 전 여부를 확인하기가 쉽지 않았다. 그래서 한낮이나 저녁 시간이라 하더라도 집 밖에서 출근 전후의 정황을 살펴보고 방문했다.

탄광촌의 출근 전 방문에 대한 금기는 전국에 널리 알려졌던 "정초에 여자가 먼저 방문하면 1년 내내 재수가 없다"[4]라든가, "아침 일찍 동네 여자가 들어오면 재수가 없다"[5] 등의 금기어가 변형된 것으로 보인다.

소 팔러 가는 일을 큰 대사로 여기던 농촌에서는 "소 팔러 가는 집에 여자가 들어오면 재수 없다"는 금기어가 있었다. 탄광촌에서는 광부들이 탄 캐러 가는 일을 중대사의 시작으로 보아 출근 전에 여자들을 꺼렸다. "첫 손님이 여자면 태우지 않고 그냥 간다"는 택시운전사들의 금기처럼 업무 시작 전에 여자를 꺼리는 것도 같은 맥락

---

4) 아무 생각 없이 어린 계집애가 사립문에 발을 들여놓으면 집주인은 으레 얼굴을 찡그린다. 허재영, 위의 책, 192쪽.

5) 최래옥 편, 『한국 민간 속신어 사전』, 집문당, 1995, 214쪽.

에서 생각할 수 있다. 1년 중 첫날이나 아침 또는 출근 전에 여자들을 조심시켰다. 이러한 금기는 남존여비의 시대적 분위기 속에 형성되기는 하였지만, 광부들에게는 항상 신중하게 처신할 것을 교육하는 효과를 가져왔다.

출근 전 방문 금기는 중국에도 나타나는데, 여자뿐만 아니라 손님 자체를 꺼리는 종족이 있다. 독룡족의 경우 가족이 사냥하러 가거나 종자를 심으러 가는 날은 짐승을 잡지 못하거나 종자가 싹트지 않을 것을 염려하여 손님 오는 자체를 꺼렸다.[6)]

② 남편의 광업소 출근 전에는 남의 집에 가지 않는다

남편이 광업소로 출근하기 전에 아내가 남의 집을 방문하는 것을 금했다. 아침에 여자가 남의 집에 가지 않도록 행동을 조심시키는 금기와 맥락을 같이하는데, 탄광촌의 이 금기는 아내의 내조를 강조하는 측면이 더 크다. "남편의 광업소 출근 전에 다른 집에 가지 않는다"는 금기는 출근을 준비하는 남편을 돕는 아내의 역할을 암시하고 있다. 이 금기는 출근 내조를 통해 남편에게 심리적인 안정감을 주는 효과도 거두었다.

③ 출근하는 앞길을 여자가 가로지르지 않는다

사택에서든 시내에서든 탄광촌 전체가 여자들의 조심스러운 행동을 요구했다. 여자들의 행동에 대한 제약은 광부들이 출근할 때 앞을 가로지르지 못하도록 하는 데서 극명하게 드러난다. 출근하는 광부의 앞길을 여자가 가로지르면, 광부들은 도시락

---

6) 왕챵, 채옥자 옮김, 『금기로 본 중국, 중국인』, 비전코리아, 2004, 19쪽.

까지 팽개치면서 윽박지르다가 출근을 포기하고 집으로 되돌아가서는 여자 욕을 하면서 술을 마시곤 했다. 그러다 보면 덩달아 화가 난 광부의 아내가 그 여자 집을 찾아가 머리끄덩이를 붙잡고 한바탕 하곤 한다. "야, 이 버르장머리 없는 ×아, 어딜 남자 앞을 함부로 지나다녀?" 하는 험악한 소리를 듣고도 죽을죄 지은 죄인처럼 아무 말도 못 했다.

당시 "이 무식한 년이", "어디서 이런 못된 버릇을 배워 처먹었어?", "네 서방은 어디 다니는데 그래" 등의 욕설이 흔했다. 심지어는 "오늘 책임은 네가 져. 일당 내놓으란 말이야" 같은 압박을 견디다 못해 보상 차원에서 막걸리를 사 들고 가서 사과하는 경우도 적잖았다. 처음 탄광촌으로 온 여자들은 이러한 금기를 몰라 황당한 일을 겪는 사례가 많았다.[7)]

> 처음 도계로 시집와서 생활하던 때인데, 남자의 앞길을 지나갔다가 남자로부터 '재수 없다'면서 하는 온갖 쌍스러운 욕을 다 들었다. 처음엔 참으로 당황하고 어이가 없었지만, 곧 그런 금기에 익숙해졌다.[8)]

탄광촌 여자들이 출근 금기를 어겨 한 번씩 곤욕을 치른 뒤에는 조심스러운 몸가짐과 마음가짐을 하게 된다. 갑방 · 을방 · 병방 출퇴근시간을 전후하여 여자들은 공동수도와 공동화장실 사용을 위한 바깥출입조차 삼갔다. 탄광촌에서는 광부의 가족이든 아니든 모두가 탄광촌 금기를 철저하게 지키고 있었다. 광부들은 출근할 때 여자가 앞길을 가로질러 가면 재수 없다고 믿었다.

> 아침 도시락을 들고 일하러 갈 때 사택이나 화장실 근처에서 여자들이 앞을 가

7) 정연수, 「탄광의 생산활동」, 『탄광촌 사람들의 삶과 문화』, 삼척시립박물관, 2005, 222쪽.

8) 전순영(여, 51, 도계)

로질러 가면 일하러 가질 않았다. 어떤 사람은 게을러 일하러 가기 싫던 차에 그걸 핑계 삼아 일부러 더 그러기도 했다. 그런데 난 침 한 번 탁 뱉으면서 '에이 기분 나빠' 하고는 출근한 적도 있다. 그런데 그날 기분은 참 안 좋았다. 여자가 그렇게 기분 꺾고 나면 온종일 일이 제대로 안 되었다. 그러니까 그런 기분에 일하다 보면 사고 나기가 쉬웠다.[9)]

이 금기어는 남존여비 풍습 속에서 남자 중심의 사회가 만들어 낸 금기인 것은 틀림없지만, 탄광노동에 종사하는 광부에 대한 깊은 배려에서 생성된 금기라는 점도 간과해서는 안 된다. 강도 높은 노동에 종사하는 광부의 노고를 반영한 광부 중심의 탄광사회를 고려해야 하기 때문이다. 현대적 예절이 연약한 여자에 대한 배려로 '여자 먼저(Lady First)'라면, 여자의 노동이 없던 탄광촌의 예절은 노동하는 남자를 우선시하고 있었던 셈이다. 무거운 짐을 지고 가는 사람에게 먼저 길을 지나가도록 배려한 것과 비슷한 심리가 탄광촌 저변에 깔렸다.

교도소에서 사형을 확정받은 죄수를 조심스럽게 대하는 것처럼 탄광촌 사회는 죽음의 작업을 수행하는 광부를 예우했다. 국가 역시 '산업전사'라는 칭호로 광부를 예우했다. "출근할 때 여자가 길을 가로지르지 않는다"는 금기는 강도 높은 노동에 종사하는 광부의 유세의식과 가벼운 노동(가사)에 종사하는 여자 사이에서 더욱 공고해졌다. 특히 3교대로 진행되는 탄광사회에서 온종일 여자들이 남자들의 앞길을 가로지르지 못하도록 한층 강화되었다. 출근하는 광부뿐만 아니라 어린 남자아이의 앞길조차 어른 여자가 가로지르지 않는 분위기가 조장된 것도 그 때문이다. 2016년 현재도 탄광을 주요 산업으로 생계를 꾸리고 있는 삼척시 도계읍과 태백시 장성동 사택지역에서는 이러한 금기가 지켜지는 모습을 종종 확인할 수 있다.

출근 전에 여자가 앞을 가로지르지 못하는 금기는 어촌과 대장간 등에서도 나

9) 신이종(남, 73, 도계)

타난다. 어촌에서는 "출어 시에 여자가 앞을 지나면 그날 조업을 포기한다"[10]는 금기가, 대장간에서는 "여자가 앞을 가로질러 가면 재수가 없다"[11]는 금기가 전해진다. 우리나라 여러 지역에서도 "아침에 여자는 남자 앞에 함부로 지나가지 마라. 엄마가 죽는다"[12], "아침에 여자가 남자 앞을 휙 지나가면 그날 재수가 없다"[13], "신랑이 들어올 때는 길을 건너지 않는다"[14], "아침에 여자가 남자의 머리맡을 다니거나, 넘어 다니면 재수 없다"[15] 등의 금기가 존재했다. 이러한 금기어들이 교섭하면서 광부들의 출근 전 앞길을 가로지르지 못하도록 하는 탄광촌의 중요 금기어로 정착되었다.

한편 미국의 인디언(테톤 수우 족)은 아이들에게 "모닥불 앞이나 나이 먹은 어른들과 방문객 앞을 가로질러 다니는 것을 금지"[16]하는 예의 교육을 했다.

④ 출근할 때는 여자를 쳐다보지 않는다

이 금기어는 두 가지 의미에서 생각할 수 있다. 하나는 남존여비의 영향으로 여자를 재수 없는 대상으로 보아 재수 없는 일에 연계되지 않도록 조심하는 것이다. 다른 하나는 여자 때문에 정신이 혼미해지는 것을 막기 위한 의미가 담겨 있다. "여자가 남자 길을 끊지 않는다. 남자의 정신은 여자가 매혹을 시키므로 남자가 일을 못 한

---

10) 『민속지』, 강원도, 1989, 328쪽.
11) 모천관(남, 1993년생, 충남 홍성군), 배도식,『한국민속의 원형』, 집문당, 1995, 130쪽 재인용.
12) 최래옥 편, 앞의 책, 213쪽.
13) 위의 책, 212쪽.
14) 위의 책, 200쪽.
15) 위의 책, 212쪽.
16) 서있는 곰(스탠딩 베어), 테톤 수우 족,「말과 침묵」, 류시화,『나는 왜 너가 아니고 나인가』, 정신세계사, 1993, 68쪽.

다"[17]는 말에서도 알 수 있듯 출근하는 사람의 정신을 집중하는 교육적 의도를 포함하고 있다. 출근하면서 여자 같은 딴생각에 눈이 팔리는 것을 단속함으로써 안전사고를 예방하려는 것이다.

⑤ 구정물을 출근하는 사람 앞에 버리지 않는다

공동수도나 공동우물을 사용하던 1970년대 중반까지만 해도 탄광시택의 부엌에는 수도와 하수구가 설치되지 않았다. 가사에서 쓰고 난 허드렛물을 마당에 버리는 것이 일상이었다. 이때 주부들은 구정물을 출근하는 광부 앞에 버리지 않도록 조심해야 한다. 광부는 출근 전부터 퇴근할 때까지 매사를 조심스럽게 생각하고 행동했으므로 출근길에 오물을 뒤집어쓰는 것을 크게 재수 없는 일로 여겼다. 기분 상한 마음에 갱내에서 안전사고를 당할 수 있다는 우려 때문이다.

⑥ 출근할 때는 다녀오겠다는 인사를 하지 않는다

광부들은 출근하면서 부모에게든, 아내에게든, 자식에게든 "다녀오겠다"는 인사를 하지 않는다. "잘 다녀오겠다"는 인사를 하면 살아서 돌아오지 못한다고 믿기 때문이다.

이러한 금기는 심마니와 어부들에게서도 나타난다. 심마니의 경우 입산할 때도 다녀오겠다는 인사를 하지 않는다. 입산 후에 화전민촌에서 숙박하고 떠날 때도 인사를 하지 않으며 주인도 아무 말을 하지 않았다. 또 어부들도 출어할 때는 인사를 하지

---

17) 최래옥, 앞의 책, 225쪽.

않는다. 인사를 하면 살아서 돌아오지 못한다는 믿음 때문에 출어하는 어부는 가족에게 인사하지 않으며 가족도 아무 말 없이 보내는 금기를 지킨다.[18]

⑦ 출근하는 사람에게 잘 다녀오라는 인사를 하지 않는다

출근하는 사람만 말없이 떠나는 것이 아니라 보내는 가족도 아무 말 없이 보냈다. "잘 다녀오세요"라는 인사를 하면 살아서 돌아오지 못한다고 믿었기 때문이다. 이는 예로부터 불행한 일을 암시하는 말을 삼가려는 우리 민족의 언어습관에서 비롯되었다. 말없이 출근하는 남편을 떠나보내는 아내의 눈길에는 긴장과 아쉬움이 담긴다. 그 긴장은 죽음이 가까이 있다는 두려움에서 빚어졌다. 광부는 매일매일의 출근길을 숙연하게 시작했으며 그것을 지켜보는 가족에게는 늘 긴장이 흘렀다.

⑧ (출근하려고) 집을 떠날 때는 뒤를 돌아보지 않는다

떠날 때 뒤를 돌아보지 않는다는 금기는 두려움을 없앤다는 의미로 해석된다. 또 뒤를 돌아보지 않는 것은 곧 다시 돌아오겠다는 믿음이기도 하다. 광부뿐 아니라 어민들 사이에서도 "떠날 때는 뒤를 돌아보지 않는다"는 금기가 전한다. 어민들은 "뒤돌아보지 않는 것은 곧 다시 온다는 표시이기 때문에 인사할 필요도 없고, 처자식이나 부모를 돌아볼 필요가 없다"[19]고 한다.

뒤를 돌아보면 안 된다는 금기는 태백탄광촌의 황지연못을 비롯하여 전국에 널

18) 『민속지』, 강원도, 1989, 328~329쪽.

19) 위의 책, 328쪽.

리 분포된 장자못 설화에도 등장한다. 설화 속의 금기와 위험한 탄광생활이 상호 작용을 하면서 탄광촌 금기로 고착되었다.

⑨ 광부의 통근버스에 여자가 얼씬거리면 재수가 없다

광부들은 사택 입구에서 회사가 마련한 통근버스를 타고 광업소로 출근한다. 이때 통근버스 근처에 여자가 오면 재수가 없는 일로 금한다. 아내는 사택 문 앞에서 배웅을 마쳐야 한다.

이 금기는 여자를 재수 없게 여기는 비하의 측면도 있지만, 그보다는 출근하는 광부의 마음을 흔들리지 않게 하려는 심리의 반영으로 보는 것이 더 타당하다. 위험한 막장으로 출근하는 과정에서 아내의 애틋한 눈빛이 남편의 마음을 흔들 수 있으므로 안전작업을 위해서라도 강한 마음가짐으로 갱내로 들어서는 의지가 필요했다.

한편 어촌에서도 "고기잡이하러 바다로 배가 나가기 전 아낙네가 얼씬하지 않는다"[20), "출어 시에 여자가 울거나 배웅을 해서는 아니 된다"[21)]는 금기가 전해진다.

⑩ 흉몽을 꾸면 출근하지 않는다

재수를 믿고 운에 의존하면서 살아가는 광부들은 흉몽을 꾸면 출근하지 않았다. 사람의 목숨이 순간에 달린 위험한 작업장에서 일하는 광부에게 있어 운에 대한 믿음은 남달랐으며, 꿈 때문에 목숨을 건졌다는 경험담은 탄광촌에서 흔한 얘기이다.

20) 최래옥, 앞의 책, 23쪽.

21) 위의 책, 223쪽.

꿈은 예로부터 초인적 본질의 세계이며, 신이나 귀신의 계시라고 믿으면서 길흉을 판단하는 근거로 활용되었다. 해몽 풀이서가 여전히 잘 팔리고, 프로이트의 『꿈의 해석』이 중요한 학문영역으로 자리를 잡은 실정이다. 탄광촌에서 꿈과 관련한 대표적인 흉조어로는 "꿈에 친척이 와서 울면 크게 나쁘다", "꿈에 배 가운데 스스로 누우면 죽는다", "꿈에 칼이 집으로 들어오면 대흉하다", "꿈에 베옷 입은 사람을 보면 상을 당한다", "꿈이 불길하면 다음 날 재수 없다" 등을 들 수 있다.

흉몽을 꾸면 출근을 하지 않는다는 금기어가 광부들의 의식을 지배하면서 '꿈자리가 나쁜 것'이 공식적인 결근 사유로 인정받았다. 질병이나 집안의 길흉사 같은 사유와 동등한 무게를 가진 것이다. 일부 관리자는 '꿈이 나쁘다'는 이유로 출근하지 않는 광부를 유급 처리해주기도 했다.

1970년대 중반까지 흉몽이 결근 사유로 널리 활용되었다. 일하기 싫어 하는 농땡이들이 꿈을 핑계로 결근을 자주 하면서 석탄 증산에 매달리던 관리자나 동료들이 힘들어하기도 했다. 1980년대 중반 들어 꿈 핑계가 결근 사유로 인정받지 못하는 분위기가 자리 잡으면서 '꿈자리 뒤숭숭'이라는 말 자체가 사라지기 시작했다. 꿈자리에 의지하던 금기어는 안전을 우선시하는 갱내 보안 시설 확충과 광부들의 의식 변화 속에 소멸했다.

⑪ 탄광일 나가기 전에는 꿈 얘기를 하지 않는다

광부들은 간밤의 꿈 이야기를 출근 전에는 절대 하지 않는다. 좋은 꿈이든 나쁜 꿈이든 출근 전에는 밝히지 않았으며, 퇴근 후에야 털어놓는다. 이 금기는 "꿈 이야기를 아침에 하면 안 되고 저녁에 불 켜 놓고 해야 한다"[22)]라거나, "꿈 이야기를 아침에

22) 위의 책, 71쪽.

하면 안 좋다"[23]는 다른 지역의 금기들과 교섭하면서 탄광촌 출근 금기로 형성되었다.

⑫ 출퇴근할 때 갈아입을 옷을 잃어버리면 그날은 재수가 없다

광부들은 출근이나 퇴근 때 갈아입을 옷을 잃어버리면 재수 없는 일이 생긴다고 여겼다. 옷을 몸 일부로 받아들여 중요하게 여겼다. 옷을 잃어버린 뒤 하늘나라로 돌아가지 못한 「나무꾼과 선녀 이야기」처럼 옷은 제자리로 돌아가게 해주는 상징성을 띤다. 매일 작업복과 출퇴근복을 따로 갈아입는 광부들이었기에 옷에 대한 애착이 강했다.

⑬ 출근할 때 신발을 잃어버리면 그날은 재수가 없다

신발은 사람이 가고자 하는 곳으로 인도해 주는 길잡이 역할을 한다. 신발은 갱내 막장에서 노동자의 안전작업을 돕는 중요한 개인 용품이다. 그리하여 광부들은 신발을 잃어버리면 재수 없다고 생각했다. 이 금기는 다른 지역에서도 나타난다. "신발을 거꾸로 신거나 잃어버리면 해롭다"[24], "신발을 잃으면 재수가 없다"[25]는 금기가 탄광촌의 출근 금기로 자리한 것이다.

---

23) 위의 책, 71쪽.

24) 위의 책, 200쪽.

25) 위의 책, 200쪽.

⑭ 남편이 출근하기 전에는 연탄불을 빌려주지 않는다

이 금기어는 전국에 일반적으로 퍼져 있던 "아침에 불을 주면 그날은 재수 없다"라거나 "이웃집에서 연기 나는 불덩이를 가져오면 그 집과 싸운다" 같은 금기와 교섭하면서 생겨났을 것이다. 우리 조상들은 "자기 집의 불을 다른 사람이 가져가서 쓰면 불이 꺼지듯 가세가 서서히 줄어든다"[26]고 믿었다. 예로부터 불을 신성하게 여기면서 소중히 다루었다. 많은 전설과 민담에 등장하듯 '불씨'는 대대로 내려오는 집안의 뿌리를 상징한다.

탄광촌의 연탄불은 불씨의 상징성과 같은 의미를 지니면서, 출근 전에 연탄불을 빌려주지 않는 금기어를 만들었다. 불은 열정이나 생명을 상징하고 있었으므로 그것을 빌려주면 생명을 잃는다고 보았다. 출근 전에는 남편의 생명을 지키기 위해서라도 연탄불을 빌려주지 않았다.

심마니들에게는 "담뱃불은 절대로 빌려주지 않는다"[27]는 금기가 전해지고 있다. 또 "아침부터 돈 빌리러 오면 재수가 없다"[28]거나 "아침에 돈 빌려 달라고 하면 재수 없다"[29]는 금기도 출근 전 연탄불을 빌려주지 않는 것과 연관 지어 볼 수 있다.

광부들은 돈을 벌려고 탄광으로 이주해 온 사람들이다. 돈이 되는 석탄, 즉 석탄으로 만든 연탄을 빌려준다는 것은 돈이 나가는 것으로 생각했다. 더구나 갑방 · 을방 · 병방의 3교대 상황에서 출근 전의 시간은 아침 혹은 정월 첫날의 경건함과 같은 시간대와 맞먹는다. 그러니 출근 전에는 남편이 캐내는 석탄으로 만들어진 연탄불을 줄 수 없었다. 아침에 불씨나 돈을 빌려주지 않던 기존의 금기가 탄광촌에서는 출근 전에 연탄불을 빌려주지 않는 금기로 변형 전승되고 있다.

---

26) 위의 책, 253쪽.

27) 『민속지』, 강원도, 1989, 329쪽.

28) 최래옥, 앞의 책, 210쪽.

29) 위의 책, 211쪽.

⑮ (남편이 출근했을 때) 남편의 신발은 방 안을 향하여 둔다

광부가 출근하고 나면 아내는 남편의 신발이 방 안쪽을 향하도록 돌린다. 신발을 방 안쪽으로 돌리는 행위에는 남편이 무사히 돌아올 것을 바라는 마음이 담겨 있다. 위험한 탄광막장으로 출근한 남편이 집으로 돌아올 때까지는 한시도 마음을 놓지 못하고 가슴 졸이며 살아가는 것이 광부 아내의 운명이다. 온종일 남편의 무사고를 비는 광부 아내의 심정이 신발을 방 안쪽으로 돌리는 경건한 행위로 나타난다.

밖에서 노동하는 남편과 집에 머무는 아내가 서로 심정적 교감을 나누는 사례는 다른 나라에서도 보인다. 프레이저에 의하면 다야크 부락의 주민 중에 일부가 산돼지를 잡으러 간 동안 남아 있는 사람들은 기름이나 물에 손을 대서는 안 된다고 한다. 그렇지 않을 경우 사냥꾼들은 손이 미끄러워 사냥물을 놓친다는 것이다. 그리고 길야크의 사냥꾼이 숲에서 짐승을 몰고 있을 때는 집에 있는 자식들이 나무나 모래에 그림을 그리지 못하도록 한다. 그렇게 하지 않으면 숲속의 길이 그 그림의 선처럼 복잡하게 되어 사냥꾼은 길을 잃고 집으로 돌아오지 못할 수도 있기 때문이다.[30]

이를 두고 프로이트는 『토템과 타부』에서 다음과 같이 말한다.

> 주술의 작용에 관한 다른 여러 예들과 마찬가지로 이 마지막 예들에서도 얼마나 떨어져 있느냐 하는 거리의 문제는 전혀 문제가 되지 않는다. 다시 말해서 텔레파시가 당연한 것으로 여겨지고 있다. 따라서 우리가 주술의 이러한 고유성을 이해하는 데는 별 어려움이 없다.
>
> 이 모든 예들에 있어서 무엇이 작용 요소로 간주되고 있느냐에 대해서는 의심의 여지가 없다. 그것은 실행하는 행위와 기대되는 결과 사이의 유사성이다. 이 때문에 프레이저는 이러한 종류의 주술을 모방적 주술 또는 동종요법적 주술이라고 부

30) 프로이트, 김종엽 옮김, 『토템과 타부』, 문예마당, 1995, 123쪽 재인용.

른다.[31]

어떤 야만족의 남자들이 사냥이나 낚시를 가거나, 전쟁에 나가거나, 또는 귀한 식물을 구하러 가면, 그동안 여자들은 집에 있으면서 많은 힘든 제약들을 지킨다. 야만인들은 이 제약을 지키면 그것이 먼 데까지 미치는 힘을 발휘하여 성공적인 출정이 되도록 한다고 생각한다. 하지만 이 먼 데까지 미치는 힘은 집을 떠나 있는 남자의 집에 대한 향수 이외의 다른 것이 아니며, 이러한 치장 뒤에는 남자들이 감독받지 않는 아내들의 동정에 관해 완전히 안심할 때 최선을 다할 수 있다는 훌륭한 심리적 통찰이 숨어 있음을 알아채기란 별로 어렵지 않다. 때로 원시인들은 아무런 주술적인 이유를 둘러대지 않고, 아내의 부정함이 중요한 일로 집을 떠난 남편의 노력을 수포로 만든다고 직접 이야기하기도 한다.[32]

광부의 아내가 남편의 신발을 방 안으로 돌리게 하는 행위에는 자발과 의무적 강요가 함께 작용한다. 남편의 안전을 생각하는 아내의 자발적인 마음과 아내가 항상 남편을 생각하도록 만들려는 의도된 강요가 금기 속에 내포된 것이다. "아내들의 동정에 관해 완전히 안심할 때 최선을 다할 수 있다"는 위의 인용문처럼 아내가 남편을 생각하면서 가정을 지키고 있을 때 남편도 마음 놓고 막장일을 할 수 있다. 항상 위험이 상존하는 탄광에서는 노동자의 안전의식과 집중이 필요했다.

광업소가 나서서 광부 가정에 쌓인 걱정거리를 없애기 위해 광부의 가족을 대상으로 정신 교육을 시행하곤 했다. 1980년 중반까지도 대한석탄공사 산하의 장성광업소 · 도계광업소 · 영월광업소 · 함백광업소 등에서는 광부의 아내나 부모를 정기적으로 소집하여 춤바람, 도박 등의 해악을 교육했다. 또한, 아내의 일탈적인 행동을 감

31) 위의 책, 123쪽.

32) 위의 책, 145~146쪽.

시하였는데, 이를 어겼을 경우에는 남편을 징계했다. 처벌 내용은 광업소 내 게시판과 월급봉투 뒷면을 통해 공개했다. 아내의 행동이 남편의 안전작업과 밀접한 관련이 있다고 본 것이다.

⑯ 출근하기 전에 여자가 그릇(접시)을 깨면 재수가 없다

탄광촌 가정은 출근 전에 여자가 모든 행동을 조심할 것을 요구하고 있었다. 요란한 소리가 나도록 그릇 깨지는 소리를 들으면 재수 없는 일이 생긴다고 믿었다. 전국적으로 알려진 "아침에 그릇을 깨면 그날 재수가 없다"[33]거나, "아침에 그릇을 깨면 들어올 복도 나가 버린다"[34] 같은 금기가 탄광촌에서는 출근 전으로 시간을 바꾸었다.

⑰ 여자가 그릇(접시)을 깨면 출근하지 않는다

이 금기는 광부들이 출근 전에 여자가 그릇을 깨는 것을 재수 없다고 보는 데서 한 걸음 더 나아간 단계이다. 그릇 깨지는 것을 매우 불길한 징조로 보고 출근까지 하지 않았다. 원형의 상태가 깨진 접시를 통해 안전한 삶의 존재형태가 깨어지는 것으로 연결했다.

---

33) 최래옥, 앞의 책, 210쪽.

34) 위의 책, 211쪽.

⑱ 출근할 때 머리 위로 까마귀가 지나가면 재수가 없다

광부들은 출근 전에 재수 없는 상징물이 앞을 가로지르는 것을 끔찍하게 싫어했다. 여자가 앞을 가로지르지 못하게 금하던 것처럼 까마귀가 머리 위를 날아가면 재수 없는 일이 생긴다며 꺼렸다. 예로부터 우리 민족은 머리를 신성시하여 함부로 그 위를 지나지 못하게 했다. 재수 없는 짐승인 까마귀가 머리 위를 지나가는 것이니 탄광 출근길에는 더욱 꺼렸다.

⑲ 출근할 때 머리 위에서 까마귀가 울면 재수가 없다

광부들은 출근할 때 머리 위에서 까마귀가 울면 사람이 죽는다고 생각했다. 이 속신은 우리 민족이 예로부터 까마귀를 불길한 상징물로 보아, 까마귀가 울면 누가 죽는다는 흉조로 여긴 데서 비롯한다. 광부들은 출근하다가 머리 위에서 까마귀가 울면 '에잇'하는 소리와 함께 침을 세 번 '퉤퉤퉤' 뱉으면서 액땜했다. "출근할 때 까마귀 소리를 들으면 까마귀를 향해 침을 세 번 뱉은 뒤 '까마귀 엄마 ××'라고 욕을 한 뒤 출근했다. 까마귀가 심하게 울면 재수가 없다며 출근을 하지 않는 광부들도 있었다."[35]

⑳ 출근할 때 어린아이를 울리면 재수가 없다

이 금기어는 어린아이를 대하는 아내의 행동을 경계하는 말이다. 출근 전에 아내가 어린아이를 울리는 이유 중에는 남편에 대한 불만의 대리 표출도 있다. 이를 지

35) 전제훈, 『탄광으로 간 바다민속』, 민속원, 2013, 113쪽.

켜보는 남편의 심기는 불편할 수밖에 없다. 출근한 이후 안전사고 같은 불상사로 이어지기 십상이므로 아이 울리는 것을 금한다.

한편 이 금기어에는 자식을 위해 현재의 고생을 감수하면서 막장노동에 종사하고 있는 광부의 희망이 담겨 있다. 자신의 절망적 삶과는 달리 자식만큼은 귀하게 키우려는 의도를 반영한다.

㉑ 출근할 때 여자가 울면 재수가 없다

출근 전에는 여자의 울음소리도 경계하고 있다. 아내가 우는 것을 보고 출근하는 남편의 마음은 편하지 않을 것이며, 이것은 결국 안전사고로 연결된다는 것을 의미한다. 이러한 금기는 전국적으로 널리 퍼져 있는 "아침부터 집 안에서 여자의 울음소리나 큰 웃음소리가 나면 재수 없다",[36] "아침에 여자 음성이 담 밖을 넘어가면 재수가 없다"[37]는 금기와 맥을 같이한다. 아침이라는 시간이 어촌에서 "고깃배 떠날 때 여자가 울면 풍파를 만난다"[38]는 출항 시간으로 바뀐 것처럼, 탄광촌에서 출근시간으로 변형되었다.

㉒ 출근할 때 여자가 잔소리하면 재수가 없다

광부들은 출근 전에 아내의 잔소리를 끔찍하게 싫어한다. 전국적으로 분포된

36) 위의 책, 210쪽.

37) 위의 책, 213쪽.

38) 위의 책, 23쪽.

"아침부터 여자가 바가지 긁으면 재수가 없다"[39]는 말이나 어촌에서의 "아침에 여자가 소리치며 떠들면 고기를 못 잡는다"[40]는 말과 같은 맥락이다. 여자들의 잔소리를 듣기 싫어하는 남자들의 의식이 남존여비의 영향을 받아 형성된 금기이다. 아침이라는 시간이 3교대로 일하는 탄광촌에서는 출근 전으로 변형되어 전승하고 있다.

㉓ 남편 출근 전에 기분을 나쁘게 하면 안 된다

출근하는 남자들의 심기를 불편하지 않도록 여자들은 매사 조심해야 한다. 갱내 작업은 조금만 방심해도 각종 안전사고에 노출되는 데다, 자칫 함께 일하는 동료의 목숨까지 위험하게 만든다. 광업소에서는 광부 아내들을 불러 남편에 대한 응대법을 교육하기도 했다. 아내들이 각별히 조심스러운 행동으로 남편을 대하고, 남편이 편안한 마음가짐으로 일할 수 있도록 가정 분위기를 만들어 달라고 당부한 것이다. 이러한 탄광촌의 분위기가 출근하는 남편의 심기를 흩트리지 않도록 요구하는 금기어로 정착하면서 아내의 행동을 제약했다.

㉔ 부부싸움 후에 갱내에 들어가지 않는다

안전을 최우선으로 하는 위험한 탄광 작업장의 현실을 반영하는 금기어이다. 가정의 화목은 가정 내에서뿐만 아니라 남편의 작업현장까지 그대로 영향을 미친다. 부부싸움으로 걱정이 있는 남편은 갱내 막장에서 안전사고로 연결되기에 십상이다. 광

---

39) 위의 책, 210쪽.

40) 위의 책, 213쪽.

부의 심리적 불안을 막고 안전현장을 지키려는 의도가 부부싸움 후의 입갱을 금하는 금기를 생성했다.

㉕ (산이나 불교를 믿는 광부)개고기를 먹고 입갱하지 않는다

광부들은 여름철 몸보신용으로 개고기를 먹곤 했다. 하지만 산을 믿거나 불교 신앙을 가진 광부들은 "개고기를 먹고 나면 꼭 사고가 났다"면서 개고기 식용을 철저히 금했다. 불교 신자와 산을 믿는 사람들이 개고기를 부정시하거나 재수가 없는 음식으로 금하는 이유로는 개고기 냄새로 인한 호환(虎患)과 삼목대왕의 환생물 설화에서 비롯되었다는 설이 있다. 어촌에서도 "고기잡이 나갈 때 개고기를 먹으면 좋지 않다"[41]는 금기어가 있다.

㉖ 아침밥을 먹을 때 밥그릇이 엎어지면 출근하지 않는다

광부들이 출근 전, 특히 갑방 출근 때 아침밥을 먹다가 밥그릇이 엎어지면 출근하지 않았다. 아침과 출근 전이 겹쳐지는 아침 시각에는 매사를 조심하면서 운수 없는 일을 만들지 않으려고 했다. 밥이 귀하던 때, 밥그릇이 엎어진다는 것은 매우 불길한 일로 여겼다. 이와 비슷한 다른 지역의 금기어로는 "그릇 엎어 놓으면 재앙이 온다"가 있다.

41) 위의 책, 23쪽.

㉗ 퇴근 후에 막걸리를 마시지 않으면 규폐에 걸린다

많은 직종의 육체노동자가 노동 후에 술을 마시지만, 광부의 음주 이유와는 차원이 다르다. 광부들은 건강을 위해 술을 마셨다. 탄가루 흡입으로 생겨나는 직업병(진폐증)을 예방하기 위해 술을 마신 것이다.

광부들은 막걸리 한 사발 쭉 들이켜고 나면 탄가루가 씻겨 나간다고 믿었다. 퇴근 후에 마시는 술을 보약처럼 여겼다. 남편이 술집에 들르지 않고 집으로 곧장 올 경우에는 아내가 막걸리 한 사발부터 건넸다. 설령 남편이 "오늘은 술 생각이 없다"고 해도 아내는 "당신 건강 생각해서 한 잔 마셔 둬요"라고 권할 정도였다. 또 갓 입적한 광부들의 환영식에서는 "술을 못 마신다"는 신참들에게 "진규폐 안 걸리려면 퇴근 후에는 막걸리를 한 사발씩 꼭 해야 한다"고 가르쳤다. 광부들은 퇴근길에 술을 마시면서 목숨을 담보로 일하는 위험한 작업현장과 절망적인 삶에 대한 푸념도 탄가루와 함께 씻어냈다.

소결

지금까지 광부의 출퇴근과 관련한 금기어를 살펴보면서 탄광촌의 금기어 중에서 광부의 출근과 관련한 금기어가 유독 많다는 것을 확인할 수 있었다. 이는 광부들이 갱내 막장으로 들어가는 것에 대해 느끼는 심정적 부담이 크다는 것을 의미한다. 탄광촌에서 광부들이 '전사'로 불리는 데서도 확인되듯 출근은 죽음의 전쟁터를 향해 나가는 길이었다. 제례의식을 주관하는 제사장의 심정처럼 광부는 출근 전의 행위들을 엄숙하게 받아들였다. 그래서 퇴근에 관한 금기어보다는 출근과 관련한 금기어가 많았으며, 탄광촌 주민 모두가 금기들을 철저하게 지켜 왔다.

출근과 관련한 금기어 상당수가 남존여비의 풍속을 반영하는 것은 탄광촌이 여자보다는 남자 중심으로 움직이는 현실의 방증이기도 하다. 맞벌이가 거의 없던 탄광촌에서 광부가 경제, 문화, 생활 모든 면에서 우위의 입장으로 가정과 사회에서 가장으로 자리했다.

다른 지역에서는 사회적 발달상과 함께 금기어가 미신으로 치부되면서 사라지고 있었지만, 탄광촌에서는 금기어들이 변형 전승되거나, 새롭게 생성되어 지켜지고 있었다. 출근에 관한 금기들은 1980년대 후반까지도 엄격하게 지켜졌다. 탄광촌 금기어가 오래 통용될 수 있었던 것은 두 가지 이유 때문이다. 하나는 바깥 사회와 단절된 탄광촌의 폐쇄성에 있다. 탄광촌 금기어는 사회 문명이 발달하는 타 지역과 교류가 단절된 탄광촌 사회의 고립을 반영한다. 또 다른 하나는 탄광촌이 단일 산업으로 이루어진 사회 공동체에 있다. 주민들의 공동 유대의식이 빚은 강한 연대감이 금기어를 잘 지키는 풍토를 조성했다.

2) 탄광 작업장과 관련한 금기어

탄광은 위험한 작업현장인 데다 공동으로 작업이 진행되므로 공동체 일원으로서 지켜야 할 일들이 많았다. 이러한 요구사항은 탄광 작업장과 관련하여 많은 금기를 생성하게 된다. 구성원 하나하나의 긴장된 업무는 공동 작업자의 생명과 직결되고 있으므로 조직원으로서 금기를 지키는 것은 필수적인 상황이다. 탄광 작업장과 관련한 금기어들을 살펴본다.

① 입갱하다가 옷이 걸려 찢어지면 되돌아 나온다

광부들은 광업소에 도착하여 작업복으로 갈아입고 방우리(작업 조회)를 마친 뒤 보안점검을 거쳐 갱 속으로 들어가는 과정을 거친다. “작업복 갈아입고 방우리 마치면 반 공수한 것”이라는 말처럼 작업복 갈아입기와 작업 조회가 끝나면 하루 노동 중 절반의 일을 했다고 여긴다.

입갱 도중에 옷이 뭔가에 걸려 찢어지면 되돌아 나오는 금기는 작업복과 노동자의 생명을 연계시키는 것에서 비롯한다. 옷은 중요한 몸 일부였으니 옷이 찢어지거나 옷을 잃어버리면 불상사가 생긴다고 보았다. 이 금기는 예로부터 널리 퍼져 있는 “옷을 뒤집어 입으면 나쁘다”거나 “옷고름을 자르면 해롭다” 등의 금기와 연관성이 있다. 사람의 목숨이 순간에 달린 광부들은 각종 재해를 운(재수)의 작용이라고 믿어 입갱하다가도 되돌아 나온 것이다.

② 입갱할 때 뒤돌아보지 않는다

광부들은 입갱하면서 뒤돌아보면 죽어 나온다고 믿었다. 이 금기는 절망적이던 예전의 삶을 돌아보지 않기 위해 앞만 보면서 살아가는 ‘막장인생’의 삶과 닮아 있다. 과거인 뒤를 돌아보지 말고 미래인 앞만 보면서 살아가려는 광부들의 막장정신을 반영하고 있다. 입갱할 때 갱구의 뒤편인 바깥세상은 빛이 있는 안전한 곳이지만, 거기에 미련을 두다 보면 어둠 속으로 입갱하는 것이 점점 더 두려워진다. 뒤를 자꾸 돌아볼 경우 죽음의 막장으로 불리는 작업장은 점점 공포로 다가올 수밖에 없다. 뒤돌아보지 말라는 금기 속에는 삶의 배수진을 치고 두려움 없이 살아가라는 의미가 담겨 있다.

③ 새 갱구를 파기 전에는 고사부터 먼저 지내야 한다

새 갱구를 열기 전에 지내는 고사에는 순조로운 작업, 무사고, 많은 석탄 생산 등의 기원이 담겨 있다. "고사를 지내지 않으면 잘못된다"는 의미도 내포하고 있다. 한 개 광구로 운영하는 광업소가 있을 정도이니, 갱구의 신설은 광업소의 사활이 걸린 중대한 일이었다.

시추 작업을 통해 광맥이 잡히면 갱구를 열어 굴진을 시작하는데, 굴진 작업 전에 고사를 지낸다. 갱구 앞에 동발을 세워 놓고 관리자와 광부 모두 모여 돼지머리, 시루떡, 과일, 포, 제주 등을 차려 놓고 축문을 읊으며 제를 올린다. 이 고사를 산신제라고도 부르는데, "석탄은 산에서 생산되기 때문에, 산신에 대한 일종의 감사 표현"[42)] 으로 본 것이다. 광업소에서는 갱구를 열 때뿐 아니라 해마다 산신제를 지냈다. 산에서 석탄을 생산하는 탄광노동자들의 안전과 석탄 증산을 기원하는 의식이다.

고사는 석탄 증산의 기원뿐 아니라 무사고를 비는 의식이기도 하다. 고사를 지내지 않으면 광부들이 불안해하면서 심리적 동요를 일으켰다. 개신교 신자인 탄광 사장은 고사를 미신적 풍습으로 몰아 꺼리기도 하는데 갱구 신설 고사만큼은 동참한다. 초자연적인 힘에 의존하려는 광부들의 심정을 헤아린 것이다.

광구를 열기 전에 고사를 지내는 탄광촌의 풍습은 "어기(漁期)마다 첫 조업에 나설 때는 용왕께 뱃고사를 드리고서야 출어를 한다"[43)]는 어촌의 뱃고사와 닮았다. 한편 중국의 농촌에서도 유사한 풍속이 보이는데, 독룡족의 경우 "산에 가서 불을 태운 땅에 곡식을 심으려 할 때도 미리 귀신에 제를 지내야 한다. 아니면 곡식이 자라지 않는다"[44)]고 여겼다.

---

42) 최명환 · 이창식, 「의례와 신앙」, 『탄광촌 사람들의 삶과 문화』, 삼척시립박물관, 2005, 471쪽.

43) 『민속지』, 강원도, 1989, 327쪽.

44) 왕챵, 앞의 책, 19쪽.

④ 갱구가 다 되면 고사를 지내야 한다

굴진 작업으로 탄맥이 잡히는 갱구가 완성되면 고사를 지낸다. 굴진 작업을 하는 동안에는 석탄이 나올지 말지 모르는 미지수의 상태이지만, 굴진을 통해 큰 탄맥이 잡힌 것을 확인하면 그야말로 노다지를 얻는 셈이다. 이때 탄맥이 잡힌 갱구의 완성에 대한 감사와 석탄 증산을 기원하는 의례를 가진다. 갱구의 완성 뒤에 고사를 지내지 않으면 안전작업과 석탄 증산에 대해 보장할 수 없다는 의미가 담겨 있다.

⑤ 갱내에서는 휘파람을 불지 않는다. / 굴 안에서 휘파람을 불면 굴이 무너진다

안전을 중시하는 갱내에서는 "휘파람을 불면 굴이 무너진다"고 경계했다. 탄광막장이 무너질 때 나는 소리와 흡사하다는 이유를 들어 휘파람을 불지 못하도록 했다. 휘파람을 불길한, 재수가 없는 일의 징조로 보았다. 어촌에서도 작업 중의 휘파람을 금했다. 어촌에서는 "휘파람은 태풍을 연상시키고, 바다의 신을 자극하여 센 바람을 더 세게 한다"[45]고 믿어, "조업 중 휘파람을 불지 않는다"[46]는 금기를 지킨다.

휘파람 소리는 귀신을 부르는 소리로 널리 알려져 올 만큼 어둠과 휘파람은 상극이었다. "밤에 휘파람을 불면 귀신 불러들인다",[47] "밤에 휘파람 불면 뱀 나온다",[48] "밤에 휘파람을 불면 가난해진다"[49] 등의 금기어가 그것을 방증한다. 과학계에서는 뱀이 휘파람 소리를 듣지 못한다고 얘기하지만, 민속에서는 악령이나 귀신 등으로 상

---

45) 박영수, 『행운의 풍속』, 새로운 사람들, 1997, 276쪽.

46) 김기설, 『강릉지역의 속신어』, 문왕출판사, 2001, 27쪽.

47) 최래옥, 앞의 책, 143쪽.

48) 김성배 편, 『한국의 금기어 · 길조어』, 정음사, 1975, 50쪽.

49) 최래옥, 앞의 책, 143쪽.

징되는 뱀과 휘파람이 관련 있다는 믿음이 깊다. 24시간 캄캄한 공간인 탄광막장은 악령이 쉽게 나타나는 밤과 같은 공간으로 동일시되면서 뱀(악령)을 부르는 휘파람을 불지 못하게 했다.

휘파람에 걸린 악령의 주술은 비단 한국뿐만 아니라 전 세계적으로 나타나고 있다. 빅토르 위고는 『세기의 전설』에서 "바람은 뱀과 같다"(「바닷가의 농부들」)고 했다. 또 그리올은 『옛 에티오피아의 놀이와 오락들』에서 "옛 에티오피아에서는 밤에 휘파람을 부는 것은 금기시되었다"라고 말한다. 그 이유로 "그렇게 하면 뱀과 악령들을 끌어들이기 때문"이라고 설명한다. 악령과 뱀이 동격으로 불리면서 악령을 불러내지 않기 위해 휘파람을 금해 왔다. 야쿠트 족(북동 시베리아에 분포하는 종족으로 몽고인종에 딸림)도 "산에서 휘파람을 불어 댐으로써 잠든 바람의 휴식을 방해해서는" 안 된다고 한다. "카나카 족(폴리네시아의 한 인종)은 무역풍이 불어오기를 기다리거나 반대로 그 무역풍이 불어닥치지나 않을까 두려워하게 되는 한해의 세시에 따라 휘파람을 불거나 혹은 불지 않는다"고 한다.[50] 다른 소리에 비해 파장이 큰 휘파람은 멀리까지 소리를 정확하게 보낼 수 있다. 젊은 연인들이 밤중에 연인을 부르는 소리, 위급한 상황 속의 신호 등으로 쓰인 것도 그 때문이다. 밤중의 휘파람은 첩자나 정탐꾼이 활용하므로, 우리나라에서는 6 · 25 이후부터는 밤에 휘파람을 부는 사람을 간첩으로 볼 정도로 금기시했다.

한편 탄광촌의 휘파람 금기와 관련한 일제강점기의 일화가 있다. 일본이나 국내 탄광에 강제 징집되는 광부가 많았는데, 못살게 구는 일본 감독이나 미운 동료를 해치울 때 휘파람을 신호로 사용했다. 그 뒤부터 막장에서는 휘파람을 불지 못하게 했다고 한다. 휘파람을 불지 못하는 금기를 지닌 탄광현장은 캄캄한 막장의 현실을 그대로 드러내 주는 셈이다. 휘파람과 노래를 부르며 즐겁게 일할 수 없는 작업 공간, 캄캄한 어둠의 절망적인 작업 공간이 탄광 작업장이라는 것을 휘파람 금기가 입증하고 있다.

50) 휘파람에 관한 내용은 가스통 바슐라르, 정영란 옮김, 『공기와 꿈』, 민음사, 1993, 453~454쪽 참조.

⑥ 갱내에서는 노래를 부르지 않는다

이 금기어는 경망스러운 행동을 금하고 건강을 돌보는 금기어라 하겠다. 전국적으로 "식전에 노래 부르면 3대가 망한다",[51] "식전에 노래를 부르면 3대가 가난하다",[52] "아침에 노래 부르면 가난해진다"[53] 는 금기어가 있다. 탄광촌 금기어는 이에 대한 변형이라기보다는 탄광 작업장의 현실을 반영한 것으로 보인다. 갱내에는 먼지가 많으므로 말을 많이 하거나, 신명 내어 노래하는 것이 건강에 좋지 않다. 이런 점에서 탄광촌 금기어는 과학적 설득력을 갖추고 있는 셈이다. 한편 이 금기어는 목숨이 오가는 위험 작업장에서 매사 조심하고 긴장할 것을 강조하는 교육적 효과도 지닌다.

⑦ 갱내에서는 뛰지 않는다

갱내에서 뛰지 못하도록 하는 것은 어두운 막장과 위험한 구조물로부터 안전을 지키기 위해서이다. 작업장에서 뛰며 부산을 떨면 안전사고의 위험도 그만큼 커질 뿐 아니라, 그 진동으로 갱이 무너질 수도 있다고 여기는 심리를 반영한다. 뛰어다니지 못하게 하는 막장의 금기는 마치 달려가는 세상의 변화에 좇아갈 수 없는 탄광촌의 느린 변화를 반영하는 듯하다.

51) 최래옥, 앞의 책, 199쪽.

52) 위의 책, 199쪽.

53) 위의 책, 211쪽.

⑧ 갱내에서는 큰 소리를 내지 않는다

갱내에서 큰 소리를 내면 굴이 무너진다고 했다. 광부들이 하늘처럼 떠받드는 막장의 천장이 붕락사고로 자주 무너져 내리면서 광부의 목숨을 앗아 갔다. 이 금기어는 막장갱도의 붕락에 대한 광부들의 불안한 심리를 반영하는 것이자, 붕락사고를 막으려는 안전 기원이 함께 담겨 있다.

탄광에서는 낙반 · 붕락, 운반, 추락, 가스, 출수, 발파, 화재 등의 재해가 빈번한데, 그중에서도 붕락사고가 가장 많이 발생한다. 대한석탄공사의 재해 원인별 통계에 의하면 "낙반 · 붕락사고가 29.3%로 가장 많고 그다음이 운반 27.0%, 기계 · 전기 3.6%, 화약 · 발파 1.0%, 가스 0.8%, 화재 0.4%, 출수 0.3%"[54] 순으로 나타났다.

⑨ 갱내에서 남의 작업 도구를 빌리지 않는다

갱내에서 광부들은 개인 작업 도구를 빌리지 않는 불문율을 지킨다. 1980년대 초반까지만 해도 개인 작업 도구인 톱, 칼, 도끼, 삽, 괭이 등의 작업 도구는 막장의 작업현장에 두지 않고 집에까지 가지고 다녔다. 출근할 때는 개인 작업 도구를 몸에 묶어서 가지고 다녔는데, 안전모를 쓰고 톱, 도끼 등을 어깨에 멘 모습은 마치 무장한 군인을 연상시켰다. 1980년대 들어 광업소 내에 중앙목욕탕이 설립되자 광부들은 개인 작업 도구를 옷장에 보관했다.

---

54) 대한석탄공사, 『석공 50년사』, 320쪽.

⑩ 갱내에서는 남에게 작업 도구를 빌려주지 않는다

탄광 갱내에서 광부들은 작업 도구 빌려주는 것을 철저하게 금했다. 이러한 금기는 농촌지역에서 정월 대보름에 행해지는 '곡식 안 내기' 풍습과도 유사하다. 경남 지방의 농가에서는 정초에 자기 집 곡식을 팔거나 빌려주지 않았는데, 이 시기에 곡식을 내게 되면 자기 재산이 남에게 간다고 믿었다. 또 산에서 집단생활을 하는 심마니들도 "서로 간에 물건을 빌려 쓰지 않는다"[55]는 금기를 지켰다.

갱내에서 작업 도구를 빌려주면 자신의 운과 재산이 타인에게 간다고 믿었다. 탄광의 급여제는 일한 만큼 급여를 받는 도급제였으므로 작업 도구를 빌려주는 것을 금하는 관습은 단순 금기 이상의 의미를 지닌다.

개인 작업 도구를 소중히 여기는 풍습은 말채찍을 빌려주지 않는 중국의 유목민족들에게서도 나타난다. "신장(新疆) 자치구의 유목민족인 카자흐 족은 말채찍을 아내보다 소중히 여겨 절대 다른 사람에게 건네지 않는다. 말채찍을 훔치면 중죄에 해당할 정도이며, 이들은 말채찍이 말등에서의 안전운행을 보장하고 재앙을 막아 주는 행운의 부적으로 굳게 믿고 있다."[56]

⑪ 갱내에서는 담배를 피우지 않는다

탄광 내에서는 1950년대부터 이미 금연에 대한 규율이 엄격하게 적용되었다. 특히 메탄가스(CH_4)가 많은 갱내에서는 인화물질로 인한 폭발 등의 위험이 있었기 때문에 기계를 작동시킬 때조차 기름이나 전기연료 대신 압축공기를 통해 착암기 등의 기

---

55) 『민속지』, 강원도, 1989, 329쪽.

56) 하성봉, 『중국의 하늘을 연다』, 일송북, 2004, 312쪽.

계를 움직였다.

강원도 태백 지역에서 발생한 굵직한 가스사고만 보아도 그 위험성을 짐작할 수 있다. 1975년 장성광업소에서 가스질식으로 4명, 83년 함태탄광에서 가스폭발로 9명, 85년 함태광업소에서 가스폭발로 4명, 86년 어룡광업소에서 가스폭발로 6명, 91년 어룡광업소에서 가스질식으로 3명, 94년 장성광업소에서 가스질식으로 10명이나 사망했다.

1973년 11월 24일 가스폭발로 17명이 매몰된 사고를 겪은 정선군 서북 지역 동고탄광에는 금연 경고문이 붙어 있었다. "본 지역은 갑종탄광 구역으로서 항내에서는 일체 끽연물(담배, 성냥, 라이터) 소지를 엄금하오니, 종업원 제위 유의하시기 바랍니다. 위배 시에는 통고안 제1호에 의하여 징계함. 흡연~해고, 소지~일주일 이상 정근."[57]

프로이트는 금기에 대한 공포의 힘이 금기를 범하고 싶은 욕망을 이기게 한다고 했다. 하지만 금기를 깨트리고 싶은 욕망 또한 공포 못잖았으니 어느 시대를 막론하고 금기를 어기는 사람은 있게 마련이다. 1983년 1월 3일 함태탄광에서는 굴진공이 담배를 피우려고 성냥을 켜는 순간 폭발이 일어나면서 굴진공 3명과 100m 떨어진 채탄막장의 채탄공 6명 등 9명이 순식간에 사망했다.

애연가들은 "식후 불연초(食後不煙草)면 3대가 고자다"라든가, "식후 불연초면 3대가 소화불량이다", "식후 불연초면 조실부모(早失父母)한다"[58]는 말로 식후의 흡연 욕구를 강조해 왔다. 광부는 입갱하고 나면 8시간의 노동이 끝날 때까지 바깥의 화장실에조차 나오지 못하고 갱내에서 모든 것을 해결했으니 더 고통스러웠을 것이다.

금연 금기가 흡연 욕구와 늘 긴장관계를 유지하면서, 보안(경비)요원과 광부들의 치열한 두뇌 싸움이 벌어졌다. 보안요원들은 갱구에서 광부의 주머니, 도시락 가방,

57) 황석영, 「벽지의 하늘」, 『한국논픽숀선서』3, 청년사, 1976, 176쪽.

58) 최래옥, 앞의 책, 199쪽.

안전모, 안전장화 구석구석까지 뒤지면서 검사를 했다. 광부들은 장화 굽, 도시락의 밥이나 반찬통 안, 심지어는 항문 속에다 담배를 숨기는 방법으로 단속을 피해 갔다.

⑫ 갱내 작업장에는 4 자를 붙이지 않는다

탄광막장에서는 광부들의 무사고에 대한 기원이 첫 번째이기 때문에 나쁘다고 알려진 모든 것은 피하고 보자는 심리가 팽배한다. 그리하여 죽을 사(死)와 같다는 숫자 4를 갱내 작업장에는 적극적으로 피했다. 중국인들은 숫자 '4(四, si)'가 죽음을 연상시키는 '사(死, si)'의 발음과 같다고 하여 사용하기를 꺼린다. 글자는 다르지만 유사한 발음이 나올 때 다른 단어의 이미지를 연상하는 해음(諧音) 현상이 한국이나 일본의 한자문화권에 영향을 미쳐 4 자를 싫어하게 되었다.

중국인은 "죽는다는 뜻의 '사(死)' 자에 대해 말하기를 꺼려 '없어졌다', '지나갔다', '세상 떴다', '서거했다', '별세했다', '잠들었다' 등으로 표현한다. 이는 '죽을 사(死)' 자가 살아 있는 사람들에게 좋지 않은 영향을 미칠까 봐 두려워하기 때문이다".[59)]

⑬ 여자는 탄광 굴속에 들어가지 않는다

남존여비의 오랜 풍습이 여자를 '재수 없는 존재', '부정 타는 존재'로 각인시켰는데, 갱내는 '부정 타는 여자'가 절대로 들어가서는 안 될 금기의 공간이었다. 탄광에서 입갱하는 여자는 석탄 속에서 돌이나 나무 따위를 선별하는 작업자인 선탄부뿐이다.

남자의 작업장에 여자가 접근하지 못하는 금기는 "고깃배에 여자를 태우면 풍랑

---

59) 왕챵, 앞의 책, 177쪽.

을 만난다",[60] "어선에 여자를 태우면 신이 노해 재앙을 만난다",[61] "여자가 고깃배를 타면 고기가 없다"[62] 등에서처럼 어촌의 보편적인 풍습이다. 어부들이 고기잡이배에 여자 태우기를 꺼린 것은 "여성은 주기적으로 흘리는 피(달거리)로 인해 부정한 존재"라는 것과 관련 있다. "신은 피비린내를 싫어하므로 여자가 배를 타면 바다의 신이 화를 낼 것"[63]이라고 믿었기 때문이다.

여자들을 얼씬하지 못하도록 한 남자만의 노동 구역인 탄광을 통해 노동하는 남자의 위세는 더 커졌다. 이는 탄광촌의 가정과 사회가 광부를 중심으로 움직이도록 하는 데 큰 영향을 끼쳤다.

1980년대 중반 들어 여권 신장이라는 사회 분위기 속에 광부에 대한 아내들의 공경 열기가 식어 갔다. 가정에 소홀하거나 탈선하는 탄광촌 주부의 일상이 사회적 문제로까지 대두하였다. 광업소 측에서는 광부 아내를 교육하기 위한 목적으로 갱내의 열악한 작업환경을 공개하면서 내조를 당부했다. 장성광업소와 도계광업소 등 대한석탄공사 산하 광업소에서는 대대적으로 광부 아내와 자녀들의 탄광막장 견학을 시행했다.

막장 견학으로 참혹한 막장의 노동 현실이 드러나면서 일부 아내들은 남편에게 눈물로 헌신하는 변화를 가져왔다. 그런데 상당수 아내가 충격을 받고 남편의 퇴직을 설득하면서 광부 부족 현상을 불러왔다. 광부 아내의 막장 견학은 광부 이탈을 염려한 광업소 측에 의해 다시 중단되었다.

여자가 탄광 안에 가지 못한다는 금기는 지금까지도 지켜지고 있다. 지난 2005년 1월 한나라당 박근혜 대표가 입갱을 시도할 때 광부들은 "여자는 탄광 굴속에 들어가지 않는다"는 금기를 내세우면서 거부했다. 다음은 당시의 신문기사이다.

---

60) 최래옥, 앞의 책, 23쪽.

61) 위의 책, 223쪽.

62) 위의 책, 225쪽.

63) 박영수, 앞의 책, 276쪽.

한나라당의 박근혜 대표가 17일 지하 450m의 탄광 갱도에 들어갔다. 강원도 삼척시 경동상덕광업소 광산 근로자들이 일하는 현장을 둘러보기 위해서다. 광업소 측은 당초 "근로자들 사이에 갱도에 여성을 들이기를 꺼리는 미신이 있는 데다 안전사고의 위험이 있다"며 박 대표의 막장 방문에 난색을 표명했다. 당 관계자들도 "땅 위에서 광산 근로자들만 만나고 돌아가자"고 말렸지만 "먼지를 뒤집어써도 좋으니 가겠다"는 박 대표의 고집을 꺾지 못했다.[64]

⑭ 죽은 혼을 내보내기 전에는 작업하지 않는다

사람이 죽어 나간 탄광막장에서 죽은 혼을 내보내기 전에는 작업을 시작하지 않는다. 사고로 사람이 죽어 나간 막장은 사고 조사가 끝날 때까지 폐쇄하게 되어 있지만, 증산이 시급하던 시절에는 금세 채탄이 시작됐다. 폐쇄 명령이 떨어지더라도 광업소 관리가 감독기관 담당자를 불러 고급 요정에서 술대접 한 번 하고 나면 금방 풀렸다. 하지만 광부는 사람이 죽어 나간 채탄막장을 꺼렸다. 꺼림칙한 마음을 달래기 위해 막장 노보리로 처음 들어갈 때는 죽은 동료를 위해 진혼곡을 부르는 의식부터 치렀다.[65]

⑮ 갱내에서는 죽음과 관련된 단어를 입 밖으로 꺼내지 않는다

탄광 갱내에서는 '꺼리는 말'들을 삼가는 것이 관례이다. 갱 밖에서는 술에 취한

64) 《조선일보》, 2005. 1. 18.

65) 진혼곡에 대한 자세한 내용은 3장, 「탄광촌 민요에 나타난 탄광촌 정체성 연구」 참조.

광부들이 "내가 죽어야지", "탄 캐다가 죽으면 그만이지" 등의 자조적인 표현을 자주 쓰곤 했지만, 갱내에서는 이런 말들을 철저히 금한다. 탄광막장에서는 나쁜 것을 입 밖으로 내지 못하게 하여 "말이 씨가 된다"는 속담을 늘 명심하고 경계했다.

갱내에서 금지되던 말들은 갱 밖에서 자유를 찾는다. 광부들이 갱 밖에서 죽음에 대한 단어를 유난히 많이 내뱉는 것은 자조적인 신세타령만이 아니라 죽음에 대한 공포가 광부들을 짓누른다는 것을 의미한다. 술기운이 들었을 때나 마음이 약할 때 갱내에서 금기시하던 죽음이라는 말을 내뱉음으로써 공포를 견디었다. 죽고 싶다는 말은 삶에 대한 욕망의 반어적 표현인 셈이다.

한편 어부들 역시 "조업 중 범 이야기를 하지 않는다", "조업 중 뱀 이야기를 하지 않는다", "조업 중 달걀 이야기는 하지 않는다"는 금기가 있다. 작업 중에 흉측하거나 쉽게 깨어지는 물건에 대한 이야기를 피함으로써 어부의 심리적인 안정에 주의를 기울여 왔다.[66)]

⑯ 남의 안전모를 타 넘지 않는다

머리는 사람에게 있어 소중한 부위이다. 그래서 "사람 머리를 타 넘으면 키가 크지 않는다"라든가 "머리를 타 넘지 말라"는 금기가 전국적으로 지켜져 왔다. 갱내에서 안전모는 머리를 보호하기 위한 필수 안전 장비로 광부의 생명과 직결되어 있다. 안전모를 소중히 하여 안전을 보호받으려는 의식이 안전모를 함부로 타고 넘지 않도록 하는 금기를 만들었다.

프레이저에 의하면 많은 민족이 머리를 신성하게 여기고 있다. "머리에 특별히 신성함을 부여하는 것은, 위해나 무례한 행동에 아주 민감한 영혼이 머리에 들어 있

66) 김기설, 「영동지방의 금기어연구」, 고려대학교 교육대학원 석사논문, 1977, 33쪽.

다는 신앙으로 어느 정도 해명할 수 있다. 캄보디아인들은 머리 건드리는 것을 중대한 모욕으로 여긴다. 어떤 이들은 머리 위에 뭐라도 걸려 있는 장소에는 들어가려고 하지 않는다. 또, 아무리 비천한 사람이라도 다른 사람이 사는 방 밑에서는 결코 살려고 하지 않는다."[67]

⑰ 남의 안전모를 깔고 앉지 않는다

탄광에서는 작업자의 생명과 직결되는 안전모를 함부로 깔고 앉지 않도록 조심한다. 안전모의 주인은 깔고 앉아도 괜찮지만 남의 안전모를 깔고 앉는 것은 금한다.

소중한 사물을 함부로 깔고 앉지 못하도록 하는 금기는 전국적으로 많이 분포되어 있다. "자루를 깔고 앉으면 어린애 날 때 궁둥이 없는 애를 낳는다", "문지방을 깔고 앉으면 들어오던 복도 나간다", "베개를 깔고 앉으면 병 걸린다", "남의 집에 가서 여자가 베개 위에 올라앉으면 옴 오른다" 등이 그것이다. 깔고 앉는 자리도 조심시키던 금기어가 탄광현장에서는 생명을 지켜 주는 안전모를 깔고 앉지 못하도록 금하고 있다.

⑱ 남의 작업복 위를 타 넘지 않는다

탄광에서는 작업복도 함부로 타고 넘지 못하게 했다. 작업복 위를 타고 넘지 않는 것은 집에서 어른의 옷을 함부로 타고 넘지 않도록 하는 금기가 변형된 것으로 보

67) 프레이저, 이용대 옮김, 『황금가지』, 한겨레신문사, 2003, 253~254쪽.

인다. 예로부터 "여자가 남자 옷을 넘어가면 재수가 없다"[68]고 하여 아이는 어른의 옷을, 여자는 남자의 옷을 넘지 못하도록 했다. 옷을 사람과 같이 보고 조심하던 예법이 작업복을 함부로 넘지 못하는 금기어를 생성했다.

⑲ 남의 작업 도구 위를 타 넘지 않는다

탄광에서는 개인의 작업 도구를 타고 넘지 않도록 했다. 이는 예로부터 지켜 오던 "남의 몸을 함부로 넘어가면 불길하다"는 금기어가 작업 도구로 변형되어 나타났다. 어른의 몸이나 물건을 조심스럽게 대하도록 요구한 일상생활이 남의 작업 도구를 조심히 대하도록 요구하는 탄광촌 금기를 생성했다.

⑳ 갱내에서는 쥐를 잡지 않는다

국가에서 '쥐 잡는 날'을 정하여 전국 운동이 전개되던 1970년대에도 갱내에서는 쥐를 잡지 않는 금기를 지켰다. 광부들은 막장에서 밥을 먹을 때 '고수레'하는 소리와 함께 밥의 일부분을 동발 틈으로 버려 쥐의 먹이로 줄 정도였다.

탄광은 메탄가스 등 폭발성 가스나 일산화탄소 같은 유해가스의 발생량에 따라 구분되는데 많은 곳은 갑종탄광, 적은 곳은 을종탄광으로 분류한다. 갑종탄광에서는 유해가스가 막장마다 고여 있으므로 특히 조심해야 하는데, 쥐가 살고 있으면 안전한 곳을 의미했다. 쥐가 가스검침기 역할을 해주었으니 광부들로서는 고마운 존재이다.

갱내에서 쥐를 보호하는 또 다른 이유로는 예지력을 꼽을 수 있다. 쥐가 서둘러

68) 최래옥, 앞의 책, 226쪽.

갱내에서 나가면 막장이 무너질 징조로 보아 함께 대피하곤 했다.

어촌에서도 쥐를 생명력과 예지력을 상징하는 짐승으로 보았다. 쥐를 두고 "미래를 예견할 줄 아는 능력을 소유한 존재로 여긴 것은 어촌 지방에서 전승되고 있는 '배서낭'을 통해"[69] 확인된다. 어촌에서는 "출어 중에는 집에서 쥐를 잡지 않는다"[70]고 하여 어민이 배를 탈 때는 가족들이 쥐를 보호했다. "출어시 쥐가 배에서 내리면 조업을 포기한다", "쥐가 배에서 없어지면 침몰한다", "항해 중에 쥐가 없으면 위험의 징조다"[71] 등의 금기어는 쥐의 영험성을 반영한다.

우리나라에서는 이미 오래전부터 쥐를 예지력이 있는 동물로 여겨 왔다. "쥐가 아궁이에서 나오면 불날 징조다", "쥐가 천장에서 소란스러우면 집안에 좋지 않은 일이 생긴다", "쥐가 도망가면 집안이 망한다"[72] 등이 그러하다. 이러한 말들은 "쥐가 본능적으로 알고 미리 행동하기 때문에 뒷일을 알 수 있게 된다"[73]는 것을 보여준다. 일본에서도 쥐가 천재지변을 예지하는 능력을 갖춘 것으로 여기고 있다. '일본 대지진 직전의 전조'에 대한 국제뉴스를 소개한 신문에서는 개, 구름, 달의 변화 전조 외에도 "지진 직전 천장에서 난폭하게 굴던 쥐도 갑자기 조용해졌다"며 쥐의 예지력을 꼽았다.[74]

소결

탄광 작업장은 바깥의 일반 노동현장보다 사고 발생률이 높아서 안전의식이 남

---

69) 김종대, 『우리문화의 상징세계』, 다른세상, 2001, 378쪽.

70) 『동해시사』, 동해시, 2000. 514쪽.

71) 최래옥, 앞의 책, 302쪽.

72) 위의 책, 269쪽.

73) 허재영, 앞의 책, 252쪽.

74) 《일간스포츠》, 1995. 2. 19. 위의 책에서 재인용.

달랐다. 1987년 전체 산업노동자 600만 명 중 탄광노동자들이 차지하는 비율은 1.5% 이하였으나, 전체 산업 대비 광업 사망재해자 비율은 평균 14%에 이른다. 탄광재해율이 일반노동자보다 10배 높은 셈이다.[75] 탄광 작업장의 금기어는 위험한 작업장에 대한 공포 심리를 반영하는데, 이는 안전작업을 기원하는 행동을 이끌고 있다. 노동자의 조심스러운 행동 제약을 통해서 안전작업을 유도하는 것이다. 속신어가 비합리적이고 비과학적이라는 지적도 있지만, 탄광 작업장과 관련한 금기어는 광부의 안전작업을 유도하는 내용이 더 많다는 것을 확인할 수 있다.

특히 "갱내에서는 담배를 피우지 않는다", "갱내에서는 쥐를 잡지 않는다" 등의 금기어는 합리적인 금기어에 해당한다. "입갱할 때 뒤돌아보지 않는다", "갱내에서는 죽음과 관련된 단어를 입 밖으로 꺼내지 않는다" 등은 나약한 정신을 갖지 않도록 광부의 직업의식을 강화하고 있다. "갱내에서는 뛰지 않는다", "남의 작업 도구 위를 타넘지 않는다" 등은 각종 재해가 도사리는 위험한 작업 막장에서 행동의 조심을 계몽하고 있다. 탄광 작업장과 관련한 금기어가 지속 전승될 수 있었던 주된 이유로는 갱내 안전사고를 예방하는 데 기여한 긍정적 측면을 꼽을 수 있다.

3) 광부의 일상생활과 관련한 금기어

탄광촌 사회가 석탄산업을 중심산업으로 움직이면서 일상생활과 관련한 금기마저 광부를 중심으로 생성되고 지켜졌다. 광부의 일상생활과 관련한 금기어는 광부를 위해 모든 가족이 행동에 있어서 조신할 것을 요구하고 있다. 특히 광부의 아내가 남편을 극진히 내조하도록 주문하면서 행동과 마음가짐마다 광부 남편의 안전을 기원

75) 정연수, 「탄광의 생산활동」, 『탄광촌 사람들의 삶과 문화』, 삼척시립박물관, 2005, 233쪽.

하는 마음을 담고 있다.

① 남편 밥때를 놓치지 않는다

모든 가족의 생활이 광부들의 3교대 근무시간에 맞춰 움직인다. 갑방은 아침 7시경(8시 작업 시작)에 출근하여 오후 5시(4시 작업 종료)에 퇴근, 을방은 오후 3시에 출근, 병방은 밤 11시에 출근을 한다. 석탄의 증산 대신 감산 정책이 실시되어서야 장성광업소와 도계광업소 등 대한석탄공사 산하 광업소에서는 1998년부터 병방 근무제를 폐지하고 2교대를 시행한다. 하지만 그 이후에도 많은 광업소는 3교대를 유지했다.

광부가 잠에서 깨어나는 시간에 맞추어 식사시간이 정해진다. 일주일 단위로 3교대 주기가 바뀌었다. 광부들은 생체 리듬의 변화로 밥맛을 잃고 식사를 거를 때가 많았다. 아내는 남편이 출근하기 전에 밥을 먹도록 권유하기 위해서라도 가족이 함께 밥을 먹도록 남편의 일정에 식사시간을 맞추었다. 남편의 식사시간을 챙기는 것은 광부의 아내에게 주어지는 중요한 의무 중 하나였다. 남편의 밥때를 놓치지 않는 금기를 지키기 위해 아내는 외출했다가도 식사시간에 맞추어서 반드시 집으로 돌아왔다. 여성의 목소리가 커지는 분위기 속에서도 남편을 위하는 광부 아내의 모습이 크게 변하지 않은 것은 탄광촌 금기어의 영향 때문이다. 2013년 12월 현재까지도 이를 철저하게 지킨다는 주부의 말을 들어 보자.

도계 출신의 남편(전○○, 43)은 도계광업소에 입사하기 전에 서비스 업종과 택시 운전 일을 했어요. 그러다 안정적인 일을 위해 광업소에 입사해 채탄 후산부로 10년째 일을 하고 있어요. 학자금과 사택 지급, 1년에 4,000만 원의 급여가 있어 다른 일보다 보수가 좋은 편이지요. 요즘 광업소 일이 예전보다는 위험하지 않다고 하지만, 그래도 신랑을 보내 놓고는 매일 마음 졸여요. 남편은 갑방(오전 8시 출근), 을방(오후 4시 출근) 교대 근무를 하는데, 저의 생활은 모든 일이 신랑의 출퇴근시간에 맞추어져 있어요. 사회복지사 공부도 하고, 결혼이주민가정지도사 공부를 하러 다니는 등 바깥 생활하는 것 모두 신랑의 시간에 맞추어 생활해요. 밖에 있다가도 신랑 퇴근시간 전에 집에 들어가서 맞이해요. 신랑은 내가 집에서 맞아 주면 '누군가 집에서 기다려 주는구나' 해서 좋다고 해요. 저는 신랑이 집에 들어오면 '다녀오셨어요? 수고했어요' 하고 반갑게 맞으려고 노력해요. 신랑 오기 전에 밥도 챙기는데, 집에 음식 냄새가 나는 것이 좋대요. 음식은 신랑의 입에 맞는 것 위주로 하고요.[76)]

② 도시락은 방에서 건네지 않는다

정성을 다한 음식을 준비해 다소곳이 내놓거나, 남편의 출근시간에 집에 있다가 문밖까지 나가 배웅하는 과정에는 경건함이 깃들어 있다. 출근하는 남편에게 도시락을 줄 때는 방바닥에 놓거나 해서는 안 된다. 부엌이나 문밖으로 나와서 직접 건네야 한다. 이는 남편에 대한 섬김이기도 하지만 가족을 먹여 살리는 노동에 대한 경외감이기도 했다.[77)] 노동하는 사람, 가족을 먹여 살리는 가장인 남편에 대한 경의는 행복한 가정을 만드는 데 일조했다.

---

76) 김현주(여, 43, 도계)

77) 정연수, 『탄광촌 풍속 이야기』, 북코리아, 2010, 40쪽.

③ 하늘 같은 남편을 잘 섬겨야 복을 받는다

탄광촌을 찾는 광부 중 상당수는 이전에 살던 곳에서 경제적 삶의 실패를 겪은 경험을 가지고 있다. 가정을 이끄는 가장의 기를 살려 새로운 직장인 탄광막장에서 힘을 내도록 내조하는 일은 아내의 몫이다. 탄광촌 사회에서는 남편을 하늘처럼 섬겨야 한다는 말이 일상생활 속에서 자주 쓰였다. 이 말은 남편을 잘 섬기지 못하면 불행이 온다는 경고를 통해 남편에 대한 아내의 마음가짐을 다지도록 하는 교육적 의미를 담고 있다. "하늘 같은 남편을 잘 섬겨야 복을 받는다"는 말은 "남편 밥때를 놓치지 않는다"라든가 "남편의 광업소 출근 전에 다른 집에 가지 않는다"와 더불어 남편을 잘 섬기도록 하는 효과를 가져왔다. 한편 아내의 행동과 의식의 제약을 통한 남편의 일방적인 우위는 아내가 남편에게 철저하게 봉사하게 함으로써 가정불화를 줄이는 효과도 가져왔다.

④ 부엌에서 여자가 큰 소리를 내면 재수가 없다

"사내아이가 부엌에 들어가면 불알 떨어진다"는 말에서도 알 수 있듯, 남자의 할 일과 여자의 할 일이 구분되어 있던 시대에 부엌은 여자들만의 공간이었다. 탄광촌 주부들은 여자들만의 공간에서조차 행동의 제약을 받았다. 부엌에서는 큰 소리를 내서도 안 되고, 접시를 깨서도 안 되고, 울어서도 안 되는 등 각종 금기가 주어졌다. 부엌 생활까지 통제하는 것은 여자의 모든 행동을 제약함으로써 남자 중심의 사회를 공고히 하는 효과를 가져왔다.

⑤ 도시락 보자기는 파란색과 붉은색 외에는 사용하지 않는다

파란색과 붉은색의 도시락 보자기는 벽사(辟邪)의 색을 통해 안전을 기원하는 의식에서 비롯되었다. 예로부터 파란색과 붉은색은 양(陽)의 기운이 왕성해 귀신들의 속성인 음기(陰氣)를 물리칠 수 있다는 음양설이 전통으로 자리 잡았다. 파란색은 오행 중 나무(木)에 해당하며 해가 떠오르는 동쪽을 의미한다. 또한, 만물이 생성하는 봄의 색인 까닭에 창조와 생명, 생식 등을 상징하는 양기가 강하다.

붉은색은 남방에 해당하여 불(火)과 여름을 뜻하며 태양, 불, 피 등과 같이 생명력이 충만한 색이다. 따뜻한 기운이 넘치는 남쪽에 해당하기 때문에 온난하고 만물이 무성하며 또한 양기가 왕성한 색으로 창조적인 힘을 상징한다. 잡귀와 질병, 재앙 등과 같은 사악한 기운을 없애기 위한 사자(使者)로서 붉은색이 가장 흔하게 쓰인 벽사(辟邪)의 대표적인 색이기도 하다.[78]

붉은색은 숭배의 대상이던 태양이나 두려움의 대상이던 불을 상징하면서 외부의 잡귀로부터 지켜 주는 강력한 힘을 의미했다. 파란색은 경배의 대상인 하늘의 색을 상징하면서 생명력과 희망을 전달했다. 파란색과 붉은색은 힘과 생명의 상징색으로 인식되었다.[79] 불행한 기운으로부터 자신을 보호하기 위해 파란색 또는 붉은색을 즐겨 사용하던 관습이 탄광촌에서도 이어졌다.

예로부터 파란색과 붉은색은 신성한 일에 사용해 왔다. 혼인할 때는 납폐함에 음양의 결합을 뜻하는 파란색 · 붉은색의 채단을 넣었다. 이때 남자의 양기를 상징하는 파란색 비단은 붉은색 종이에 싸서 파란색 명주실로 묶고, 여자의 음기를 상징하는 붉은색 비단은 파란색종이에 싸서 붉은색 명주실로 묶었다. 또 잡귀나 부정을 쫓아 준다는 팥을 넣어 서남쪽에 두는 붉은색 주머니라든가, 부부의 백년해로를 기원하

78) 구미래, 『한국인의 상징세계』, 교보문고, 1996, 57쪽 참조.

79) 위의 책, 49쪽.

는 찹쌀을 넣어 동북쪽에 두는 파란색 주머니가 있다.

그 외에도 마을 입구마다 고목이나 서낭당에 붉은색 천을 걸어놓은 것이라든가, 장승의 입술을 붉은색으로 칠하는 행위들은 잡신으로부터 보호하기 위해서였다. 한편 성경의 『민수기』에 보면 제단에서는 파란색 보자기와 붉은색 보자기를 사용하고 있어 기독교에서도 특별한 상징으로 받아들이고 있었다.

파란색과 붉은색을 통해 나쁜 기운을 물리치려는 의식을 탄광촌이 그대로 받아들였다. 탄광막장 곳곳에 도사리고 있는 불운으로부터 보호하기 위해 굴속으로 가져가는 도시락 보자기를 파란색과 붉은색으로 사용했다. 파란색 보자기를 통해서는 안전한 생명을 기원하고, 붉은색 보자기를 통해서는 나쁜 기운을 막아 주기를 기원한 것이다. 광업소 측에서는 탄광 개광일, 노조 창립일, 노동절 등의 기념일에 파란색이나 붉은색 도시락 보자기와 도시락 가방을 기념품으로 나누어 주곤 했다.

⑥ 도시락에 밥을 담을 때 4주걱을 담지 않는다

숫자 4가 죽을 사(死)와 같은 음이라고 하여 꺼리는 것은 전국적으로 통용되는 금기이기는 하다. 탄광촌에서는 이것을 더욱 철저하게 지킨다는 점에서 특이점이 있다. 광부의 아내는 남편의 도시락을 쌀 때 4주걱을 담지 않았다. 3주걱, 혹은 5주걱 분량의 밥을 담았다. 남편에게 나쁜 것은 무엇이든 피하여 갱내 작업에서 안전하게 보호하려는 광부 아내의 심리가 도시락에 반영되어 있다.

삼척시 도계읍에 소재한 경동광업소에서는 2001년부터 취업회 장소에다 일회용 도시락을 대기시켜 놓고 무료로 공급하고 있다. 도시락 보급은 광부들에게는 출퇴근할 때 가방을 들지 않아 좋고, 아내는 반찬 걱정 안 해서 좋은 일거양득의 효과를 거두었다. 그뿐만 아니라 보자기 색상이라든가 밥을 담을 때 숫자를 세는 등의 각종 금기에 얽매인 아내의 의식을 해방하는 효과를 가져왔다.

⑦ 사택에서 숫자 4를 사용하지 않는다

사택에서는 동 · 호수를 표기할 때 4자를 쓰지 않았다. 죽음을 연상하는 불길한 수로 인식하며 꺼려 온 중국문화권의 금기이다. 탄광아파트나 사택에서 건물의 동 번호를 표기할 때 1동, 2동, 3동 다음에 5동 순으로, 1호, 2호, 3호 다음에 5호 순으로 적었다. 4호가 사호(死號)로 읽힌다는 이유에서 4 자가 들어가는 번호를 건너뛰었다.

⑧ 방송이 나오지 않는 날은 (아이들도) 경거망동하지 않는다

장성광업소 노동자만도 6,000 명에 달했으니, '장성읍(삼척군 장성읍)' 하나가 장성광업소 회사에 의해 형성되고 움직여졌다. 1980년대 중반까지 장성 지역 주민들은 같은 음악, 같은 뉴스 등 같은 방송을 매일 들으면서 생활했다. 장성광업소가 사택 단위별로 스피커를 설치해 놓고 아침 출근시간, 점심시간, 퇴근시간에 라디오에서 흘러나오는 음악과 뉴스를 틀어 주기 때문이다. 이 스피커를 통해 광업소나 국가에서 알려야 할 중요한 사항을 방송으로 전달했다.

갱내에서 큰 사고가 발생하면 방송이 중단되었다. 갱내사고로 방송이 중단되면 탄광촌 전체가 숨을 멈춘 듯 고요했다. 어른들은 그날만큼은 자식들에게 경거망동하지 말 것을 당부하면서 숙연한 마음으로 하루를 보냈다. "방송이 나오지 않는 날은 (아이들도) 경거망동하지 않는다"는 금기는 모두가 같은 걱정을 안고 살아가는 공동체 운명이라는 것을 각인시켰다.

탄광사고가 나도 가족들은 쉽게 알 수 없었다. 가족이 먼저 알 경우 구조 작업에 방해되거나 병원 후송이 지연된다는 이유에서 사고 처리가 끝난 후에야 알렸기 때문이다. 방송이 중단되면 탄광에 출근한 가족이 있는 경우에는 '혹시?' 하는 두려움에 사택 앞 큰길로 나가 서로가 애간장을 태워야 했다.[80] 방송이 끊어진 날은 공동수도에도 긴장이 흘렀다는 주부의 말을 들어 보자.

> 매일 오전 7시 30분경과 오후 4시 30분에는 광업소에서 사택 스피커로 방송을 틀어 줬다. 새마을 노래도 나오고 경쾌한 노래들이 주로 나왔다. 그런데 사고가 나면 안 나왔다. 공동우물에서 쌀을 씻다가 음악이 끊어지면 이웃 사람까지 나서서 '그 집 남편 갑방 간 거 아니야?' 하고 가슴을 졸이며 불안해한다. 퇴근하면서 술집에 들렀다 올 때는 사정을 몰라 더 가슴을 졸인다. 공동수도에서 물동이 놓고 기다리면서 누구네가 다쳤다는 등 말을 하면서 보낸다.[81]

⑨ 광부가 돼지고기를 먹지 않으면 규폐에 걸린다

돼지고기는 비싼 술안주였지만 광부들은 돼지고기 안주를 제일 선호했다. 탄가루를 씻어 내는 데 도움이 되었기 때문이다. "광부가 돼지고기를 먹지 않으면 규폐에 걸린다"는 금기도 광부들이 돼지고기를 먹도록 부추겼다.

황사가 심한 중국에서도 먼지를 걸러 내기 위해 돼지고기를 많이 먹고 있다. 돼지고기의 불포화지방산이 탄산가스를 중화해 폐에 쌓인 공해물질을 중화하고 체내 중금속을 흡착해 배설하는 효과가 크다는 이유에서이다.

---

80) 정연수, 『탄광촌 풍속 이야기』, 북코리아, 2010, 105쪽.

81) 조분옥(여, 56, 도계)

⑩ 광부의 어깨를 짚으면 재수가 없다

어깨는 신체의 한 부분이기도 하지만 사회적으로 책임을 지거나 남을 도와주는 능력에 대한 의미로 상징된다. "어깨를 으쓱하다"라는 말은 흐뭇한 기분을 표현하여 기세를 드러내기도 한다. 그러한 어깨를 남이 짚으면 위세가 떨어지는 것으로 보았다. 광부에게 바른 예의로 대할 것을 주문하는 예절에서 나온 금기이다. 이 금기는 전국에 널리 알려진 "아침에 어깨 짚으면 재수 없다"라든가, "남의 어깨를 짚으면 재수 없다"는 말이 광부에게 적용되면서 탄광촌 사회에서 정착되었다.

⑪ 광부의 옷 위에 남의 옷을 걸치면 재수가 없다

예로부터 옷을 함부로 타 넘어도 안 된다고 했다. 이러한 금기가 더욱 공고해지면서 광부의 옷 위에는 남이 옷을 걸치지 못하도록까지 했다. 특히 여자가 남자의 옷을 함부로 대하는 것은 '재수 없는' 혹은 '앞길을 막는' 의미로 받아들였다.

작업복은 광부가 출근할 때 반드시 챙겨야 하는 중요한 개인 용품이다. 1980년대 이전의 좁은 가옥에는 옷장이나 옷걸이가 넉넉하지 않았으므로 벽에 대못을 박아 옷걸이로 사용했다. 이때 온 가족이 옷을 마구잡이로 포개어 놓았는데, 바쁜 출근길에는 옷 찾기가 힘들어 허둥대기도 했다. 옷을 걸치면 재수 없다는 금기는 출근하는 노동자의 심기를 상하지 않도록 배려하는 효과를 거두었다. 또 이러한 금기는 가족 구성원 모두가 광부를 정점에 놓고 행동하는 가정 예절을 만들어 가는 역할을 했다.

⑫ 광부의 몸을 여자가 타 넘지 않는다

예로부터 “남자의 몸을 여자가 타 넘으면 재수 없다”는 금기가 전국적으로 분포되어 있다. “여자가 임신 중에 화로를 타 넘으면 불효자식을 낳는다”는 말은 여자들이 함부로 사물을 타 넘는 것을 경계하는 말이다. 남자를 함부로 타고 넘지 못하는 금기는 탄광촌 여자들 사이에 엄격하게 지켜지면서 행동예절로 자리 잡았다.

⑬ 새댁이 연탄불을 꺼트리면 집안이 망한다

우리나라에 널리 전해지던 “며느리가 불씨를 꺼트리면 집안이 망한다”는 금기가 탄광촌에서 연탄불로 치환되어 나타난다. 연탄을 사용하지 않던 농촌에서 갓 시집온 젊은 새댁은 연탄구멍 맞추기를 잘못하거나, 연탄불 갈 시간을 가늠하지 못해 불을 꺼트리는 경우가 많았다. 특히 초기의 연탄은 연탄구멍을 정확히 맞추지 않으면 잘 꺼졌다. 연탄불을 꺼트리면 집안이 망한다는 경구가 있으니 갓 시집온 새댁은 연신 부엌을 들락거리며 연탄불을 신경 쓰느라 밤잠까지 설쳤다.

번개탄이 없던 시절, 연탄불이 꺼지면 옆집에 가서 타고 있는 밑불을 빌려 썼다. 한밤중이나 새벽에는 옆집으로 갈 수 없으니 직접 불을 피워서 연탄불을 살렸다. 또 옆집에 불을 빌리러 갔다가 불을 간 지 얼마 되지 않았을 때에는 다른 이웃집으로 불을 찾아다녀야 했다. 불을 빌릴 때는 새 연탄을 한 장 주는 것이 관례였다. 장기간 집을 비울 때는 연탄불을 봐 달라며 이웃집에 열쇠를 맡겼다. 인정 없이 살다가는 불도 못 빌리고, 연탄불을 봐 달라는 부탁도 못 했으니 탄광촌에는 옛날 농촌 공동체가 지녔던 돈독한 인정이 살아 있다.

⑭ 탄광 면접 볼 때 탯줄을 보관하던 천을 옷 속에 지니면 붙는다

탯줄은 어머니의 뱃속에서 모체와 연결된 생명선으로 영양분과 산소를 공급받고 이산화탄소와 노폐물을 내보내는 역할을 한다. 생명의 선이자, 생명의 출발을 상징하는 탯줄을 통해 사회의 출발을 상징하는 취직시험의 합격을 기원했다. 이 말은 전조어에 해당한다. 탄광 입사 경쟁률이 치열해지면서 광업소 면접을 보러 갈 때 탯줄을 보관하던 천을 몸속에 지니는 사람이 많았다.

우리 조상들은 탯줄을 깨끗한 천이나 배꼽목갑에 감싸서 소중히 간직해 왔다. 탯줄은 중요한 시험을 볼 때 몸에 지니면 행운이 따른다는 속설 외에도, 불치병에 걸렸을 때 탯줄을 달여 먹이면 낫는다는 속신도 있다. 아기의 탄생과 미래를 축하하기 위해 태를 보관하고 간직하던 풍습을 잇는 움직임은 지금도 있다. 2005년, 한 업체가 아이와 부모의 추억으로 활용하도록 탯줄을 영구적으로 보관하는 캡슐을 개발하기도 했다.

⑮ 탄광 면접 볼 때 아기 첫 배냇저고리를 옷 속에 입고 가면 붙는다

이 말 역시 전조어에 해당한다. 보릿고개가 있던 시절, 광부가 되면 먹고살 걱정이 없다는 소문이 농촌 지역으로 퍼지면서 많은 이들이 탄광으로 몰려들었다. 탄광 취업이 수십 대 일의 높은 경쟁률을 보이면서 "탄광 면접 볼 때 아기 첫 배냇저고리를 옷 속에 입고 가면 붙는다"는 속신이 생겼다.

"시험을 보러 갈 때 갓난아기의 저고리를 품고 가면 시험을 잘 본다",[82] "어려운

82) 최래옥, 앞의 책, 197쪽.

시험을 치러 갈 때 애기 배냇저고리를 등에 감고 가면 합격한다"[83]는 속신이 이미 전국적으로 널리 퍼져 있었다. '시험'이란 말이 탄광촌에서 '탄광 면접 볼 때'로 바뀌었다.

⑯ 사택에서 여자가 밤에 울면 집이 망한다

탄광촌에서 여자들의 행동에 대한 제약은 새벽부터 한밤중까지 계속되었다. 남편이 출근하기 전에 우는 것과 밤중에 우는 것을 금했다. 예로부터 "여자가 밤에 울면 집이 망한다"[84]고 하여 여자들의 울음을 불길하게 여겼다. 탄광촌에서는 "사택에서 여자가 밤에 울면 집이 망한다"는 말로 변형되어 지켜졌다.

이 금기 때문에 밤이면 사택의 공동화장실이 여자의 울음바다가 되곤 했다. 시부모를 비롯한 3대가 방음도 안 되는 8~9평짜리 두 칸의 좁은 사택에서 살던 시절, 광부의 아내가 속상할 때 찾아가는 공간은 사택과 떨어져 있는 공동화장실이다. 공동화장실은 여자가 신세타령을 위해 친정 가듯 찾아가는 공간이었다. 1950~1970년대 지어진 사택의 공동화장실은 나무판자로 지어져 있어 옆 칸의 숨소리까지 다 들리는 터에, 참는 듯 울어 대는 한밤중의 여자 울음소리는 기묘했다.

⑰ (탄광생활 끝내고) 나갈 때는 굴로 가는 것이 아니다

태백탄광촌에서는 탄광생활을 끝내고 태백탄광촌을 떠나갈 때는 '구문소'로 나가지 않는 금기가 있었다. 들어온 곳으로 나가면 재수가 없다는 속신이 있어서 경상

83) 위의 책, 220쪽.
84) 위의 책, 227쪽.

도 지역에서 태백탄광촌으로 들어오는 관문인, 동점 구문소를 피했다. 구문소를 피하는 또 다른 이유로는 "탄광에서 번 돈은 굴 밖만 나가면 맥을 못 춘다"는 속신 때문이다. 굴처럼 생긴 구문소를 빠져나가다가 그동안 번 돈이 맥을 못 쓸 것을 염려했다. 장성 지역 사람들은 이삿짐을 싣고 떠나갈 때는 구문소 통과를 피하려고 차비를 더 지급하면서도 연화산이나 통리 지역으로 우회하여 떠났다. 설령 손님이 우회하자는 요구를 안 할 경우에도, 이삿짐 차나 택시들이 먼저 "나갈 때는 굴로 가는 것이 아니다"라는 말을 전하면서 차비를 더 받아 내기도 했다.[85)]

⑱ (탄광촌 상점) 첫 손님에게는 외상 물건을 주지 않는다

광부가 되려는 사람은 대부분 빈손으로 찾아온 데다, 광업소에 취직하고도 월급은 두 달 후에 나왔으므로 탄광촌에서는 외상이 성행했다. 그런 분위기 속에서도 하루의 첫 손님에게는 외상을 주지 않는 금기가 철저하게 지켜졌다. 술집에서든, 일반상가에서든 가게 문을 열고 처음 온 사람에게는 외상을 안 주었다. 단골일 경우에도 마수걸이라고 하여 처음으로 물건을 팔 때는 꼭 현찰로 물건을 사야 했다. "아침에 외상으로 팔면 그날은 종일 재수 없다"는 속신이 전국적으로 널리 퍼져 있기는 했는데, 탄광촌에서는 이를 더욱 공고히 지켰다.

2개월 후불 형식의 광업소 월급 지급 방식은 광부가 부채를 안고 생활하도록 만들었다. 탄광촌에서는 점포와 구매자가 매출 · 매입을 기록한 장부인 맞장부를 각각 가지고 있었다. 맞장부는 광부들이 가난에서 쉽게 벗어나지 못한 원인이 되기도 했다. 외상 가계로 출발한 탄광노동자 가족의 생계는 월급을 받더라도 현금은 며칠 내

---

85) 석재준(남, 58, 황지동)

에 비싼 물가의 외상값 변제에 충당되면서 적자 가계의 악순환을 만들기 때문이다.[86)]

⑲ (탄광촌 상점) 첫 손님이 물건을 안 사고 그냥 나가면 재수가 없다

탄광촌 상점에서는 첫 손님이 물건을 구경만 하거나 값만 물어보고 나가면 온종일 장사가 안된다고 믿었다. 이런 믿음 속에는 출발이 그만큼 중요하다는 의미를 내포하고 있다. 첫 손님이 물건을 사지 않고 그냥 돌아 나가려 하면 주인이 "첫 손님 마순데…." 하고 말꼬리를 흐린다. 그 말을 듣는 손님은 껌 한 통, 사탕 한 알이라도 사서 나오는 것이 탄광촌의 인정이었다. 만약 첫 손님이 끝내 그냥 나갈 경우에는 액땜 의례를 했다. 문밖까지 나와 소금을 뿌리면서 "에이, 재수 없다"를 주문처럼 내뱉는 것이다.

소결

광부의 일상생활과 관련한 금기어 속에는 광부 아내의 행동을 제약하는 내용이 많았다. 광부의 아내는 집 안에서나 밖에서나 늘 행동과 마음가짐을 조신하게 살아야 했다. 이는 탄광촌 가정이 철저하게 광부를 중심으로 움직여진다는 것을 보여준다.

"도시락 보자기는 파란색과 붉은색 외에는 사용하지 않는다", "도시락에 밥을 담을 때 4주걱을 담지 않는다", "광부가 돼지고기를 먹지 않으면 규폐에 걸린다" 등의 금기어는 미신적 요소라기보다는 남편의 안전을 바라는 아내의 절실한 기원을 담고 있다.

86) 한옥수, 「태백지구 탄광지대의 광업가정에 대한 가정경영 실태조사와 그 문제점의 도출분석 및 생활의 과학화방안 연구」, 『강원대학교 논문집』제12집, 1978, 345쪽.

상점과 관련된 두 개의 금기는 탄광촌 외의 지역에서도 널리 퍼져 있는 이야기이지만 외상이 성행할 수밖에 없던 탄광촌의 사정이라든가, 인정 있는 모습으로 살아가는 탄광촌 공동체 사회를 잘 보여 주는 사례이다.

3.
탄광촌 금기어의 특징

탄광촌 금기어는 탄광촌 사회를 이루는 주 구성원인 광부, 광부의 가족, 그리고 탄광촌 주민들이 지켜 오던 속신에 해당한다. 비과학적이고 비합리적인 요소도 없지 않지만, 탄광촌 금기어는 탄광촌 공동체의 질서 유지와 광부들의 안전작업을 위한 교육적인 내용을 담고 있다. 특히 공동체 작업이 진행되는 작업장에서의 공동 유대 강화, 광부 중심의 탄광촌 사회 구축 등의 합리적인 측면도 간과할 수 없다. 탄광촌 금기어는 탄광촌 고유의 문화를 드러내는 중요한 민속문화자원이라 하겠다.

1) 탄광 공동체의 질서 유지

사람들은 누구나 하고 싶은 것을 하면서 자유롭게 살고 싶어 하지만, 사회는 일정한 삶의 질서가 필요하다. 금기를 통해 통제하고 때로는 억압하기도 하면서 사회는 순종적인 질서를 만들어 낸다. 이 중 뿌리 깊게 내려오는 금기어가 있는가 하면 특정한 사회집단의 필요성에 의해 새롭게 형성되기도 한다. 새롭게 형성되는 것은 그 사회의 유지와 보호를 위한 일종의 안전장치인 셈이다. 금기어는 어느 사회건 간에 항상 존재하고 있으며 합리적이고 과학적인 체계를 갖추면서 관습, 도덕, 법, 교육으로 나타나기도 한다.

문학평론가 김현은 "어떤 사회든지, 그것이 그것답게 존속하기 위해서는 자기 나름의 금기체계를 갖는다"면서 금기가 적은 사회일수록 억압되지 않은 사회, 그만큼 자유스러운 사회라고 했다. 탄광촌은 항상 지켜야 할 많은 금기를 지니고 있으며, 가족뿐만 아니라 새로 이주해 온 주민들까지 가세하여 사회 전체가 금기의 그물망에 놓였다. 탄광촌에 금기가 유독 많다는 것은 그만큼 탄광촌 사회가 억누르는 것이 많음을 단적으로 입증한다.

금기가 원시 교육에서 중요한 역할을 했다는 것은 이미 익히 알려진 사실이다. 일단 금기 때문에 공포의 마음이 생기면 금기가 유지되고, 그 대상에 대한 두려움과 조심성을 통해 질서가 유지된다. 금기 속에 그 어떤 과학적인 인과관계가 없다고 하더라도 공동체 속에서 사람의 도리, 질서의 도리를 가르치는 상당한 교육적 효과를 지니고 있다. 그래서 분트는 터부를 "인간의 가장 오래된 불문법"이라고 보았다.[87]

금기의 제약이란 종교나 도덕적 제약과는 달리 금기를 위반했을 때 자동적인 처벌이 주어진다. 금기를 아는 것은 그 지역사회에서 교양을 갖추었다는 것을 의미하므로 만약 어길 경우 교양 없는 사람, 버릇없는 사람, 못 배운 사람 등의 취급을 당했다. 금기를 어겼을 때 "어디서 못 배워 처먹은 것이!" 하고 욕을 하는 것은 바로 금기는 교육적 질서라는 것을 증명 한다. 금기는 사회적 합의에서 출발하고 있으므로 금기를 범하는 것은 사회 공동체 일원으로서 수치이며, 구성원으로부터 비난의 처벌이 뒤따랐다. 탄광촌은 금기의 배후에 자리 잡은 공포를 이용하여 공동체 구성원의 질서를 유지한 셈이다.

87) 프로이트, 앞의 책, 44쪽 재인용.

"그곳에 가면 금기부터 물어라"라는 중국의 속담은 금기가 공동체 생활에 얼마나 중요한지를 잘 보여 준다. 금기는 개인을 길들이며 사회의 질서 속에 융화시켜 주는 것으로, 금기어는 개인과 사회가 공존할 수 있는 지침서이다. "우리는 사회 속에서 태어났고 역사 속에서 태어났다"[88]는 말처럼 우리는 개인이 아니라 사회인으로 살아간다. 사회인이 된다는 것은 사회의 관습법이라 할 금기를 지켜 사회의 질서를 따른다는 뜻이다. 금기를 통해 어떻게 다른 사람을 존중하며 다른 사람에게 피해를 주지 않도록 하는지 등의 처세술도 배우는 것이다. 집단이 생존하고 발전하기 위해서는 규칙과 규범이 필요한데 금기가 집단을 유지하고 가르치는 역할을 맡고 있다.

탄광촌의 금기어에는 탄광촌의 민중의식, 집단 공동체 생활을 위한 지침이 강력하게 반영되어 있다. 레비-스트로스가 "금기를 통해서 권력과 권위가 유지되는 것"[89]이라고 본 것처럼 탄광촌 금기어는 탄광촌의 핵심 구성원인 광부들에 대한 예우, 존경, 섬김 등을 위해 형성되었다. 그래서 탄광촌 금기가 지켜지던 1980년대까지 탄광촌에서 광부들이 갖는 위상은 높았다. 가정 내에서든 탄광촌 사회에서든 광부를 중심으로 탄광촌 사회가 움직여졌으며, 농촌이나 어촌에서는 탄광촌으로 오려는 희망자로 넘쳤다. 생계 문제가 가장 큰 걱정거리이던 시절, 밥벌이 잘하는 것만으로도 기세가 등등했다. 광부는 노동한다는 것만으로도 큰 유세를 부릴 수 있었다.

탄광촌 금기어는 탄광촌 공동체를 구성하고 탄광촌의 특수한 사회를 유지하는 강력한 규제로 작용했다. 광부와 그 가족뿐만 아니라 일반 탄광촌 주민들까지 철저하게 지켰다는 점에서 주목된다. 탄광촌 금기의 실천은 탄광노동운동에서 노동자와 그 가족의 단합된 힘으로 표출되는 탄광촌 고유의 공동체의식을 형성하는 밑거름이 된다. 프레이저는 "토템에 의한 결속력은 혈연이나 현대적 의미에서의 가족에 의한 결

88) E.H. 카, 김승일 옮김, 『역사란 무엇인가』, 범우사, 2003, 140쪽.

89) 신방흔, 『시각예술과 언어철학』, 생각의 나무, 2001, 182~183쪽 재인용.

속력보다 강하다"고 했다.[90] 탄광촌의 공동유대는 토템에 의한 결속력과 다르지 않다. 원시사회의 결속력에 토템이 영향력을 끼쳤다면 탄광촌에서는 석탄 속에 묻힐 광부의 운명 공동체가 구성원의 끈끈한 결속력을 가져왔다. 그런 점에서 탄광촌 공동체는 일반 사회 공동체의 성격을 넘어서고 있다. 사북항쟁을 비롯한 대규모 탄광노동운동 현장이나, 탄광(폐광)주민 생존권 찾기 궐기대회의 시위에서 나타나는 주민의 강한 결속력은 탄광촌의 고유한 문화에 기반을 두고 있다. 탄광촌의 강한 연대의식의 배경에는 철저하게 지켜지던 탄광촌 금기어가 중요한 역할을 담당한 것이다.

2) 안전작업 효과

탄광촌의 주요 구성원인 광부들과 그 주민들의 의식을 반영한 탄광촌 금기어는 광부들의 안전작업을 중심으로 형성되는 특징을 보여 주고 있다. 갱내의 위험한 작업장에서 일해야 하는 열악한 노동환경 때문에 퇴근 관련 금기어보다는 출근(입갱)이나 갱내 작업장과 관련한 금기어가 훨씬 더 많다. 죽음을 두려워하고 경계하는 데서 생겨난 탄광촌 금기어는 자신을 스스로 단속하여 무서운 재앙을 피하도록 했다. 광부들의 생명과 안전을 지켜 주었다는 점에서 금기어는 긍정적 효과를 지니고 있다.

탄광촌 금기어는 광부의 삶과 노동에 대한 환경과 직접적인 관련을 맺고 있으므로 모두 미신적 요소로 보기는 어렵다. 갱내에서 작업 도구 소중히 하기, 쥐를 잡지 않기, 뛰지 않기 등의 금기어는 광부들의 안전을 위한 것으로 합리적인 의미를 지니고 있다. 광부 아내의 밥때 지키기, 남편 섬기기 등은 광부들의 심리적인 안정을 도와주는 역할을 했다. 탄광촌에 많은 금기가 생성 · 전승되고, 비교적 철저하게 지켜진 것

---

90) 프로이트, 앞의 책, 22쪽 재인용.

은 재난에 대한 두려움에서 비롯한다. 때로 탄광촌 금기는 회사가 의도하는 안전교육 이상의 효과가 있었다.

흉몽이나 불길한 일, 재수 없는 일 등에 의한 심리적인 금기는 금기를 어기는 행위와 뒤에 나타나는 결과 사이에 필연적인 연관성을 맺고 있다는 것이 실증되기도 했다. 흉몽을 꾼 사람이 밤잠을 설쳐 수면 부족으로 작업장에서 안전사고를 당했다는 사례들이 그런 경우이다. "옛말 한 말 그른 말 없다"는 속담처럼 탄광촌을 지탱한 금기어는 위험이 상존하는 탄광촌의 안전 노동을 위한 경험적 지혜를 반영했다. 생명을 담보로 작업하는 광부들에게 안전을 경고하는 금언으로, 함께 살아가는 가족과 주민들은 광부들의 안전을 함께 돌볼 것을 주문하는 역할을 했다.

탄광촌 금기어는 전국에 널리 퍼져 있던 금기어의 영향 속에서 탄광촌 고유의 속신으로 자리 잡았다. 탄광촌 금기어를 어겼을 때 주어지는 벌은 다른 지역의 금기어와 비교할 때 분명한 차이점이 드러난다. 다른 지역은 금기를 어겨 '재수가 없다'는 처벌을 받을 때 그 의미는 막연한 편이다. 하지만 탄광촌 금기어가 위협하는 '재수 없음'은 신체상의 불이익 한 가지만을 겨냥하고 있다. 금기를 어길 경우 광부의 생명이 위협받는 것이다. 탄광촌 금기어는 탄광 작업장에 대한 공포에서 생성되었으며, 광부들의 안전을 도모하려는 의식이 금기어의 오랜 전승을 가능하게 했다.

속신어를 금기어와 전조어로 구분하기도 한다. 어떤 일이 일어날 것을 예언하는 전조어는 다시 흉조어와 길조어로 나뉘는데, 탄광촌에는 길조어가 거의 없는 것도 특징이다. 그렇다고 명백한 흉조어의 성격만을 띠지도 않는다. 다만 금기를 지키지 않으면 흉한 일이 생길 수 있다는 암시만 할 뿐이다.

『순자(荀子)』의 「대략(大略)」에 보면 "미리 재난을 걱정하는 것은 즐거움을 의미한다. 즐거우면 재앙이 생기지 않는다"고 했다. 금기가 있으면 미리 방지할 수 있기에 재앙을 피할 수 있다는 것이다.[91] 순자의 지적처럼 탄광촌 금기어는 광부의 불행과

91) 왕창, 앞의 책, 51쪽.

재난을 미연에 방지하기 위한 기능을 가지고 있다. 탄광의 열악한 작업환경이 개선되지 않는 상황 속에서 광부들은 죽음에 대한 공포를 해소하기 위해 많은 금기어에 의지했다. 1980년대 후반 들어 채탄 기계화로 갱내 위험 작업환경이 개선되면서 탄광촌 금기어의 기능이 줄어든 사실이 그를 방증한다.

광부를 중심에 둔 탄광촌 금기어는 안전작업뿐 아니라 인생의 막장으로 전락한 광부가 더는 비참해지지 않도록 하는 긍정적 효과도 가져왔다. 남자의 노동력에 전적으로 의존하던 1950~1980년대의 탄광촌 사회는 광부에게 많은 것을 요구하고 있었다. 가정을 이끄는 가장의 책임과 탄광촌 사회의 주 구성원으로서 지켜 나갈 명예가 필요했다. 탄광촌 금기어가 광부 중심으로 유지되면서 광부인 가장의 체면과 권위를 지켜 주었으며, 이는 곧 탄광촌 사회 및 가정의 질서와 평화를 유지하는 효과를 가져왔다. 광부 중심의 탄광촌 금기어는 여자들에게 행동과 마음가짐을 조심할 것을 요구함으로써 광부의 심리적 안정을 얻어 냈으며, 또 노동자 스스로는 안전작업에 몰두하는 효과를 거두었다.

4.
글을 맺으면서

탄광촌 금기어는 탄광촌을 생활 터전으로 삼은 광부와 가족, 그리고 집단으로 지역을 이루고 살아가는 탄광촌 주민들의 의식구조를 반영하고 있다. 탄광촌 금기어는 외부에서 갑작스럽게 유입되어 온 주민들을 따라 자연스럽게 전승되고 변모하면서 탄광촌 고유의 전통을 형성하였다. 금기는 철저하게 지역성을 지니고 있으며 금기어에는 시대 상황이 잘 반영되어 있다. 탄광촌은 '8도 공화국'으로 불릴 만큼 토박이보다도 전국에서 몰려든 주민을 중심으로 구성되었다. 여러 지역의 다양한 문화가 교섭하는 과정에서 탄광촌만의 독특한 금기가 생성되었다. 탄광촌의 고유문화가 형성될 수 있었던 요인은 탄광촌이 오지에 위치한 지리적 특성에 있다. 다른 도시와 문화적 교류가 적기 때문에 주민들은 폐쇄적이고 집단적인 공동체 생활을 영위했다. 금기어가 탄광촌 생활 속에서 공고하게 뿌리를 내리는 것은 석탄산업이라는 단일 산업 사회의 속성이 한몫하고 있다.

탄광촌 금기의 긍정적 측면은 세 가지를 들 수 있다. 탄광의 위험한 작업장에서 생명을 지키는 안전대책이라든가, 경제적 능력의 상실감으로 주눅이 든 가장에게 사기를 불어넣은 광부 중심 사회, 주민들의 강한 유대감을 통한 공동체 질서 확립 등이 그것이다.

탄광촌 금기의 부정적 측면은 크게 두 가지를 꼽을 수 있다. 광부인 남성 중심의 사회 속에서 광부의 아내, 더 나아가서는 여성 전체를 억압하는 기제로 작용한 점이다. 다른 하나는 금기가 지닌 공포 심리를 이용하여 탄광촌 전체가 광업소 중심의 기득세력을 공고화하면서 타 지역의 발전한 문화와 교류하는 창구를 만들지 못한 점이다.

여성을 억압한 탄광촌 금기는 다른 지역에서 전승되던 여성 비하의 금기와는 그 성격을 달리한다. 탄광촌 금기 역시 남존여비 관습의 영향을 받기는 했지만, 탄광촌에서 남성 중심 사회를 위해 금기를 생성하고 전승한 것은 아니다. 탄광촌 금기는 광부를 귀하게 대접하는 노동자 중심 사회의 형성이라는 측면에서 이해해야 한다.

광부를 중심축에 놓고 금기가 유지되던 탄광촌의 상황에는 1980년대 중반 들어 변화의 바람이 거세게 분다. 한국사회의 전반적인 발전에 따라 탄광촌 주민들을 옭아매던 금기가 도전을 받는다. 여성 비하와 관련한 금기는 1980년대 후반 들어 급속도로 사라지고, 광부 중심의 금기어 자체가 위력을 잃는다. "금기의 점진적인 소멸은 사회발전에 따른 자연스러운 현상"[92]이었을 것이다. 그와 동시에 광부의 위상도 함께 추락하는데 이는 탄광촌 금기가 광부를 중심에 두는 사회 형성에 큰 동력이었다는 것을 증명한다.

1989년 석탄산업 합리화정책 시행으로 갑작스러운 폐광을 맞이한 탄광촌은 폐광촌으로 전락하기 시작한다. 금기가 갑자기 사라지는 것처럼, 석탄산업 발달로 형성된 탄광촌의 고유문화가 폐광과 함께 자취를 감추고 있다. 탄광촌은 생존권 확보를 위해 관광도시를 표방하면서 카지노, 골프장, 스키장 등의 사업에 역점을 두었다. 관광도시화를 선언하면서 탄광촌의 검은 흔적과 탄광의 역사를 부끄러워하거나 부정하는 분위기까지 나타났다. 도시 미관을 해친다는 이유로 탄광촌의 흔적을 모두 덮어버리고 말았다.

92) 장범성, 『중국인의 금기』, 살림, 2004, 83쪽.

창조란 지난날의 역사와 문화를 부정하면서 시작하는 것이 아니라, 전통의 계승을 통한 발전이어야 한다. 법고창신(法古創新), 석탄이라는 독특하고도 자랑스러운 근대 산업문화유산을 지닌 탄광촌이 품어야 할 진리이다. 탄광촌은 산업 발전 과정에서 생겨나고 산업 발전 과정에서 사라진 한국 산업사의 축소판이다. 탄광촌의 문화를 한국 산업사 속에서 체계적으로 정리하고, 기록하고, 연구하는 일은 탄광촌이 안고 있는 시급한 과제이다. 탄광에 종사하거나, 탄광촌의 생활을 기억하는 이들이 하나둘 지역을 떠나는 실정이기 때문이다. 탄광촌 금기는 광부와 탄광촌 주민의 의식을 이해하고, 탄광촌의 문화를 형성하는 중요한 코드가 될 것이다. 이러한 연구가 탄광촌의 고유한 문화를 가꾸는 길잡이가 되고, 탄광촌을 이해하는 창구가 되기를 기대한다.

2장

탄광촌 유행어 고찰

1.
탄광촌 유행어 120개: 탄광촌 정체성의 바로미터

인간의 사고와 감정을 담은 언어는 대중을 움직이고, 한 사회의 문화를 형성하는 원천이다. 언령사상(言靈思想)에서도 보듯, 말에는 힘이 있다. 특히 유행어는 특정 지역이라는 공간적 배경, 특정 시대라는 시간적 배경 속에서 유통된다. 유행어는 같은 배경을 지닌 집단끼리 활용되는 사회성을 지니며, 시간이 지나면 사라지는 일시성의 속성을 지닌다. 유행어는 "시대적인 감각과 대중의 심리를 가장 잘 나타낼 수 있는 흥미로운 어휘현상"[1)]으로 사회상을 가장 잘 반영하는 언어라 할 수 있다. "유행어는 일반화되지 않고 소멸하는 언어, 다양한 매개체를 통해 널리 사용되는 언어, 널리 대중에게 알려지지 않고 사용되는 언어 등 다양한 양상"[2)]을 보인다. 탄광촌 유행어는 탄광을 중심으로 하는 특정 집단끼리 공유하는 특성을 보인다.

강원도의 탄광촌인 태백시, 삼척시 도계읍, 정선군 사북읍 · 고한읍 · 신동읍(함

---

1) 정영, 「국어 유행어에 대한 연구」, 전남대학교 대학원 국문과 석사논문, 2008, 10쪽.

2) 김현채, 「신어 · 유행어를 통해보는 현대일본의 시대상—首相과 관련된 신어 · 유행어 대상어를 중심으로」, 부경대학교 대학원 일어일문학전공 석사논문, 2011, 69쪽.

백), 영월군 북면 마차리 등은 전국에서도 손꼽히는 탄광촌으로 자리했다. 석탄산업 합리화정책으로 대다수 탄광이 폐광하면서 대규모 탄광촌은 폐광촌으로 전락했다. 2016년 현재 전국 다섯 개의 운영 탄광 중 태백에 두 개, 도계에 두 개, 전남 화순에 한 개의 탄광이 남아 있을 뿐이다. 사북 · 고한 · 함백 · 마차 지역의 탄광이 모두 문을 닫으면서 많은 탄광노동자들이 지역을 떠났다. 탄광촌에서 폐광촌으로, 폐광촌에서 관광도시로 변모하는 과정에서 탄광촌 유행어는 점점 사라지고 있다. 유행어는 소멸성의 언어라는 운명을 지니고 있다. 따라서 완전히 사라지기 전에 탄광촌 유행어를 수집하여 정리하는 일은 시급한 작업이다. 탄광촌 유행어는 탄광촌 주민의 정체성을 이해하는 길잡이기 때문이다.

이 글은 강원도 태백 · 삼척 · 정선 · 영월 지역에 널리 퍼져 있던 유행어를 수집하고 분류하는 데 의의를 두고 있다. 문헌과 주민 면담을 통해 120개의 탄광촌 유행어를 수집하였으며, 수집한 자료를 바탕으로 탄광촌 주민들과 면담하면서 유행어에 담긴 뜻을 확인하는 절차를 거쳤다. 유행어 분석을 위한 주민 면담은 2015년 5월 1일~7월 5일 사이에 진행했다. 수집한 자료는 유행어 외에도 신조어 · 속어 · 은어 · 욕설 · 지역 속담 · 지역 방언 등과 일부 교차하는 부분이 있다. 언어학 측면에서는 따로 구분해야 하지만, '탄광촌에서 널리 사용한 말'을 처음 정리하는 단계인 만큼 편의상 '유행어'로 통일하여 기술하고자 한다.

유행어는 단어 · 구 · 문장 · 이야기 등의 다양한 언어체계를 지니는데, 이번에 다룬 탄광촌 유행어는 구와 문장 차원의 언어체계를 중심으로 하고 있다. 유행어를 정리한 연구의 분류를 보면 '어휘론적 측면, 사회언어학적 측면, 시대별 정리'[3] 등이 있는데, 여기서는 탄광촌 유행어를 사회언어학적 측면에서 다루면서, 내용을 다섯 개 영역으로 분류하였다. 탄광노동환경(32개), 탄광노동자의 생활상(36개), 탄광촌 호황기(20개), 탄광촌 주민의 해학(11개), 탄광촌 지역 현실을 반영한 유행어(21개) 등 총 120개

3) 장보은, 「유행어와 유머의 시대적 변천 연구」, 건국대학교 교육대학원 교육학과 석사논문, 2003, 5쪽.

이다.

"특정한 사건이나 사회현상을 드러낼 때 기존의 언어에 적절한 표현이 없을 경우 그에 맞는 의사표시를 하려는 의욕이거나 창작적인 욕구"[4]가 유행어를 만든다. 탄광촌 유행어는 지역의 정체성과 역사, 문화, 사회 등 지역의 실상을 주민들의 언어로 리얼하게 전달하고 있다. 탄광촌의 현실을 주민들의 시각에서 바라볼 수 있는 바로미터인 셈이다. 따라서 이 글은 탄광촌 사회 변모 양상과 지역 주민들의 삶의 속살을 헤아리는 구비문화 자료의 확보라는 점에서 의의를 지닌다. 이를 통해 탄광촌 지역의 정체성을 확인하고, 지역의 역사와 문화를 정립하는 길잡이가 될 것으로 기대한다.

4) 오은하, 「유행어의 국어교육적 연구」, 숙명여자대학교 교육대학원 국어교육전공 석사논문, 1999, 24쪽.

2.
탄광노동환경을 반영한 유행어

① 탄광일은 막장교대

탄광노동자는 갱내 종사자와 갱외 종사자로 구분하는데, 갱내 직종의 핵심은 채탄부와 굴진부이다. 굴진 작업으로 석탄층을 확보한 뒤, 채탄 작업을 시작한다. 굴진 작업은 채탄이라는 결실물을 위한 중요한 작업이자, 모든 공정의 기초였다. 대부분 직종이 3교대로 운영하는데, 굴진은 4교대 작업을 할 만큼 석탄 증산을 위해서는 서둘러야 할 작업이었다. 작업현장에서 서로 맞교대를 한다고 하여 "탄광일은 막장교대"라고 불렀다.[5] 정부에서는 고속 굴진을 내세워 서로 기록을 경신하는 경쟁을 부추겼다. "광업소별로 경쟁적으로 수행한 고속 굴진 결과 1963년 장성광업소 금천갱은 하루 4교대 10명씩 투입하여 5월 한 달 동안 680m를 굴진하고, 함백광업소는 10월 한 달 동안 하루 4교대 12명씩 투입하여 731m를 굴진하는 기록을 세웠다."[6]

5) 정연수, 「탄광의 생산활동」, 『탄광촌 사람들의 삶과 문화』, 삼척시립박물관, 2005, 186쪽.

6) 대한석탄공사 편, 『대한석탄공사 50년사』, 대한석탄공사, 2001, 267쪽.

② 같은 막장에도 천당과 지옥이 따로 있다

지하로 내려갈수록 지열이 높아진다. 장성광업소는 이미 2009년에 해발 -375m, 즉 표층이 해발 600m인 것을 고려하면 지하 975m에서 채탄 작업을 한 셈이다. 기온이 35도를 넘어선 서고, 습도까지 고려하면 체감온도는 더 높은 실정이다. 광부들은 스프링클러 시설과 풍관이 있어서 지열이 낮은 곳은 천당이라고 부르고, 통기 시설이 미비한 곳을 지옥이라고 부른다. 환경만이 아니라 생산 조건에 따라서도 천당과 지옥을 구분했다. 석탄 생산량이 많아서 급여를 많이 받을 수 있는 작업장을 천당, 생산 조건이 나쁜 곳은 지옥이라고 불렀다.

③ 선(先) 증산, 후(後) 보안(선 생산, 후 안전)

석탄 에너지원 확보가 시급하던 시절의 유행어이다. 석탄 증산을 '보국증산(保國增産)'이라는 구호로 대체하던 1960~1980년, 기업 측에서도 안전보다는 증산에 신경을 더 썼다. 탄광 기업 측의 무모한 생산 독려 행태를 두고 노동자들은 "선 생산, 후 안전" 혹은 "선 생산, 후 안보"라고 불렀다.

④ 선산부는 선사부(先死夫)

탄광노동자는 선산부(숙련공)와 후산부(보조공)로 나뉜다. 갱내 선산부는 일의 위험성을 예측하는 숙련 기술자라 하여, 위험한 업무에 앞장서서 일했다. 그러다 보니 사고 위험도 잦았으므로 선사부라고 불렀다.

⑤ 한 막장(가다)은 한 제삿날

갱내는 막장 단위로 작업이 이루어진다. 붕락사고가 일어나면 같은 막장, 같은 가다(작업조)의 사람이 동시에 생명을 잃는다. 탄광의 같은 막장에서 일하는 사람은 사고가 날 경우 제삿날이 같아진다 하여 "한 막장은 한 제삿날"이라고 했다. 탄광촌 주민들은 죽음이라는 공동의 공포를 지닌 채 그 운명을 극복하기 위해 더 강한 연대의식을 보였다. 이것은 때로 외부인들에게 억세고, 폐쇄적인 탄광촌 이미지를 조성하기도 했다.

⑥ 저승밥 싸서 다닌다

1970년대 해마다 광부 230~250명이 막장에서 목숨을 잃었으며, 1980년대도 평균 160명이 막장에서 목숨을 잃었다.[7)] 갱내로 도시락을 들고 가면서, "저승밥 싸서 다닌다"고 했다.

⑦ 굴속에서는 부모 · 형제보다 가까운 게 막장 동료

굴속에서 사고가 났을 때 제일 먼저 달려오는 막장 동료를 두고 하는 말이다. 광부들은 막장이라는 고립된 작업 공간 속에서 생사를 함께하기 때문에 동료애가 끈끈하다. 위험한 일이 생기면, 가장 먼저 나서서 도와주는 사람도 동료 광부일 수밖에 없다.

---

7) 정연수, 『탄광촌 풍속 이야기』, 북코리아, 2010, 226쪽.

⑧ 광부들은 두 겹 하늘을 이고 산다

바깥 하늘과 갱 속의 천장을 의미한다. '두 겹 하늘'은 광부가 지닌 삶의 무게를 뜻한다.

⑨ 숨 쉬는 것도 노동이다

갱내에서는 지열이 높은 데다 습도가 높아서 숨 쉬기도 힘들 정도이다. 게다가 탄가루가 날리는 현장에서 착용하는 방진마스크는 호흡을 더 어렵게 한다. 숨 쉬는 자체가 고역인 탄광막장의 강도 높은 노동을 의미한다.

⑩ 관광 노보리

노보리(昇坑道)는 경사진 면을 올라가면서 채탄 작업하는 갱도이다. 노보리를 오를 때는 허리를 잔뜩 숙여서 다닌다. 정부의 고위 관리나 언론사 등 내빈들이 찾아왔을 때는 비교적 넓은 작업장을 찾는다. 내빈에게 보여주는 작업환경이 좋은 막장을 "관광 노보리"라고 부른다. 1990년대 들어 쇠동발로 만든 수평갱도가 생기면서 노보리는 점차 사라진다.

⑪ 개구멍

노보리를 두고 광부들은 개구멍이라고 불렀다. 노보리 갱도가 개가 드나드는 구멍처럼 작다는 뜻에서 나온 말이다. 잔뜩 허리를 숙여야 다닐 수 있는 노보리, 동발을 짊어지고는 엎드려서 기어야 올라갈 수 있는 노보리의 작업환경을 말해주는 은어이자 속어로 활용했다.

⑫ 굴속에서는 힘이 한나절 못 넘긴다

⑬ 굴속에서 몇 번 짊어지고 몇 번 뛰면 밑 다 빠진다

탄광노동은 고된 노동이어서 금세 지친다. 박태순은 탄광 현실을 기록한 「탄광지대의 객지문화」에서 탄광에서 일을 시작한 노동자들이 "처음 며칠 동안은 허리띠가 구멍 뚫린 곳 한 칸씩 줄어들더라"[8)]라거나, "쫄딱(석탄 나르는 걸빵 비슷한 것) 몇 번 지고 몇 번 뛰면 밑 빠진다"[9)]라고 했다.

⑭ 탄광쟁이 골병은 퇴직 달에 다 든다

퇴직금은 퇴직 직전 6개월의 평균 임금으로 계산했다. 노동자는 퇴직을 앞두고 만근(滿勤)하려고 애썼다. 휴일 없이 일하는 것도 모자라, 힘든 부서의 근무를 자원하기도 했다. 퇴직 무렵에 퇴직금을 높이려고 일을 하다가 몸이 상하는 노동자가 많았다.

---

8) 박태순, 「탄광지대의 객지문화」, 『국토와 민중』, 한길사, 1983, 306쪽.

9) 위의 글, 306쪽.

⑮ 탄광 농땡이는 금땡이

금땡이란 말은 높은 강도의 노동조건에서 생겨났다. 탄광의 강도 높은 노동이 건강을 해치다 보니, 농땡이를 부리는 것이 몸을 지키는 일이었다. 결국, 금땡이라는 말은 농땡이에 대한 비난이 아니라, '몸을 아껴야 한다'는 의미로 통용됐다.

⑯ 탄광 농땡이가 보약보다 낫다
⑰ 갱(굴속)에 하루 안 들어가면 소고기 열 근보다 낫다
⑱ 탄광에서 3일 농땡이면 3년 보약 먹은 것과 같다

탄광의 고된 노동은 그 자체로도 몸을 다치게 했지만, 탄가루 흡입으로 인한 진폐증 발생은 더 큰 걱정거리였다. "탄광 하루 농땡이는 보약 한 재보다 낫다"거나, "3일 농땡이 부리면 3년 보약 먹은 것과 같다"는 말은 열악한 노동조건을 반영한 유행어들이다.

⑲ 돈내기에 골병드니 사람 잡는 것은 광산도급제
⑳ 광부는 노동의 노예, 임금의 노예

도급제는 일정한 시간 내에 달성한 작업량에 따라 임금을 지급하는 방식이다. 탄광노동자는 도급제 방식 때문에 스스로 육체를 혹사하면서 일했다. 탄광노동자는 '일하는 만큼 버는 돈'에 길들면서 강도 높은 노동을 감내했으니, "노동의 노예, 임금

의 노예"로 살도록 강요받은 셈이다.[10] 도급제 문제는 탄광노동운동의 단골 메뉴로 등장했다. 1986년 8월 가톨릭 광산노동문제상담소에서는 「광산 목숨은 파리 목숨인가」라는 제목의 성명서를 통해 "살인 막장을 즉각 개선하고 재해를 유발하는 도급제 임금을 철폐하라"고 주장했다. 1990년대 초 함태탄광이 국내 최초로 도급제를 폐지하고, 월급제를 실시한 바 있다.

㉑ 탄광 임금은 고무줄 임금
㉒ 탄광의 임금은 올리나 마나
㉓ 일은 시키는 대로, 돈은 주는 대로

도급제의 또 다른 문제점은 노동자가 알 수 없는 도급단가 계산방식이다. A급의 작업을 C급으로 매기는 권한이 관리자에게 있었다. 급여는 매년 인상하지만, 노동자들이 실제 받는 돈은 인상 폭이 그다지 반영되지 않기도 했다. 회사 측이 도급제를 악용해 임금을 마음대로 줄인 때문이다. 그럴 때마다 "탄광의 임금은 올리나 마나"라든가, "탄광 임금은 고무줄 임금"이라는 유행어가 탄식처럼 쏟아졌다.

㉔ 3천만 원짜리 검은 돼지 키운다

1980년대, 광부 아내들이 모여서 쓰던 농담이다. 3천만 원은 남편이 탄광사고로 죽었을 때 받는 재해보상금이었다. 이러한 농담 뒤에는 언제 남편을 잃을지 모르는 막연한 두려움이 함께 자리했다. 죽음에 대한 공포를 가벼운 농담으로 극복해 간 셈이다.

10) 정연수, 「탄광시의 현실인식과 미학적 특성 연구」, 강릉대학교 대학원 박사논문, 2008, 62쪽.

㉕ 난장에서 일하는 게 소원

'직접부'로 일하는 갱내 종사자들은 '간접부'인 갱외 보직을 원했다. 목숨을 내놓고 하는 갱내 작업보다 위험하지 않은 난장(갱외 작업)을 선호한 것이다.

㉖ 똥바가지를 잘 다스려야

똥바가지는 안전모의 속어이다. 똥바가지를 잘 다스린다는 말은 갱내에서의 안전을 중시하는 말이다.

㉗ 이슬이 온다

갱내의 사고 중에 가장 위험한 사고가 바로 굴이 무너지는 붕락사고이다. 붕락이 감지될 때 "이슬이 온다"는 말을 한다. 선산부(숙련공)는 굴이 무너지기 전에 미세한 탄가루가 떨어지는(이슬이 오는) 현상을 보면서 위험을 예측했다.

㉘ 짐이 온다

갱내 동발(支柱木)이 좌우 혹은 상하로 하중을 받을 때 "짐이 온다"고 한다. 목동발뿐만 아니라 철제 동발을 사용하고 나서도 "짐이 오는" 현상은 계속되었다. 짐을 받는 철제 동발을 증언한 광부의 수기가 있다. "갱도는 지압에 못 견뎌 앉은뱅이처럼 주저

앉아 가는 철쉬 구조물이 직립통행을 허락지 않는다. 그 무거운 쇳덩이 철쉬가 엿가락 휘어지듯 구부러지고 통나무 갈라지듯 찢기는 모습을 보면 언제나 지압의 위력에 등골이 오싹해진다."[11]

㉙ 물길 따라 걸어라

갱내의 길은 막장 현장을 따라 여러 갈래로 나 있다. 갈래가 많아서 길을 잃기 쉽고, 잘못하다가는 폐쇄된 막장으로 들어가 위험에 처할 수도 있다. 이때 길을 찾는 한 방안으로 갱내수의 흐름을 보는 것이다. 갱내수는 항상 갱구 방향으로 흐른다. 신규 직원이나 갱내 방문객들에게 "굴속에서 길을 잃으면 물길 따라 걸어라"라고 조언한다. 이 말은 '삶의 출구를 잘 찾으라'는 지혜의 의미로도 쓰였다.

㉚ 우리는 산업전사, 보람에 산다

공업발전에 주력하던 1960~1980년대, 정부는 광부들을 산업전사 · 산업역군이라고 치켜세웠다. 석탄 증산이 곧 애국이며, 산업현장의 역군은 삽으로 나라를 지키는 전사라는 것이다. 사택과 광업소 입구마다 산업전사 · 산업역군 등의 표어가 나붙었다. 광부들은 술자리에서도 산업전사를 언급할 만큼 그 말에 자부심을 지니기도 했다.

11) 정환구 수기, 「그날까지 마지막 광부로 남으리라」, 『먼 훗날의 기쁨을 위하여』, 1996, 22쪽.

㉛ 죽탄을 탔다

죽탄은 물기를 많이 머금은 묽은 탄을 말한다. "죽탄을 탔다"는 것은 캐낸 죽탄을 깔고 앉아 온몸으로 밀어 내리는 행위를 말한다. 갱내에서 캐낸 죽탄을 온몸을 이용해서 노보리 아래에 있는 탄차로 옮기는 것이다. 죽탄은 바닥이나 삽 같은 도구에 들러붙어서 옮기는 것이 힘들다. 힘들게 일한 과정을 말할 때 이 말을 쓰곤 했다.

㉜ 물통이 터졌다

갱내에 고여 있는 지하수를 물통이라고 불렀다. "물통이 터졌다"는 것은 석탄층 중에 모여 있던 거대한 물통이 약화한 지반을 뚫으면서 갱내 막장을 덮치는 사고를 말한다. 물통 사고는 공식적인 용어로는 출수 사고라고 불렀다. 채탄이나 굴진 작업 중에 터지는 물통 사고는 늘 대형사고로 이어졌다. 1974년 정선의 삼척탄좌에서 물통이 터졌을 때, 한꺼번에 18명이 순직할 정도였다.

3.
탄광노동자의 생활상을 반영한 유행어

① 가다 방우리 날은 회식 날

가다 방우리란 근무 조를 변경하는 작업지시를 말한다. 3교대로 일하는 탄광에서는 몇 개월 단위로 근무조를 바꾸었다. 작업장 내 새로운 분위기를 조성하는 한편 경각심을 주려는 의도에서였다. 가다 방우리가 이루어질 때마다 새 동료들과의 친목을 겸한 회식이 벌어졌다.

② 햇돼지 잡는다
③ 광산 생활 한나절 넘기면 햇돼지 잡히게 된다
④ 햇돼지 반장의 햇돼지 사냥

탄광에서는 경력자를 '묵은 돼지', 갓 입사한 사람을 '햇돼지'라고 불렀다. 햇돼지가 막장에 배치를 받아 처음 일하는 날 저녁에는 술집에서 신고식이 벌어진다. 햇돼지 첫 월급날로 신고식이 미뤄지기도 했다. 햇돼지가 묵은돼지들을 접대하는 신고식이 "햇돼지 잡는 날"이다. 햇돼지를 다룬 소설 한 대목을 보자. "탄광에 이제 막 입사한 신참들은 모두가 햇돼지들이다. 소위 먼저 온 고참들에게 신고를 하여야 그 별호를 벗을 수 있다."[12)]

박태순은 「탄광지대의 객지문화」에서 이렇게 기록한다. "갱으로 들어가 죽을힘을 다하여 한나절만 넘기면 그다음부터는 그럭저럭 이를 악물고 견딜 수 있게 된다는 바, 그것이 햇돼지 잡히게 된다는 뜻이다. 이때 신참을 괴롭히는 고참을 햇돼지 반장이라고 하는데 저 왜정 시대의 징용 때 신참 골탕 먹이던 못된 버릇이 아직도 남아 있어서 햇돼지 반장의 햇돼지 사냥이 그토록 가혹하다는 것이다. 이것을 편하게 면하자면 인사주 사 올리고 신고식 거창하게 베풀어야 하는 것이고…."[13)]

⑤ 선산부가 일을 못 하면 후산부를 잡는다

굴진이나 채탄 과정에 강한 암석을 뚫다 보면 탄이 나오는 지점, 즉 석탄층이 무른 지점에서 '꽉 콰르르' 하는 소리와 함께 탄 덩어리가 쏟아진다. 한꺼번에 내리치는 탄에 매몰되어 인명사고가 발생하기도 한다. 탄을 쏟지 않고, 사람도 다치지 않게 안전하게 작업하는 것이 선산부의 몫이다. 후산부의 목숨마저 선산부에게 달려 있으니, "선산부가 일을 못 하면 후산부를 잡는다"고 한다.

12) 이만재, 『햇돼지 잡는 날』, 풀잎, 1991.

13) 박태순, 「탄광지대의 객지문화」, 『국토와 민중』, 한길사, 1983, 306쪽.

⑥ 막장일도 아비를 잘 만나야 한다

탄광 월급은 생산량만큼 받는 도급제이므로, 후산부의 월급 역시 선산부에게 달려 있다. 선산부를 잘 만나야 한다는 말을 두고 "막장일도 아비를 잘 만나야 한다"고 했다.[14)]

⑦ 사끼야마 권한이 대통령보다도 더 세다

선산부의 파워를 뜻하는 말이다. 탄광현장에서는 일본말을 많이 썼는데, 사끼야마는 선산부(숙련공)의 일본말이다. 위험한 작업을 하는 현장인 만큼 갱내 작업을 하는 동안에는 선산부에게 많은 권한이 있었다.

⑧ 독일병정 골병든다

돈을 벌기 위해 악착같이 일하는 탄광노동자나 융통성 없이 타협을 모르는 노동자를 독일병정이라 불렀다. '독일병정'이란 지독한 사람을 뜻하는 은어인 셈인데, 위의 유행어는 건강을 잃을 수 있다는 조언도 함께 담고 있다.

14) 정연수, 「탄광의 생산활동」, 『탄광촌 사람들의 삶과 문화』, 삼척시립박물관, 2005, 179~180쪽.

⑨ 작업복 갈아입고 방우리 마치면 반 공수한 것

갱내에 들어가기 전에는 작업복을 갈아입고, 안전모와 안전등을 비롯해 각종 안전 장비를 착용한다. 그리고 작업에 대한 지시사항을 듣는다. 출근 자체를 귀찮게 여기던 때는 갱내 입갱 절차만 마쳐도 하루 노동의 절반을 했다고 받아들였다.

⑩ 톱 · 도끼 받는 날

톱과 도끼는 선산부가 들고 다니는 장비이다. 선산부가 되는 날을 "톱 · 도끼 받는 날"이라면서 성대한 회식잔치를 열었다.

⑪ 공(0) 떨어졌다

탄광에 취업하더라도 몇 달, 때로는 몇 년 동안 '임시부(요즘의 계약직과 비슷한 신분)'로 생활한다. 정식부(요즘의 정규직과 같은 신분)로 발령이 나야 정년이 보장된다. 대한석탄공사 산하 장성광업소, 도계광업소, 함백광업소, 영월광업소 등의 노동자들은 정식부가 되는 것을 두고 "공(0) 떨어졌다"고 불렀다. 0번으로 시작하는 임시부의 직종 번호에서, 0이 떨어진 것이다. 공(0) 떨어진 날은 거나한 신고식이 열렸다.

⑫ 가스 점검한다

갱내는 가스폭발의 위험 때문에 담배를 비롯한 인화물질 취급을 금한다. 갱내에서 8시간 작업하는 동안 금연하는 일은 골초에게는 고통의 시간이었다. 이를 어기고 몰래 담배를 피우는 사람들에게 '가스 점검'은 은어로 활용되었다. 동료들이 위험한 곳에서 담배를 피우지 말라고 핀잔을 주면 "내가 가스 점검해주잖아"라고 응수했다.

⑬ 탄광 신체검사에서 합격만 하면 대한민국에서 가장 신체 건강한 남자

탄광 취업을 앞두고 받아야 하는 까다로운 신체검사를 뜻하는 말이다. 탄광업은 노동강도가 센 업종인 만큼 신체검사가 특히 까다로웠다. 척추, 폐, 시력 등의 건강 상태나 질병 등의 정밀한 신체검사를 통해 조금만 이상이 있어도 불합격 판정이 났다. 지정 병원에 연줄을 대어 신체검사를 조작해 취업을 돕는 브로커까지 있을 정도였다.

⑭ 인생은 55계단

장성광업소 정문에 있는 계단 층계와 광부 정년이 같다는 의미에서 55계단은 광부의 삶을 상징한다. 막장으로 가는 길, 막장인생이 고단해도 55세가 되면 모두 끝난다는 의미이다. 정환구의 광부 수기 「그날까지 마지막 광부로 남으리라」에 다음과 같이 등장한다.

"장성광업소 정문으로 들어서면 가파른 시멘트 계단이 나타난다. '오십오 계단'이라 칭하는 이 계단의 실제 계단 개수(기반석 포함)는 56개이다. 그런데 55계단이라 칭하는 것은 우리 광부의 정년이 만 55세이니, 막장인생도 좋으나 싫으나 55세로 마감한다는 의미에서이다. 또한, 한 계단 한 계단 밟고 올라설 때마다 빠른 세월의 흐름과 덧없는 인생의 좌표를 되새겨 보자는 의도도 포함되어 있다."[15]

⑮ 비행기 탄다

사갱에서 권양기 줄이 끊어져 인차나 탄차가 내리막길로 그대로 치달을 때 쓰는 말이다.

⑯ 딱따구리 온다

탄광 감독들이 안전 점검 삼아 들고 다니는 소형 망치는 감독의 권위를 상징했다. 광부들은 관리자의 휴대용 망치를 딱따구리라고 불렀으며, "딱따구리 온다"는 말은 '관리자가 온다'는 뜻을 지닌 은어로 통용되었다.

⑰ 옷걸이 받았다

굴진부들은 발파 작업을 한 뒤에 경석을 다 치우고 퇴근한다. 가끔 시간에 쫓겨 치우지 못하고 갈 때가 있는데, 이때 뒷가다(뒤에 일하는 작업조)에서는 "옷걸이 받았다"고 말한다. 뒤 작업조가 앞 조의 일까지 떠맡은 것을 말한다.[16]

---

15) 정환구 수기, 「그날까지 마지막 광부로 남으리라」, 『먼 훗날의 기쁨을 위하여』, 1996, 14쪽.

16) 정연수, 「탄광의 생산활동」, 『탄광촌 사람들의 삶과 문화』, 삼척시립박물관, 2005, 180쪽.

⑱ 탄광에서는 세상이 거꾸로 간다

젊은 사람이 버릇없이 굴거나, 세상 돌아가는 일이 마음에 들지 않을 때 쓰는 말이다. 동발목을 세울 때, 나무 윗부분은 아래를 향하고 뿌리 부분은 위를 향하도록 거꾸로 세우는 데서 생긴 말이다. 나무의 단단한 밑부분이 위로 향하면 하중을 잘 받아 나무가 잘 안 갈라지기 때문이다.[17)]

⑲ 탄광에서는 위로 10년, 아래로 10년은 모두 벗

10여 년 정도의 나이 차이를 크게 구별하지 않는 탄광노동자끼리의 친분을 의미한다. 김 씨, 이 씨로 호칭하면서 동등한 말대꾸를 했다. 부모 자식 같은 나이 차이에도 서로 맞담배를 하고, 술자리를 함께하고, 그다음에는 으레 어깨동무하고는 사택을 휘저었다.[18)]

⑳ 애도 한 공수, 어른도 한 공수

'공수'는 하루의 노동을 의미한다. 갓 입사한 젊은 사람이나 나이 든 사람이나 구분할 것 없이 한 사람 몫을 한다는 의미이다. 이 말에는 갓 입사했거나 오래된 경력 광부이거나 받는 급여가 똑같다는 자조 섞인 심정도 포함되어 있다.[19)]

---

17) 위의 글, 191~192쪽.

18) 정연수, 『탄광촌 풍속 이야기』, 북코리아, 2010, 256쪽.

19) 위의 책, 256쪽.

㉑ 똥가라 같은 놈

낡아서 잘 구르지 않는 탄차를 '똥가라'라고 부른다. 삶을 의미 없이 마구잡이로 살아가는 사람을 일컫는 말로도 쓰였다.

㉒ 우리가 벌어서 놀고먹는 백바가지 먹여 살린다

관리직은 하얀색 안전모(백바가지)를, 노동자들은 노란색 안전모(일부 광업소에서는 검은색 안전모)를 썼다. 관리자들은 편하게 일하면서도 많은 월급을 받자, 이에 대한 원망이 "우리가 벌어서 놀고먹는 백바가지 먹여 살린다"는 말로 표현됐다.

㉓ 백바가지 몰아내자

탄광노동현장에서 가해지는 폭언, 폭행, 감금 등의 인권침해는 일제강점기에 자행되던 식민지배의 관습을 그대로 계승했다. 관리자의 횡포가 극에 달하면서 "백바가지 몰아내자"는 말들이 파다하게 퍼졌다. 1987년 8월 10일부터 17일까지 일주일간 이어진 장성광업소의 대규모 파업 현장에서는 "광부도 사람이다, 백바가지 몰아내어 우리 인권 쟁취하자"는 구호가 등장했다. 대한석탄공사는 노사 합의 과정에서 '백바가지'를 없애고, 관리직들도 노란색 안전모를 쓰는 것으로 통일했다.

㉔ 한번 광부는 영원한 광부

㉕ 광부 씨앗은 따로 있더라

탄광노동자는 같은 광업소의 직원이면서도 사원으로 불리지 못했다. 관리직이나 사무직만 사원으로 불렸으며, 노동자는 노무원이나 종업원으로 불렸다. "한번 광부는 영원한 광부"라거나, "광부 씨앗은 따로 있더라"는 자조적으로 빈정거릴 때 자주 쓰던 말이다.

㉖ 노동부는 탄광 경영주와 짝짜꿍

탄광업체의 관리감독을 맡은 노동부는 늘 기업주 편이었다. 노동자는 기업 내 모순이라든가, 산업재해 등에 있어서 정부의 도움을 받지 못하던 터라 "노동부는 탄광 경영주와 짝짜꿍"이라고 토로하곤 했다.

㉗ 탄광노조는 어용노조

탄광노조는 노동자 편이 아니라 기업주의 견해를 대변하는 경우가 더 많았기 때문에 붙인 말이다. 1987년 127개 탄광에서 수만 명의 광부가 파업시위를 벌일 때도 공통적인 요구사항이 '어용노조 퇴진'이었다.

㉘ 굴속에서는 죽은 사람만 바보

탄광업 초기의 탄광사고 대부분은 안전장치 미비, 허술한 보안관리, 생산 실적에 쫓기는 작업량 때문에 생겼다. 하지만 사고 발생 후에는 모든 사고의 책임이 죽은 노동자에게 돌아갔다. 간부들은 탄광의 구조적 모순을 은폐하기 위해 현장에서 살아남은 광부들의 입을 막으려고 협박하거나, 회유하곤 했다.[20] 광업소 측에서는 죽은 자에게 안전사고 책임을 물어 사고를 조작하고 누명을 씌우는 방법으로 보상금을 줄였다. "굴속에서는 죽은 사람만 바보"라는 유행어는 탄광의 구조적 모순을 보여준다.

㉙ 동발 깎아 먹기

목동발로 작업하던 시절, A방의 작업조 동발 작업이 끝나면 제일 나중에 작업한 동발에 'A'라고 표시를 해 둔다. 그런데 뒤에서 들어간 작업조에서는 그것을 깎아 내고 한 틀 전으로 옮긴 다음에 앞 조가 제일 끝에 작업한 동발을 뒤의 작업조가 일한 동발처럼 둔갑시킨다. 실제 동발 작업은 3틀 했지만, 4틀 했다고 보고하는 것이다. 일일 작업 계산방식인 데다 동발은 금방 탄에 묻히곤 했기 때문에 관리자들을 쉽게 속일 수 있었다.[21]

㉚ 까치집 짓다

탄광 급여는 동발틀의 수와 석탄층 전진 길이, 생산량 등으로 계산된다. 노동자들은 돈 욕심에 날림 시공을 하기도 했다. 동발을 세울 때 나무동발의 위치를 잡아 쐐기를 박는 '바킹 치는 것'을 대충 하거나, 동발틀을 대충 세워 넣는 등의 날림 시공이

20) 황석영, 「벽지의 하늘」, 『한국논픽숀선서3』, 청년사, 1976, 169쪽.

21) 정연수, 「탄광의 생산활동」, 『탄광촌 사람들의 삶과 문화』, 삼척시립박물관, 2005, 227쪽.

"까치집 짓는" 일이다. 까치집을 지어 놓으면 다음 작업조에서는 붕락의 우려 때문에 발파 작업이 어려웠다. 또 작은 지층의 변화에도 붕락 혹은 낙반사고의 위험이 뒤따랐다. 앞 작업조가 부실시공으로 동발 3틀을 세워 놓고 가면 다음 작업조는 "앞가다에서 까치집 3틀 짓고 갔다"라면서 투덜거렸다.[22)]

㉛ 마른 공수 단다

㉜ 광산에서 마른 공수 못 먹는 놈은 바보다

결근했는데도 출근으로 처리하는 일을 "마른 공수 단다"고 했다. 바느질, 길쌈 등과 같이 물에 손을 넣지 않고 하는 일을 '마른 일'이라 불렀던 것처럼, 땀 흘려 일하지 않고도 일당을 받을 때 '마른 공수'라고 불렀다. 탄광마다 마른 공수가 흔했는데, 2001년 석탄공사 홈페이지에 마른 공수에 대한 투서가 오르면서 줄어들었다.[23)]

㉝ 마른 공상, 나이롱환자, 노동부 직원

일을 하다가 조금 다쳐 놓고 많이 아픈 척 계속 병원에 다니거나 자가 요양을 하면서 월급을 챙기는 사람이 있다. 아프지도 않은데 장기적인 병원 생활을 하면서 공상(공무 중 부상) 처리하는 환자를 "마른 공상, 나이롱환자"라고 불렀다. 일을 하지 않는데도 노동부로부터 매달 산재요양비가 나온다 하여 산업재해자를 가리키는 유행어로 '노동부 직원'이란 말을 썼다. 석탄합리화 이후 많은 실직 광부들이 경기도 지역의

---

22) 위의 글, 226~227쪽.

23) 위의 글, 228쪽.

공장에 취업했다. 그곳에 가서도 "마른 공상, 나이롱환자"의 습성을 보이면서 재해보상금을 끈질기게 요구해 회사 측을 곤혹스럽게 했다. 1990년대에는 경기도의 업체들이 탄광 출신의 취업을 공개적으로 거부할 정도로 유명했다.[24)]

㉞ 개청부(하청)는 뒤에서 봐도 안다

1990년대 들어 장성광업소 노동자는 안전모 뒤에 '금천/장성/중앙' 등의 소속 갱을 야광 글씨로 붙였다. 하청(도급업체) 노동자의 안전모 뒤에는 빨간 야광 줄이 있을 뿐 소속 갱을 붙이지 않는다. 어두운 갱내에서 서로 만나더라도 각종 표식을 통해 직영노동자와 하청노동자를 구분할 수 있었다. 하청노동자는 요즘의 비정규직과 비슷한 차별과 설움을 겪었다. "개청부(하청)는 뒤에서 봐도 안다"는 말은 직영노동자는 하청에 대한 멸시의 뜻으로, 하청노동자는 자조적인 표현으로 썼다.

㉟ 돌방친다

모광과 하청 간에 생기는 대표적 부조리가 "돌방치기"였다. 갱내에서 싣고 나온 석탄을 역두까지 싣고 가다 보면 앞뒤 광차가 부딪히면서 탄이 쑥 내려간다. 이런 현상을 "돌방친다"고 부른다. 30톤어치를 싣고 나와도 돌방치고 나면 25톤어치밖에 되지 않으므로 공식적으로 감손 처리를 인정해 준다. 이것을 악용해 하청업체에서는 역두나 수송부의 간부직원들과 결탁해 '돌방치기'에서 얻은 과장된 이익금을 모광 측

24) 위의 글, 228~229쪽.

관리자들과 나누었다.[25)]

㊱ 깐 데 또 까나?

탄이나 경석을 실은 광차를 쏟아 비우고 막장으로 빨리 되가져가도록 감독이 독촉했다. "안 까고 뭐 하나? 빨리빨리 안 까나!"라며 독촉하면, 노동자들은 "깐 데 또 까나?" 하며 투덜거렸다. "깐 데 또 까나?"는 지나치게 독촉하거나, 부당한 지시에 대해 반발하는 말로 유행했다.

25) 위의 글, 175~176쪽.

4.
탄광촌 호황기를 증언하는 유행어

① 광산 노임날은 장사꾼이 먼저 알고, 노임날은 사북 전체가 만물 시장터[26)]

광업소 월급이 불규칙하게 지급되고 있어서 광부와 그 가족들도 월급날을 몰랐다. 그런데 광업소 월급이 나오는 날을 다른 지역에 있는 상인들이 먼저 알고 찾아왔다. 광업소 월급이 나오고 나면 탄광촌은 골목마다 큰 시장을 형성했다.

② 대한민국 택시 최고 황금노선은 사북시내-지장산사택[27)]

지장산 사택은 4,000여 명의 광부 가족이 사는 지역이다. 대규모 사택은 월급이 나온 뒤부터 가족이 단체로 시내로 나서기 때문에 택시 업계의 최고 손님이었다. 택

---

26) 이 유행어는 사북석탄유물보존관 전시실에서 전시.

27) 이 유행어는 사북석탄유물보존관 전시실에서 전시.

시 기사들은 '시내-지장산사택' 구간이 우리나라 최고의 황금노선이라고 불렀다.

③ 다방 아가씨는 예약이 필수, 해가 진 뒤에는 마담만 당번으로 남는다[28)]

탄광촌 다방은 손님이 아가씨를 데리고 나가서 시간당 돈을 지급하는 티켓제를 운영했다. 탄광노동자들은 회식 때마다 분위기를 띄우려는 의도에서 다방 아가씨 한두 명을 부르곤 했다. 예쁜 아가씨일수록 티켓 예약을 서둘러야 했는데, 늦은 저녁이면 웬만한 다방의 아가씨가 모두 나가고 없었다. 아가씨가 없는 다방에서는 마담이 당번처럼 자리를 지켰다.

④ 통행금지가 없던 유일한 동네[29)]

야간 통행금지가 있던 1980년대, 탄광촌은 밤도 비교적 자유로웠다. 3교대로 돌아가는 탄광 작업 특성 때문에 거리는 24시간 내내 광부들로 넘쳤다.

⑤ 뒷주머니에 인감만 차면 서로 딸 주려고 한다

탄광노동자의 사진 아래에다 사번을 기록하고, 도장을 매단 것을 '인감증명서'라 부른다. 석탄산업 호황이 이어지던 1980년대 초반까지만 해도 "인감증만 뒷주머니에

28) 이 유행어는 사북석탄유물보존관 전시실에서 전시.

29) 이 유행어는 사북석탄유물보존관 전시실에서 전시.

차면 농촌 처녀 서로 시집오겠다고 줄을 선다"는 말이 유행했다. 인감증은 물건 구매뿐 아니라 월급 수령, 가불 신청 등의 경제활동에 있어 가장 필수품이었다. 농촌에서는 탄광 인감증이 지닌 위력을 듣고 인감증만 보면 맞선 자리를 서둘렀다. "총각이 뒷주머니에 인감만 차면 서로 딸 주려고 한다"는 말이 생겨난 것도 그 때문이다.

⑥ 동원탄좌 작업복과 인감은 최고의 신용카드[30]

사북에서 동원탄좌 작업복과 인감증만 있으면, 먹거리와 상품 구매 등 모든 일이 가능했다. 인감증은 주민등록증보다 더 큰 신뢰를 받았다. 1980년 사북항쟁 때 광부들이 파출소, 무기고, 화약고까지 점거하면서 사북 지역을 광부들만의 세상으로 만들었다. 사북으로 들어오는 길목을 차단한 시위대는 인감증을 확인하면서 외부인의 출입을 통제했다. 홍춘봉의 증언을 보자. "증산과 고한으로 통하는 길목에 쳐진 바리케이드를 정비한 시위대는 각목을 들고 출입자들의 신분을 철저히 확인하며 검문을 강화했는데 광업소에서 발행한 직번(광부 신분증)이 가장 확실한 신분증으로 통용됐다."[31]

⑦ 석공 다니면 보지도 않고 딸 준다

대한석탄공사는 탄광 중에서도 가장 근무 여건이 좋았다. 탄광 호황기에 '석공 종업원'이라는 말은 최고의 직장을 가진 사람이라는 뜻이었다.

30) 이 유행어는 사북석탄유물보존관 전시실에서 전시.

31) 홍춘봉, 『탄광촌 공화국』, 노동일보, 2002, 71쪽.

⑧ 너도 크면 네 아비만큼만 돼라

보릿고개가 있고 쌀밥 먹기가 어렵던 시절에도 탄광노동자들은 먹는 것만큼은 걱정 없이 살았다. 시골에서 시집온 아내는 남편이 지하막장에서 얼마나 힘든 일을 하는지 자세히 알지 못했다. 아내는 그저 인감증의 위세만 믿고 남편을 최고라고 여겼다. 그래서 어린 아들에게 "너도 크면 네 아비만큼만 돼라"라고 조언했을 정도였다.

⑨ 집집마다 먹을 것이 없어 솥뚜껑에 개가 올라앉아 있어도 니나놋집에는 손님들로 흥청거렸다
⑩ 집집마다 먹을 것이 없어 솥뚜껑에 개가 올라앉아 있어도 방석집에는 손님들로 흥청거렸다

탄광촌의 호황을 드러낼 때는 긍정적으로 쓰이는 말이다. 하지만 유흥으로 삶을 탕진하는 광부들을 안타깝게 바라보는 부정적 의미도 함께 담겨 있다. 니나놋집에는 작부와 젓가락 장단이 있었고, 방석집에는 요리를 차려 놓고 음주 · 가무의 분위기를 띄우는 기생이 있었다. 술집 고객은 서열이 있었는데, 탄광 종사자가 최고였다. 영월지역 술집에서는 영월광업소 종사자를 최고로 쳤고, 다음이 영월화력발전소, 그다음이 대한중석 차례였다. 그만큼 탄광노동자의 형편이 다른 업종에 비해서 좋았다는 것을 증명한다.

⑪ 황지를 거쳐 가지 않으면 기생 될 수 없다
⑫ 태백에서 대구관을 모르면 간첩

⑬ 대구관에서 접대받은 게 아니면 술 대접받았다고 자랑해서는 안 된다

태백의 대구관은 경주의 요석궁, 영월의 수원관과 더불어 국내 3대 요정으로 꼽혔다. 대구관 전성기에는 기생이 100명에 이를 정도였다.[32] "태백에서 대구관을 모르면 간첩"이라든가, "대구관에서 접대받은 게 아니면 술 대접받았다고 자랑해서는 안 된다"는 말이 생겨난 것도 그 때문이다. 기생들 사이에서는 대구관을 거쳐야 서울에 가서 제대로 된 기생 노릇을 할 수 있다고 했다.

박태순의 기록을 보자. "황지에 얼마나 기생이 득실거렸으면 황지를 거쳐 가야 기생 자격을 갖게 된다는 말이 생겨났을 것인지 모를 일이다. 광산주, 하청업자, 덕대업자, 기관장들의 세계에서 굵직하게 오가는 '술집 문화'의 화려함을 뜻하는 것이다."[33]

⑭ 강아지도 만 원짜리 물고 다닌다

석탄산업이 전성기를 이루면서 탄광촌 경기가 전반적으로 활기를 띠었다. 쌀집, 술집, 옷집 등이 떼돈을 벌었고, 월급날이면 탄광촌 전체가 돈 잔치로 떠들썩했다. 경기가 좋았던 점도 있지만, 돈을 흥청망청 쉽게 쓰는 사람이 많아서 생겨난 말이다. "강아지도 만 원짜리 물고 다닌다"는 말이 유행하자, "우리 아버지는 뭐 하시나, 강아지나 잡으러 가시지, 그러셔~"라는 대꾸도 덩달아 유행했다.

---

32) 정연수, 『탄광촌 풍속 이야기』, 북코리아, 2010, 226쪽.

33) 박태순, 「탄광지대의 객지문화」, 『국토와 민중』, 한길사, 1983, 299쪽.

⑮ 황지시장 좌판 하나면 명동 땅도 산다

태백의 황지시장은 태백, 정선, 삼척 탄광지역 주민의 중심 상권이었다. 황지시장에서 큰돈을 번 사람들이 많아지자 생겨난 말이다. 황지시장의 좌판을 가지면 서울의 명동 땅이 부럽지 않다고 했다. 정선의 고한읍과 사북읍에서, 삼척의 도계읍에서도 황지로 장을 보러 왔다.

⑯ 도계년들 밥만 먹고 똥만 싼다

먹고 살기 힘들던 시절 도계 지역 사람들이 잘살고 있다는 말을 반영한 유행어이다. 아들네 집을 찾아간 시어머니는 며느리의 행동이 못마땅했다. 며느리가 하는 일이라고는 밥을 먹고 밥상 치우는 일이 전부였다. 밥과 빨래 외에도 일거리가 산더미처럼 쌓여 있던 농촌 · 어촌 시어머니로서는 도무지 이해할 수 없는 일이다. 그래서 시어머니는 "도계년들 밥만 먹고 똥만 싼다"고 불편한 마음을 드러낸다. 반면, 딸을 찾아간 친정어머니는 딸이 잘살고 있는 것 같아 마음이 행복하다. "도계년들 밥만 먹고 똥만 싼다"에는 양가적 감정이 담겨 있다.[34)]

⑰ 도계 여자들 멋쟁이

석탄산업이 호황을 이루고, 살림이 넉넉해지면서 탄광촌 주부들은 몸단장에 관심을 가졌다. 도계 주부들이 옷을 잘 사 입는 것을 보고 멋쟁이라고 불렀다. 한편으로

---

34) 정연수, 「삼척기차놀이 노래 고찰」, 『강원학예연구』1집, 강원학예연구회, 2005 참조.

는 탄가루 날리는 탄광촌이다 보니 조금만 차려입어도 화려하게 보였던 점도 있다.

⑱ 태백 삼척 동해 먹여 살리는 건 도계 사람

도계 탄광촌 주민들의 주머니가 풍족하다는 것을 의미하는 것이자, 발달하지 못한 도계읍 지역의 상권을 반영한다. 도계 주민들은 물건을 사기 위해 비교적 상권이 큰 태백, 삼척 시내, 동해 등지로 나가곤 했다. 그래서 태백, 동해, 삼척시내에서는 "도계 사람 아니면 장사가 안된다"는 말이 유행했다.

⑲ 도계는 봄날이다

경쟁하면서 치열하게 살아가는 대도시 사람들보다 천하태평으로 살아가는 도계 탄광촌 사람들의 삶을 뜻하는 말이다. 광부 가족은 사택, 쌀, 학자금을 받다 보니 저절로 안일한 삶에 젖어 들었다. 고립된 탄광촌에서 만나는 사람이라고는 광부와 그 가족인 데다, 사택에서 같은 월급, 비슷한 살림살이로 살아가니 이웃끼리 경쟁심도 없다. 탄광촌은 교통뿐만 아니라 인적 네트워크까지 막혀 미래에 대한 비전을 나누거나, 세상 돌아가는 것에 대한 관심을 가질 수 없었다. "도계는 봄날"이라는 말에는 세상 돌아가는 것을 모르고 사는 안타까움이 스며 있다.

⑳ 채탄광부 1명에 반짝 구두가 5켤레

광부 1명을 고용하는 갱구만 있어도 많은 돈을 번다는 의미이다. 영세탄광 업주들이 짧은 기간에 많은 돈을 버는 것을 비꼬는 뜻으로도 쓴다.

5.
탄광촌 주민의 해학을 반영한 유행어

① 밤낮없이 굴을 파도 생기는 게 없다

굴은 탄광막장의 굴과 여성의 성기를 일컫는 중의적 의미를 지닌다. 광부가 굴을 아무리 뚫어 나가도 먹고사는 것이 여의치 않은 것과 아내를 만족시키지 못하는 남성의 밤일을 표현하고 있다.

② 우리 남편 공휴 나나 마나

석탄 증산에 허덕이던 1980년대 중반까지만 해도 광업소의 공휴는 한 달에 한두 번이 고작이었다. 우리나라에서 가장 큰 광업소인 장성광업소 인근에 있는 장성천주교회가 일요일 저녁 미사를 마련한 것도 일요일에 출근하는 탄광노동 현실을 반영한 것이다. 모처럼 공휴가 나면, 쉬지 않고 고된 일만 하던 광부는 동료들과 어울려 술판을 벌인다. 남편의 지친 몸을 생각해 부부관계를 공휴 때로 미루었던 아내는 술만 마시는 모습에 실망한다. "우리 남편 공휴 나나 마나"에는 부부의 달콤한 사랑 행위를 꿈꾸었다가 좌절한 아내의 서운한 마음이 해학적으로 담겨 있다.

③ 방음하려면 전축을 사라

탄광촌의 작은 사택 안에는 1970년대만도 해도 귀한 전축이 집집이 있었다.[35)]1970~1980년대 태백탄광촌의 한 전축 대리점 판매량이 몇 달간 연속으로 전국 1위를 차지하면서 가전 업계를 놀라게 했다. 나무판자나 블록으로 벽이 만들어진 탄광사택은 방음이 취약했다. 그래서 낮에 휴식을 취하는 병방(밤) 근무자는 전축을 크게 틀어 놓고 아내와 은밀한 부부관계를 즐겼다. 전축은 원만한 부부관계를 위한 3교대 근무자들의 낮 생활 보장용이라는 사연이 숨어 있었다.

④ 배꼽에 낀 탄가루만 빼도 한 해 겨울을 난다
⑤ 부부 사이가 나쁘면 마누라 배꼽이 깨끗하다
⑥ 금실 좋은 부부는 배꼽에 낀 탄가루만 빼도 한 해 겨울은 난다
⑦ 남편 배꼽에 묻은 탄가루를 모아 연탄을 찍었더니 한겨울을 따뜻하게 보냈다

탄광촌에서 "배꼽을 맞춘다"는 말은 성행위의 은어로 활용되었다. 배꼽을 활용한 성적 해학이 유독 많은 것은 목욕할 때 배꼽의 탄가루 제거가 가장 힘든 때문이기

35) 가전제품 보유 상황(1977년 9월 1일~1978년 1월 조사)

	장성	황지	도계	사북	상동	평균
전축	48.7	43.4	40.2	34.9	44.3	42.7

(자료: 한옥수, 『강원대학교 논문집』 제12집)

도 하다. 목욕탕에서 몸을 깨끗이 씻고 나와도 배꼽 안에서는 탄가루가 그대로 나오곤 했다. 그래서 배꼽의 탄가루를 겨울 난방으로 쓴다거나, 남편의 배꼽 탄가루가 아내 몸에 묻었다는 성적 농담이 생겼다.

⑧ 진부 기생 배꼽엔 톱밥이, 마차 기생 배꼽엔 탄가루가

지역 산업의 특성을 보여 주는 유행어이다. 탄광갱목이 대규모로 필요하자 평창군 진부 지역에서는 벌목이 성행했다. 나무는 탄광으로 운송하였는데, 영월군 북면 마차리 지역은 대한석탄공사 영월광업소가 있었다. 목상이 많은 진부 지역의 기생 배꼽에는 톱밥이 묻고, 광부가 많은 마차 지역의 기생 배꼽에는 탄가루가 묻는다는 농담이 유행했다.

⑨ 서울옥 아가씨 배꼽에도 석탄가루가 나오고, 톱밥이 나오고[36)]

석탄산업 호황기에는 석탄 관련 업계 종사자들을 상대하는 고급 술집이 성황을 이루었다. 탄광에서는 탄을 캐고, 제재소에서는 갱목을 다루는 노동자들이 술집(서울옥)으로 빈번하게 발걸음을 했다.

36) 이 유행어는 사북석탄유물보존관 전시실에서 전시.

⑩ 어젯밤 노보리 올랐나?

막장으로 가기 위해 노보리(승갱도)를 기어오르는 작업과 아내의 배 위로 오르는 남편의 행동을 연결한 성적 농담이다. 도시락 반찬이 좋을 때, 동료들이 "어젯밤 노보리 올랐나?" 하고 던지는 농담이 유행했다.

⑪ 아빠가 병방이면 엄마도 병방

병방은 자정부터 아침 8시까지의 작업시간이다. 남편이 밤에 출근하고 나면, 아내도 몰래 시내로 놀러 나서는 것을 빗댄 말이다. 아내가 다른 남자를 사귀거나, 춤바람이 나거나, 유흥시간을 보낼 때 쓰는 말이기도 하다.

6.
탄광촌 지역 현실을 반영한 유행어

① 앞산에서 뒷산까지 줄을 걸어 빨랫줄로 쓴다

② 하늘이 삼천 평

③ 손바닥 하나면 하늘을 다 가릴 정도이다

④ 산을 뚫어서 하늘을 만들었다

우리나라에서 석탄이 생산되는 지형은 모두 산간 계곡으로, 탄광촌은 자연스럽게 좁은 계곡을 따라 형성되었다. 산으로 둘러싸인 곳에 도시가 형성되다 보니 위와 같은 말들이 탄광촌 지형을 설명하는 말로 유행했다.

⑤ 전국에서 한 개 읍 빼고 온 동네에서 다 모여든 게 탄광촌(8도 공화국)

탄광촌은 외지에서 유입된 사람들로 도시가 형성되었다. 석탄산업 전성기에는 전국 각지에서 탄광촌으로 몰려들었다 하여 “8도 공화국”, “탄광촌 공화국”이라는 말을 하곤 했다. 강릉시에서 지역 이름을 딴 '강릉사투리 경연대회'가 열릴 때, 태백시에서는 지역명이 아닌 '팔도사투리 경연대회'가 열린 것도 그런 배경 때문이다.

⑥ 군인 도시인 줄 알았다

중앙목욕탕 시설을 갖추기 전까지 광부들은 집에서부터 안전모(검은색 안전모는 군모와 비슷함)를 쓰고, 톱과 도끼를 둘러메고 출근했다. 광부 복장이 마치 군장을 갖춘 군인과 같아서 사북, 황지, 장성 탄광촌에 처음 들어온 외부인들은 군인 도시로 착각하곤 했다.

⑦ 하얀 옷이 팔리지 않는 동네

석탄을 실은 운반트럭이 광업소에서 역두저탄장까지 수시로 들락거리는 탄광촌에는 곳곳에 탄가루가 날렸다. 바람 부는 날에는 저탄장의 석탄가루까지 날아왔다. 흰옷은 반나절도 못 가 새까매졌으므로 입는 것을 꺼렸다.

⑧ 마누라 없이는 살아도, 장화 없이는 못 산다

저탄장이나 석탄 운반용 차량에서 새어 나온 탄가루가 바람을 타고 도시 전체를 덮었다. 맑은 날에 길을 걸으면 밀가루처럼 퍽퍽한 탄가루가 발에 밟히면서 먼지가 풀썩 났다. 비 오는 날이면 질퍽한 죽탄 범벅에 발이 빠지면서 신발이 벗겨졌다. 장화가 없으면 걷는 것도 힘들 지경이었다. “마누라 없이는 살아도, 장화 없이는 못 산다”는 말은 농담만은 아니었다.

⑨ 냇물을 검은색으로 그리는 미술시간

이 말은 탄광촌 아이들이 넓은 세상의 현실을 모른다는 말로 쓰이곤 했다. 탄광촌 아이들은 갱내 폐수 때문에 검은 개울물에서 놀며 자랐다. 미술 시간에 개울물을 그리면서 물을 새카맣게 그린 아이들이 실제로 여럿 있었다.

⑩ 누군 석공쌀 먹고, 누군 광산미 먹나

석공쌀은 대한석탄공사가 품질 좋은 쌀을 대량으로 구매하여 싸게 공급하는 쌀이다. 이에 반해 광산미는 민영탄광이 품질이 나쁜 값싼 쌀을 구매하여 노동자들에게 비싸게 공급하는 쌀이다. 불평등한 일을 당할 때 석공쌀과 광산미를 대비시켜 말하곤 한다.

⑪ 딱 3년만 하고 떠나자는 게 광부들의 최고 거짓말

탄광막장일은 마지막 인생으로 선택하는 일로 알려졌다. 광부가 되겠다고 하면 가족이나 친지들이 말렸다. ‘딱 3년만 하고 떠나겠다’고 다짐하지만, 막상 탄광에 들어서면 쉽게 돈을 벌어 떠날 형편이 되지 못했다. 빨리 돈을 벌어 고향으로 다시 돌아가겠다고 기한을 정했지만, 대부분 탄광촌에 주저앉은 현실을 반영한 유행어이다.

⑫ 아들놈 광부 만들지 않고, 딸년 광부 마누라 만들지 않겠다

배우지 못한 한을 지닌 탄광노동자들은 자녀에게 희망을 걸었다. 자녀들의 꿈을 성취하게 해 주려는 강한 집념은 높은 교육열로 나타났다. "내 딸만큼은 광부에게 시집보내지 않는다"거나, "내 아들만큼은 광부로 만들지 않겠다"는 다짐은 자녀의 교육에 대한 의지의 표현이다.

⑬ 굴속에서 캐는 돈은 힘이 없다
⑭ 탄광 돈은 햇빛만 보면 녹는다
⑮ 탄광에서 번 돈은 굴 밖만 나가면 맥을 못 춘다

돈을 벌기 위해 광부가 되었지만 퇴직할 무렵에 돌아보면 목돈을 만진 광부는 드물다. 그래서 나온 말이 "굴속에서 캐는 돈은 힘이 없다"거나, "탄광 돈은 햇빛만 보면 녹는다"였다. 또 "탄광에서 번 돈은 굴 밖만 나가면 맥을 못 춘다"고도 했다. 월급은 타 직종보다 많이 받은 것 같은데, 정작 돌아보면 모아 놓은 돈이 없기 때문이다. 빚과 이자, 유흥이 발달한 탄광촌의 환경, 강도 높은 육체노동으로 인한 병원비 등이 저축을 불가능하게 했다.

⑯ 탄광 10년 끝에 가난과 병뿐

1988년도에 발표된 탄광 근무연수에 따른 진폐증 발생 현황에 따르면 5년 이하는 7.1%, 6~10년 32.2%, 11~15년 50.5%, 16~20년 56.6%, 20년 이상 76.3%의 발생률을 보인다. 탄광 재해도 잦거니와 10년이 넘어서면 광부 직업병이 진폐증에 걸릴 확률이 높아진다. 1968년부터 2000년까지 진폐증으로 사망한 광부는 2,163명에 달한다.[37]

⑰ 광부는 두 겹 하늘, 광부 마누라는 세 겹 하늘

광부에게는 바깥 하늘과 굴속의 천장이라는 두 하늘이 있는데, 광부의 아내에게는 '한숨'이라는 하늘이 하나 더 있다. 살림을 꾸릴 돈이 없는 걱정, 남편이 굴속에서 언제 죽을지 모를 두려움 때문이다.

⑱ 황지 생겨나고 외상 생겨난 것이 아니라, 외상 생겨나고 황지 생겨났다

이 말을 두고 박태순은 「탄광지대의 객지문화」에서 "과거의 비참한 광부들의 실생활을 말해 주는 것"이라고 밝혔다.[38] 탄광촌에서 외상은 일상적인 거래 방식이었지

37) 진폐환자 연도별 발생 건수(단위: 명)

연 도	1980	1984	1988	1992
진폐환자	1,498	2,790	4,432	3,732

(자료: 전국광산노동조합연맹, 《51차 사업보고서》, 2001. 5. 20)

38) 박태순, 「탄광지대의 객지문화」, 『국토와 민중』, 한길사, 1983, 298쪽.

만, 이 때문에 광부들은 돈을 적립하지 못했다. 광업소 월급이 몇 달씩 밀려서 지급되었기 때문에 점포와 구매자가 각각 갖는 매출 매입 장부인 맞장부가 유행했다. 한 연구자는 광부 가정이 가난을 벗어나지 못한 주된 이유 중의 하나가 맞장부라고 지적했다. 외상 가계로 출발하여 적자 가계의 악순환에 시달렸기 때문이다.[39)]

⑲ 외상은 장성에서, 현찰은 황지에서

태백시는 황지, 장성, 철암으로 생활권이 나뉘어 있다. 시청이 소재한 황지가 태백시의 중심 상권으로 기능한다. 장성광업소가 소재한 장성 지역 주민들은 소규모 쇼핑은 장성에서, 대규모 쇼핑은 황지에서 하곤 했다. 장성 주민은 지역의 단골집에서는 외상으로 거래하고, 월급이 나오면 황지에 가서 쇼핑했다. 장성 지역 상인들은 외상 때문에 물건 값이 비쌀 수밖에 없다고 주장하는데, 이는 장성 주민이 황지에서 현찰 거래를 하는 악순환을 만들었다.

⑳ 가장 빠른 소식이 '우물방송'

개인 수도가 보급되기 전까지 사택에는 공동우물이 있었다. 공동우물에 모인 주부들은 빨래하면서 지역사회에서 일어나는 정보를 공유했다. 옆방에서 들리는 은밀한 소리까지 공유하던 터라 '우물방송'의 소식이 신속하고도 정확한 정보 가치를 지닐 때가 많았다.

---

39) 한옥수, 「태백지구 탄광지대의 광업가정에 대한 가정경영 실태조사와 그 문제점의 도출분석 및 생활의 과학화방안 연구」, 『강원대학교 논문집』제12집, 1978, 337쪽.

㉑ 막장만도 못한 젠장

석탄산업 합리화라는 폐광정책이 갑작스럽게 시작되면서 탄광촌 지역은 공동화가 일어났다. 고한 사북 지역에서는 '제2의 사북사태'를 운운하면서 정부에다 지역 회생을 위한 정책 마련을 촉구했다. 고한 사북 주민들은 3 · 3 투쟁을 통해 국내 유일의 내국인 카지노 유치 성과를 거두었으며, 강원랜드(하이원리조트)가 설립되었다. 카지노의 성공적 운영과는 별개로 다른 쪽에서는 경제적 소외계층이 여전히 존재하고 있다. 또한, 카지노로 인한 도박중독의 폐해는 현재진행형이다. 탄광이 가난한 삶을 벗어나기 위한 작업장의 막장이었다면, 카지노는 경제적 여유를 가진 이들이 욕심 때문에 자멸하는 오락의 막장인 셈이다. "막장만도 못한 젠장"은 카지노에 대한 원망이다. 또한, 강원랜드의 발전에 비례하여 경제적 소외계층의 삶도 나아지기를 소망하는 하소연이기도 하다.

7. 글을 맺으면서

지금까지 살펴본 것처럼 이 글은 탄광촌 유행어가 지닌 의미와 발생 유래를 분석하고자 했다. 탄광촌 유행어는 탄광촌 사회의 변화를 살피고, 그 시대상을 파악하는 지표로 기능할 것이다.

2. 「탄광노동환경을 반영한 유행어」는 열악한 노동환경을 담고 있다. 안전하지 못한 작업현장, 잦은 산업재해 발생, 도급제라는 모순의 급여제도 등을 살필 수 있다. "유행어는 정치와 세태의 부패상을 꼬집는 대중의 반항의식의 소산"[40]이라는 점을 탄광촌 유행어에서도 확인했다.

3. 「탄광노동자의 생활상을 반영한 유행어」는 숙련공과 보조공의 관계, 작업현장을 드러낸 유행어가 있다. 또 도급제의 모순, 어용노조, 노동부의 감독 소홀, 도급업체에 대한 차별 등에 대한 사회적 비판도 담겨 있다. "유행어들은 풍자성과 해학성을 가지고 있어서 인심의 흐름을 알려 주고 당대에 대한 비판의식을 보여 주어 시대상을

40) 오은하, 「유행어의 국어교육적 연구」, 숙명여자대학교 교육대학원 국어교육전공 석사논문, 1999, 96쪽.

짐작할 수 있게 해 준다"[41]는 특성을 탄광촌 유행어에서도 확인했다.

4. 「탄광촌 호황기를 증언하는 유행어」는 강아지도 만 원짜리 물고 다니는 탄광촌을 비롯해 술집, 옷집 등의 호황을 누리던 상권을 보여 준다.

5. 「탄광촌 주민의 해학을 반영한 유행어」는 배꼽을 중심으로 한 성적 은유가 유행어에 반영되어 있다. "우리 남편 공휴 나나 마나" 같은 유행어에는 육체적 노동에 지친 광부와 그 부부의 애환도 함께 묻어 있다.

6. 「탄광촌 지역 현실을 반영한 유행어」는 앞산 뒷산에 빨랫줄을 거는 탄광촌의 협곡 지형을 비롯해 탄광촌 주민의 애환을 반영하고 있다. "마누라 없이는 살아도 장화 없이는 못 사는" 동네라든가, "3년만 기약하고 들어온" 탄광촌에 발이 묶인 광부, "햇빛만 보면 녹는 광부의 돈", "우물방송" 등은 탄광촌 주민의 현실을 생생하게 보여 준다.

탄광촌 유행어는 탄광노동자와 가족, 그리고 탄광촌 주민의 유대를 반영하고 있다. 탄광촌 유행어는 석탄 호황기에는 지역 주민들을 움직이는 원동력이었으며, 폐광된 지금은 탄광촌의 정체성을 확인하는 구비문화자산이 되고 있다. 석탄박물관이나 석탄유물전시관이 하드웨어적 요소라면, 탄광촌 유행어는 현대판 구비문학으로서 스토리를 함유한 소프트웨어적 요소이다. 탄광촌 유행어는 석탄산업 시대를 비추는 거울이자, 탄광촌의 민심을 가장 잘 드러낸 표징이다. '탄광촌 유행어'를 지역의 문화자산으로 활용하는 다양한 방안을 마련한다면, 문화적 자산이 변변찮은 탄광도시의 귀중한 구비문화자산을 확보하는 길이 될 것이다. 사북석탄유물보존관의 탄광촌 유행어 전시 활동은 관광문화자산의 활용 사례라 할 수 있다.

탄광촌 유행어는 석탄산업으로 도시를 형성한 탄광도시의 소중한 언어적 자산이자, 문화적 자산이다. 석탄산업의 흐름을 반영하면서, 주민들의 욕구를 대변하는

---

41) 강윤주, 「2009~2010년 유행어를 통해 본 중국 사회—사회 · 문화 · 과학기술 관련 유행어를 중심으로」, 계명대학교 대학원 통번역학과 석사논문, 2012, 2쪽.

탄광촌 유행어는 다른 지역에서는 찾아볼 수 없는 지역적이고도 산업적 특성이 강한 독특한 구비전승을 보여 준다. 지역의 전설이 된 탄광촌 유행어를 분석 · 조사하여 의미를 정리하고, 가치를 부여하는 일은 탄광촌 고유의 문화자산을 가꾸는 일이다.

3장

탄광촌 민요에 나타난 탄광촌 정체성 연구

1. 「삼척 어러리」, 「광부 아리랑」, 「삼척기차놀이 노래」로 본 탄광촌 실상
2. 탄광 관련 민요에 나타난 일제강점기의 탄광노동 현실
3. 탄광현장에서 불리는 민요와 노동 현실
4. 사가와 창작노래, 시위현장에서 불린 광부들의 대중가요
5. 글을 맺으면서

1. 「삼척 어러리」, 「광부 아리랑」, 「삼척기차놀이 노래」로 본 탄광촌 실상

민요 중에서도 "민중이 향유해 온 일상적 표현 도구"[1)]인 아리랑은 태극무늬와 더불어 한국을 상징하는 이미지로 자리할 만큼 널리 애창되고 있다. 민요 연구자 중에서는 「아리랑」의 대부분이 강원도 태백산맥을 중심으로 분포된 사실을 근거로 「강원도 아리랑」의 고향을 우리나라 대표 탄광촌인 태백시에 소재한 '태백산 정상'이라고 주장한 바 있다.[2)] 아라리, 어러리, 어러레이, 아라레이, 우러리, 메나리, 미나리 등 여러 이름으로 불리던 노래가 정선으로 흘러들어 가서 「정선 아라리」가 되고, 강릉으로 가서 「강릉 아라리」가 되었다는 것이다. 삼척 · 태백 지역에서는 아리랑을 어러리 혹은 어러레이, 아라레이 등으로 불러 왔다. 태백아라레이는 정선 아리랑보다는 빠르나 평창 아리랑보다는 느린 곡조를 띤다.

아리랑은 "근대 생활의 만화경으로 근대 시민계급과 노동자 · 농민의 생활상을

1) 강등학, 『정선아라리의 연구』, 집문당, 1998, 28~30쪽.

2) 김연갑, 『아리랑』, 집문당, 1988, 62쪽.

반영"[3]하고 있다. 민요가 궁핍하고 소외된 서민들에 의해서 창작되고 향유된 만큼, 아리랑은 서민들의 눈높이에서 시대 현실과 감정을 꾸밈없이 표현하고 있다. 민요는 "민중의 진정한 리얼리즘이 구현된 세계"[4]라고 할 수 있다. 그런 점에서 탄광촌에서 전승되는 민요 연구는 탄광촌 민중의 정서에 접근하는 길이기도 하다.

탄광시(詩)가 지식계층의 상층문학을 대변하는 노래라면, 탄광민요는 민중들의 문화의식을 표출하는 기층문학에 해당한다. 탄광촌 민요는 광부와 탄광촌 주민들의 정서 · 애환 · 이상 · 생활양상 · 민중의식 · 당시 시대상 등을 솔직하게 담고 있다. 전승의 주체인 탄광 기층민중들의 삶과 애환이 담긴 탄광촌의 민요는 탄광촌의 사회현실과 민중의식을 살펴보는 좋은 자료이다. 특히 탄광촌 생성의 정치적 · 사회적 · 지리적 배경과 깊은 연관을 보여 주는 탄광촌 민요는 탄광촌의 정체성을 확인하는 귀중한 자료이다.

불원천리 장성 땅에 돈 벌러 왔다가
꽃 같은 요내 청춘 탄광에서 늙네

작년 간다 올해 간다 석삼 년이 지나고
내년 간다 후년 간다 열두 해가 지났네

월백 산백 천지백은 옛사람의 시인데
수흙 인흙 천지흙은 황지뿐이라네

통리고개 송애재는 자물쇠 고개인가

---

3) 고정옥, 『조선 민요연구』, 수선사, 1949, 187쪽.

4) 박경수, 『한국민요의 유형과 성격』, 국학자료원, 1998, 171쪽.

돈 벌러 들어갔다가 오도 가도 못하네

남양군도 검둥이는 얼굴이나 검다지
장성 황지 사는 사람 얼굴 옷이 다 검네

문어 낙지 오징어는 먹물이나 뿜지
이내 몸 목구멍에는 검은 가래가 끓네

누루황 자 못지 자가 황지라고 하더니
거칠황 자 따지 자로 황지가 됐네

연못에 금붕어는 물이나 먹고 살지
황지에 사는 사람 탄가루 먹고 살지

황지 연못 깊은 물은 낙동강의 근원이요
깊은 막장 검은 탄은 먹고사는 근본일세

강원도라 황지 땅에 돈이나 벌러 왔다가
돈도 못 벌고 요 모양 요 꼴이 되었네

-「삼척 어러리(어러레이)」[5)]

탄광촌의 지역 특성을 강하게 반영하면서 태백 지역에서 전승하던「삼척 어러리

5) 김병하 외,『정선 아리랑』, 범우사, 1996, 196~197쪽.

(어러레이)」는 산업사회의 흐름과 탄광촌 민중의 생활상을 밀도 있게 그리고 있다. 이 노래의 배경지인 태백시(장성 · 황지 · 통리)는 1936년 개발을 시작한 삼척개발주식회사 장성광업소를 비롯해 수십 개의 탄광이 들어서면서 국내 최대 탄광촌으로 성장한 지역이다. 노래에는 돈을 벌기 위해 태백탄광촌을 찾아온 광부가 뜻도 이루지 못한 채 세월만 보낸 한탄과 탄광촌의 열악한 환경이 함께 섞여 있다. "장성 땅에 돈 벌러 왔다가 / 꽃 같은 요내 청춘 탄광에서 늙네"에서는 소문과 달리 돈을 벌 수 없는 탄광촌의 실정을 고발한다.

탄광촌은 방진망 시설이 미비한 탓에 주택 곳곳에 탄가루가 날렸으며, 갱내에서 방류되는 검은 물이 시내하천을 그대로 통과했다. 황지 지역 중심부에 위치한 낙동강의 발원지인 황지연못의 맑은 물과 검은 광부(검은 탄광촌)의 이미지와 선명한 대비를 보여 준다. 탄가루 묻은 광부뿐만 아니라 탄광촌 주민들까지 검은 모습을 환기하면서 얼굴만 검을 뿐인 "남양군도 검둥이"만도 못한 탄광촌 사람들의 처지를 드러낸다.

"목구멍에는 검은 가래가 끓네"라든가 "황지에 사는 사람 탄가루 먹고 살지"라는 열악한 탄광촌의 환경은 채탄현장의 자욱한 탄진의 현장과 함께 광부들의 불치의 직업병을 연상시킨다. 목숨이 끊어질 때까지 호흡하기에 고통스러워하는 진 · 규폐증 환자들의 실상이 목구멍에 끓는 "검은 가래"로 표출되었다. "거칠황 자 따지 자로 황지가 됐네" 같은 구절에서는 탄광지역 황지가 거친 땅임을 직설적으로 진술하고 있다.

"깊은 막장 검은 탄은 먹고사는 근본"이라는 진술에서 알 수 있듯 고향을 등진 탄광촌에서 시작한 새 삶은 생존 해결을 위한 마지막 선택이었다. 하지만 현실은 "작년 간다 올해 간다 석 삼 년이 지나고 / 내년 간다 후년 간다 열두 해가 지났네"에서 드러나듯 12년이 지나도록 고향 길은 영영 멀어진 체념뿐이다. 12년이 지나도록 "돈도 못 벌고 요 모양 요 꼴이 되었네"라는 탄식은 광부들의 험난한 인생과 고향을 잃은 서러움의 표출이다.

"통리고개 송애재는 자물쇠 고개인가"라는 탄식에서는 척박한 탄광촌을 빠져나갈 수조차 없는 진퇴양난의 처지를 보여 준다. 태백 탄광촌의 관문인 통리고개를 넘고 송애재(지금의 송이재)를 넘는 상황으로 보아 노래하는 이는 삼척, 동해, 강릉, 속초 방면이나 울진, 포항 방면에서 유입된 장성 지역 탄광노동자이다.

한번 들어오면 나갈 수 없는 심사를 자물쇠 고개로 표현한 이 노래는 "울릉도 고개는 자물통고갠지 / 한번 오신 님은 왜 갈 줄 모르나"(「울릉도 아리랑」)와 유사 구조를 보인다. 「울릉도 아리랑」에서는 '님'이 갇혀 있지만 탄광촌의 아리랑에서는 돈 벌러 들어온 광부 자신이 갇혀 있어 그 심정이 더 절절하게 다가온다. 탄광촌의 민요는 산업사회 속의 민중 현실을 리얼하게 묘사하는 양상을 보인다. 고개만도 힘든데 "자물쇠 고개"라는 점에서 탄광촌 민중의 험난한 삶이 암시된다. 아리랑이 노래하는 고개를 두고 "작게는 한 개인의 꿈과 소망과 꺾임이 엇갈린 삶의 고개요, 크게는 온 겨레의 의미와 절망이 교차하는 역사의 고개"[6]라고 한다. 아리랑은 고개의 노래라는 말이 탄광촌 민요에서도 입증되는 셈이다.

2~3연의 "작년 간다~황지뿐이라네"라는 대목은 삼척 · 영월 · 정선 · 평창 일대의 화전민들이 부르던 민요에도 등장하고 있다.[7] 화전민들의 삶이 탄광촌의 삶에 이어지면서 두 대목은 그대로 둔 것으로 보인다. 탄광촌의 민요에 「울릉도 아리랑」이나 영월 · 정선 · 평창 등지에서 불리던 화전민의 민요가 반영된 것은 유입 인구가 많은 탄광촌 상황을 반영한다.

니기미 씨부랄 것 농사나 짓지
강원도 탄광에는 X빨러 왔나
아리랑 아리랑 아라리요

6) 김열규, 『아리랑, 역사여, 겨레여, 소리여』, 조선일보사, 1987, 44쪽.

7) 김연갑, 『팔도아리랑 기행』, 집문당, 1994, 240쪽.

노부리 고개를 넘어간다

산지사방이 일터인데
그리도 할 일이 없어 탄광에 왔나
아리랑 아리랑 아라리요
아리랑 막장으로 들어간다

이판저판이 공사판인데
한 많고 설움 많은 탄광에 왔나
아리랑 아리랑 아라리요
아리랑 탄광은 말도 많다.

-「광부아리랑」

"광부들이 술을 마시고 신세를 한탄하며"[8] 부르던 「광부 아리랑」은 농촌에서 탄광으로 들어온 신세타령, 많은 일터 중에 가장 고된 탄광을 선택할 수밖에 없는 딱한 처지 등을 표출한다. "인생에 대한 비관으로 가득 차 있는" 「광부 아리랑」에는 "인생의 막장에 몰려서 할 수 없이 탄광으로 들어온 이들의 격한 정조가 그대로"[9] 드러난다. 강원도의 높은 고개나 산보다도 더 높은 '노부리(노보리) 고개'의 상징성은 강도 높은 막장의 노동 현실을 극명하게 보여 준다. "한 많고 설움 많은" 탄광 현실이 '노부리 고개'에 압축되어 있다.

달려라 달려라 삼척역까지

8) 홍춘봉, 『탄광촌 공화국』, 노동일보, 2002, 11~12쪽.
9) 이한길, 「소리와 이야기」, 『탄광촌 사람들의 삶과 문화』, 삼척시립박물관, 2005, 751쪽.

도계년들 밥만 먹고 똥만 싼다 칙칙폭폭 꽥애-액

여기는 삼척역 내려주세요(한 사람 내리고)

(중략)

달려라 달려라 도계역까지

도계년들 밥만 먹고 똥만 싼다 칙칙폭폭 꽥애-액

여기는 도계역 내려주세요(한 사람 내리고)

-「삼척기차놀이 노래」 일부[10]

도계 지역과 삼척 시내, 심지어 태백 지역까지도 이 노랫말을 모르는 사람이 없을 만큼 유명하다. 경제적 궁핍과 고된 노동에 지친 농촌과 어촌 사람들의 눈에 비친, 일하지 않고도 잘 살아가는 탄광촌 주부의 삶을 바라보는 노래이다. 「삼척기차놀이 노래」는 빈곤한 삶을 살아가는 농어촌 지역 주민들과 산업 발전 속에 경제적 여유를 누리는 탄광지역 주민들과의 경제적 격차가 드러난다. "도계년들 밥만 먹고 똥만 싼다"는 사설에서 '도계년'이란 시어머니에게는 며느리에 대한 욕으로, 친정어머니에게는 딸의 호강으로 받아들여지는 양가성을 지닌다. 석탄산업이 한창 호황이던 탄광촌의 발전상을 대변하는 민요이다.[11] 아이들이 어른들의 말을 흉내 내어 기차놀이를 하면서 부른 「삼척기차놀이 노래」는 농어촌의 인구가 탄광촌으로 유입되는 사회상, 농어촌보다 발전한 탄광촌의 경제상을 보여주고 있다.

10) 김진광(남, 54세, 삼척시)

11) 정연수, 「「삼척기차놀이 노래」 고찰」, 『강원학예연구』1집, 강원학예연구회, 2005, 137~163쪽 참조.

2.
탄광 관련 민요에 나타난 일제강점기의 탄광노동 현실

1) 「백탄가」와 「광복군 석탄가」 분석

석탄 백탄 타는데
연기는 퐁퐁 나고요
이 내 가슴 타는 데는
연기도 퐁퐁 안 난다

-「백탄가」

석탄 백탄 타는데 연기만 펄펄 나구요
요내 가슴 타는데 연기도 김도 안 난다
에헤야 디여라 얼라리난다 디여라
해방의 불길이 타오른다

-「광복군 석탄가」 중

「백탄가」는 일제강점기를 살아가던 여성들이 남편을 일본 탄광에 보낸 뒤의 심정을 담고 있다. 『대한석탄공사 50년사』는 "1910년대 국내 탄광노동자들의 일본 탄광 취업이 본격화되면서 남편을 일본으로 떠나보낸 아내 사이에서 「백탄가」라는 민요가 불렸다"고 설명했다. 남편을 먼 타향으로 떠나보낸 "외로움을 견디기 힘들었던 여인네들은 저잣거리 선술집까지 흘러나와 속 타는 가슴을 젓가락 장단에 실어 보내곤 했다"[12]는 것이다. 이 노래의 배경으로 알려진 1910년대는 국내 탄광의 채산성이 낮아지면서 많은 탄광이 문을 닫고 "국내 노동력이 일본의 규슈 탄광 등으로 유출"[13] 되고 있었다. 이 노래에는 석탄 개발과 석탄 사용이 일정 궤도에 오른 시대상을 알려주는 것과 동시에 노동현장을 찾아 떠난 남편에 대한 그리움, 식민지 국민으로서의 설움 등이 담겨 있다.

한편 「백탄가」의 또 다른 이름인 「사발가」를 유행가적 속성에 가까운 연희요로 구분하기도 한다.[14] 이 노래는 1900년대 초부터 1910년 한일합방 무렵까지 우리 민족의 울분을 노래한 경기 민요 「사발가」로 굿거리장단에 맞추어 불렸다. "석탄 백탄 타는데 연기만 펄펄 나구요 / 요내 가슴 타는데 연기도 김도 없구나"에서 '펄펄'과 '김도'가 「백탄가」에 와서는 '퐁퐁'으로 바뀐다. 「광복군 석탄가」역시 「사발가」와 유사한 노래이나 광복을 생각하며 불렸다는 점에서 그 의미가 다르다. 「광복군 석탄가」는 내용이 조금씩 변형되어 소개되고 있으나 악보까지 갖춘 노래로도 나와 있다. 「광복군 석탄가」(일명 「압록강 행진곡」)란 제목으로 "석탄 백탄 타는데 / 연기도 김도 안 나고 / 삼천만 가슴 타는데 / 투쟁의 불길이 오른다 / 에헤야 데헤야 에헤야 / 투쟁의 불길이 타오른다" 등의 가사가 1절로 모두 5절로 구성되어 있다.[15]

일제강점기의 탄광 개발 과정에는 노동자의 강제 이주와 징집 등으로 인한 가

12) 대한석탄공사 편, 『대한석탄공사 50년사』, 대한석탄공사, 2001, 40쪽.

13) 위의 책, 41쪽.

14) 최철, 『한국민요학』, 연세대학교출판부, 1998, 87쪽.

15) 『실천문학』4권, 실천문학사,1983 참조.

족의 생이별이 있었다. 일제강점기 초반에는 생계 해결을 위해 일본 규슈 탄광 등으로 자발적으로 취업한 사람도 있었다. 토지의 부족과 일제의 수탈로 인한 농촌 경제의 피폐 때문에 많은 소작농이 돈을 벌기 위해 스스로 일본 탄광을 찾아간 것이다. 그러다 1930년대 중반 이후부터는 노동력을 필요로 하는 일제에 의해 강제 징집령이 시행된다. 1939년부터 해방되던 1945년까지 탄광 징용에 끌려간 한국인의 숫자만도 50만 명에 달한다.[16)]

년도	1939	1940	1941	1942	1943	1944	1945
징용자 숫자	24,279	35,441	32,415	78,660	77,850	108,350	136,810

한반도 탄광 개발을 위한 '탄광이주정책'도 실시하는데 총독부는 1931년에 경상 · 전라 · 충청 지역의 이재민 다수를 함북 회령의 유선탄광, 평남 대동군의 삼신탄광으로 이주시킨다. 또 1936년부터는 부족한 탄광노무자 문제를 해결하기 위해 강원도 삼척탄광 등으로 탄광이주정책을 시행했다. 탄광노동자들은 1945년 8월 15일 해방까지 집단 강제노동 수용소나 다름없는 탄광촌에서 거주이전이 제한된 채 삼엄한 감시를 받으면서 '인생 생지옥'의 생활을 견디어야 했다. 1920년대 국내 탄광의 광부 국적을 보면 한국인 90%, 중국인 9%, 일본인 1% 순이다. 중국인은 주로 갱외 운반부 업무를, 일본인은 채탄막장에서 한국인 광부들을 혹사하는 작업 지도나 감독 조수 역할을 했다.[17)]

16) 박경식, 『일본제국주의의 조선지배』, 청아, 1986, 359쪽.

17) 대한석탄공사 편, 앞의 책, 54쪽 참조.

2) 신민요 「방아 찧는 색시의 노래」 분석

팔월이라 열사흘 밤 달도 밝구나
우리 낭군 안 계셔도 방아를 찧네
아리랑 아리랑 아라리요
햇쌀은 찧어서 무엇하나

북해도라 석탄광은 깊기도 하지
우리 낭군 십 년 세월 석탄을 파네
아리랑 아리랑 아라리요
석탄만 파면은 무엇하나

아랫마실 순이 애비 꼴은 못나도
삼 년 세월 석탄 파서 돈 벌어 왔네
아리랑 아리랑 아라리요
논 사고 밭 사고 집을 짓네

사람 잘난 우리 낭군 언제 오련고
돈 한 닢 못 모아도 돌아올 게지
아리랑 아리랑 아라리요
님 없이 청춘만 늙어 가네[18)]

-신민요 「방아 찧는 색시의 노래」(김수경 작 / 홍난파 작곡)

---

18) 홍영후 편, 『특선가요곡집』, 연악회, 1936, 한국고음반연구회 · 민속원 공편저, 『유성기음반가사집』 I , 민속원, 1990, 45쪽 재인용.

1920~1930년대 인기를 끌던 아리랑 중에는 돈을 벌기 위해 탄광으로 떠난 남편을 십 년째 기다리는 아내의 심사를 그린 노래, 신민요「방아 찧는 색시의 노래」가 있다. 1931년 2월 일본 콜럼비아 축음기 주식회사가 발매한 음반에 수록된 이 민요는 1931년 2월 22일 자《동아일보》에서 3월 신보로 소개하고 있다.[19] 이 노래에는 남편을 애타게 그리워하는 아내의 정서뿐만 아니라 1930년대의 경제적 · 사회적 상황을 잘 보여 준다.

"팔월이라 열사흘 밤 달도 밝"은 추석 명절 전날 밤을 배경으로 하는 이 신민요는 집 떠난 가족들이 다 모이는 명절에 남편 없는 아내의 고독한 심사를 그리고 있다. "우리 낭군 안 계셔도 방아를 찧네"라는 대목에서는 남편이 없는 처지 속에서도 일상생활을 영위해 나갈 수밖에 없는 아내의 고단한 삶도 함께 드러난다. "햇쌀은 찧어서 무엇하나"라는 탄식에 이르면 남편에게 햅쌀로 빚은 떡과 밥을 차려주고 싶은 아내의 사랑, 10년간 만나지 못한 남편에 대한 그리움, 탄광에서 고생하는 남편에 대한 동정 등의 복합적인 심정이 담겨 있다. "석탄광은 깊기도 하지"라는 진술은 지하 깊숙한 곳에서 채굴하는 탄광현장뿐만 아니라 먼 땅의 북해도라는 지리적 거리, 강산이 변할 10년의 긴 세월이라는 시간적 거리 등을 통해 남편에 대한 복합적인 그리움을 드러낸다. 또 "석탄만 파면"이라는 한정적 용법이 아내의 굴을 암시하듯 이 민요는 아내의 굴은 팽개치고 10년 동안 석탄 굴만 파는 남편에 대한 야속함까지 은근하게 표출한다.

빨리 돌아오지 않는 남편 때문에 아내의 심정은 가뭄 든 논밭처럼 바싹 타들어 간다. 남편을 탄광에 보낸 10년 세월에 아내 입에서는 "님 없이 청춘만 늙어 가네"라는 탄식이 절로 나온다. "돈 한 닢 못 모아도 돌아올 게지"라는 진술에서는 돈보다 남편과 함께 살아가고 싶다는 아내의 절박한 소망이 담겨 있다. 식민지 백성이 겪는 경제적 궁핍과 일제에 의한 노동력 착취 등의 모순된 현실이 생이별한 아내의 시선으로

19) 한국정신문화연구원 편,『한국유성기음반총목록』, 민속원, 1998.

고발되고 있다.

일본 탄광에서 한국인은 민족차별을 받기 때문에 일본인의 절반에 해당하는 급여를 받는다. "삼 년 세월 석탄 파서 돈 벌어" 와서 "논 사고 밭 사고 집을 짓"는다는 것은 이상에 불과하다. 1921년 광부의 일본인 임금이 2.20円錢인 데 비해 조선인은 1.30円錢이다.[20] 또 1930년대 후반 들어 노동력이 필요해지면서 일본에 거주하는 한국인 탄광노동자들의 계약 만기 때는 회유와 협박을 통한 귀국 만류책으로 재계약이 이루어졌다. 그러므로 남편은 "돈 한 닢 못 모아도 돌아"오기를 바라는 아내의 기대에 부응할 수가 없었다.

노래에 등장하는 북해도(홋카이도)에는 많은 한국인 노동자가 징용되어 있었다. 1941년 3월에는 북해도의 미쓰비시 비바이 탄광에서 일본 패전 전 최대의 탄광사고로 기록되는 폭발사고가 발생한 바 있다. 이 사고로 경북 지역에서 끌려간 한국인 징용자 32명(나이 19~38세 분포)이 희생되었으며, '일제강점하 강제동원 진상규명위원회'의 현지조사로 2005년에 이들의 신원이 처음으로 확인되었다. 한국인들은 입구에서 가장 먼 곳의 막장에 배치되었기에 희생이 더 컸던 것으로 드러났다.[21]

---

20) 전기호, 『일제시대 재일한국인 노동자계급의 생태와 투쟁』, 지식산업사, 2003, 96쪽.

21) 《서울신문》, 2005. 8. 16. 참조.

3.
탄광현장에서 불리는 민요와 노동 현실

1) 「광부 진혼가」와 광부들의 죽음의식

탄광의 갱내 막장에서는 잦은 사고가 발생하고 있다. 1978년부터 1987년까지 10년간의 통계만 보더라도 총 1,749명(연평균 175명)이 사망했으며, 총 54,500명(연평균 5,450명)이 중경상을 당했다. 광부들은 사람이 죽어 나간 탄광막장을 꺼림칙하게 여겼다. 사람이 죽으면 그 혼이 막장에 머물러 있다고 믿었으므로 "사람이 죽어 나간 막장을 열 때는 망자의 혼부터 내보내야 한다"고 생각했다.

광부들은 사람이 죽어 나간 채탄막장 노보리에 처음 들어갈 때 느껴지는 섬뜩한 기분도 없애고, 죽은 동료 광부의 혼을 달래 갱구 밖으로 내보내기 위해 진혼의식을 치른다. 이 의식은 막장 노보리를 올라갈 때나 내려갈 때 곡괭이로 슈트(일명 도라후, 캐낸 탄을 광차까지 내려가도록 만들어 놓은 철판)를 두드리면서 「광부 진혼가」[22]를 부르는 것으로 진행한다. 다음은 각 막장에서 불리던 의식요 「광부 진혼가」이다.

---

22) 탄광 의식요가 죽은 광부의 혼을 달래는 의미를 담고 있으므로 「광부 진혼가」라 칭한다.

① 휘휘,
나가라.
○○○아,
우리는 일해야 한다.
나가라.
휘휘.

② 휘휘,
나가시오.
이제 ○○○는 나가시오.
우리는 발파를 한다오.
나가시오.
휘휘.

③ ○○○이는 나가시오.
우리가 일해야 하니 나가시오.

④ ○○○아!
나가자.
함께 나가자.

-「광부 진혼가」[23]

위 ①, ②, ③은 막장 노보리를 올라가면서 작업 시작 전에 행하는 의식이며,

---

23) 이희탁(남, 52, 도계읍)

④는 함께 퇴근하는 것처럼 설득하여 데려 나가기 위해 퇴근길에 행하는 의식이다. 막장에서 원통하게 죽은 동료 광부의 혼백을 달래는 한편 죽은 동료가 막장에 남긴 혼백 때문에 겪는 섬뜩한 두려움을 막기 위해 혼을 내쫓는 의식이다. 죽은 망령에 대한 두려움은 곧 자신이 언제 이 막장에서 똑같이 죽게 될지 모른다는 공포에서 비롯된다. 광부들은 슈트 두들기는 소리를 내어 망자의 혼을 내쫓는 의식을 통해 공포를 벗어나고자 했다. 망자의 혼을 내쫓는 의식은 공포를 극복하려는 또 다른 의지인 셈이다.

막장마다, 광업소마다 혼을 달래거나 쫓는 풍속이 달랐다. 곡괭이로 슈트를 두드리는 것이 일반적인 의식이지만 다이너마이트로 공발파를 하는 경우도 있다. 태백시 소재 황지광업소에서는 빈 화약으로 공발파하는 의식이 잦았다. 공발파는 파괴력은 없이 공포탄처럼 소리만 나도록 다이너마이트를 터트리는 것을 말한다. 공발파를 하면 혼백이 놀라서 막장을 나간다고 믿었다. 슈트를 두드릴 때마다 쇠끼리 맞부딪치는 금속성이 막장을 쩌렁쩌렁 울렸는데, 다이너마이트를 터트리면 그 소리가 더 커 놀란 혼백이 쉽게 나간다고 여긴 것이다. 다이너마이트로 공발파를 하기 전에는 위의 ②에서처럼 "휘휘, 나가시오, 이제 ○○○는 나가시오. 우리는 발파를 한다오. 휘휘" 하면서 혼백을 내보낸다.[24)]

죽은 자의 망령이 떠나지 않고 산 자들 곁에 머문다는 생각은 세계 곳곳에서 나타난다. 중국의 노족은 "사람이 죽은 후 장례를 지내기 전에는 이웃 마을 사람들이 밭으로 일하러 나가지 않는다고 하는데, 그 까닭은 귀신을 만나 병에 걸릴까 봐 무서워서"[25)]라고 한다. 북아메리카의 다른 부족들의 경우에 "과부는 남편이 죽은 후 일정 기간 마른풀로 만들어진 바지 비슷하게 생긴 옷을 입음으로써 죽은 자의 망령이 접근하

24) 정연수, 「탄광의 생산활동」, 『탄광촌 사람들의 삶과 문화』, 삼척시립박물관, 2005, 236~238쪽 참조.

25) 『노족사회 역사조사』, 운남출판사, 1981, 17쪽, 왕챵, 채옥자 옮김, 『금기로 본 중국, 중국인』, 비전코리아, 2004, 25쪽 재인용.

지 못하도록"[26] 하였다. 이들은 죽은 사람의 망령이 장례 기간 유가족을 떠나지 않고 그들의 주변을 떠돈다고 믿었다. 죽은 자의 혼이 죽은 현장에 남아 산 자들을 두렵게 한다는 생각에는 중국인이나 북아메리카 부족이나 우리나라 광부나 차이가 없어 보인다.

탄광에서 특이한 것은 죽은 자의 이름을 직접 입에 올린다는 점이다. 죽은 자의 이름을 입에 올리는 것을 금지하는 풍습이 세계의 보편적 현상이고 보면 탄광의 풍습은 독특한 양상을 띤다.

> 죽은 자의 이름을 말하기 꺼리는, 똑같은 태도는 허드슨 만 준주에서 파타고니아에 이르기까지 모든 아메리카 인디언 부족 사이에도 널리 퍼져 있는 것으로 보인다. 콜롬비아의 고아히로 족은 유족 앞에서 죽은 사람의 이름을 말하는 것을 무서운 범죄로 보고, 때때로 죽음의 형벌로 다룬다.
>
> 죽은 자의 이름을 말하려고 하지 않는 태도는 시베리아의 사모예드 족과 인도 남부의 토다 족, 타타르의 몽골족과 사하라 사막의 투아레그 족, 일본의 아이누 족과 동아프리카의 아캄바 족 및 난디 족, 필리핀의 팅귀안 족과 니코바르 제도 · 보르네오 · 마다가스카르 · 태즈메이니아 등지의 주민들처럼 서로 멀리 떨어져 있는 종족들에게서도 비슷하게 나타나는 것으로 보고되고 있다. 그들은 죽은 자의 영혼이 되돌아오는 것을 두려워하여 사람이 죽고 난 후에 야영지를 옮기고, 죽은 자의 이름을 영원히 입에 올리지 않으며, 그의 영혼을 불러오거나 떠올리게 한다고 여겨지는 모든 것을 기피하는 등 가능한 모든 조치를 취한다.[27]

인용문에서 언급한 나라들뿐만 아니라 우리나라 역시 망자의 이름을 함부로 부

26) 프로이트, 김종엽 옮김, 『토템과 타부』, 문예마당, 1995, 88쪽.
27) 프레이저 저, 이용대 옮김, 『황금가지』, 한겨레신문사, 2004, 275~276쪽.

르지 않았다. 망자를 부르는 의식이라 하더라도 반드시 '고(故) ○○○' 하고 불렀다. 그런데 탄광막장에서 죽은 자의 혼백을 내쫓을 때는 '고(故)'라는 관형사를 붙이지 않고 그냥 큰 소리로 이름을 불렀다.

광부들의 의식이 일반적인 사회 통념과 다른 것은 죽음의 작업에 동참하는 동지 의식에서 비롯된다. 광부들은 늘 언제 죽을지 모르는 죽음의 공포 속에 살아왔으며 일상 속에서도 "까짓, 탄 캐다 죽으면 그만이지"하는 자조적인 말을 즐겨 쓸 만큼 사자(死者)와 동격의 삶을 살았다. 삶과 죽음의 경계 중간자 위치에 서 있다는 광부의 인식이 일반 사회에서 금기시하는 망자의 이름도 쉽게 부를 수 있게 했다. 탄광사고 이후의 보상금을 의미하는 "3천만 원짜리 돼지"라는 은어 역시 죽음을 일상으로 받아들이며 살아가는 광부의 삶을 반영한다.

한편 갱구 입구에서는 유족들이 막장에 있는 혼백을 데려가겠다면서 무당을 불러 굿판을 벌이기도 한다.[28] 입갱하던 광부들은 그 광경을 볼 때 섬뜩해져서 갱 입구에서 열리는 굿판을 몹시 꺼렸다. 이때 회사 측에서는 입갱과 퇴갱시간을 피해 굿판을 열도록 유가족 설득에 나서기도 한다.

장성광업소의 경우 동료 광부가 죽으면 각 부서에서 1명씩 차출하여 상갓집을 찾아가 일손을 돕도록 했다. 막장 동료의 마지막 가는 길이 외롭지 않게 지켜 주는 탄광촌의 아름다운 공동체 풍습의 하나인 셈이다. 광부의 삶은 캄캄한 막장에서 빛이 있는 희망을 향해 채굴해 가는 여정이었다. 그 과정에서 죽어 나간 서러운 영혼이 많았다. 산 자들은 절망할 여유도 없이 죽은 자의 영혼을 달래어 쫓은 그 자리에다 새로운 삶의 터전을 일구었다. 광부들이 막장에서 일군 희망의 채굴 역사는 앞으로도 새로운 희망의 삶을 향해 계속될 것이다.

---

28) 최명환 · 이창식, 「의례와 신앙」, 『탄광촌 사람들의 삶과 문화』, 삼척시립박물관, 2005, 505~506쪽에 탄광굿이 소개되어 있다.

2) 노미질 소리 「남포구멍 뚫는 소리」

어-이 코사

어-이 코사

어-이 코사

-「남포구멍 뚫는 소리」[29)]

위의 「남포구멍 뚫는 소리」는 하찌부 작업에서 부르던 노미질 소리이다. "통리 올라가는 길에 있는 한 개인광산에서 일을 할 때" 노미질 소리를 들었다는 노동자는 "이렇게 추임새를 넣으면서 때리면 사고가 날 확률도 줄어들고 흥이 나 일의 능률도 더 올랐다"[30)]고 증언한다.

> 하찌부(일종의 노미)를 때리는 선산부가 있고 노미를 잡고 있는 후산부가 있다. 후산부가 노미를 잘 잡고 있어야 선산부가 노미를 잘 칠 수가 있다. 그런데 노미를 치는 선산부도 잘 쳐야지 잘못 치면 노미를 잡고 있는 후산부 얼굴을 강타할 수도 있어서 언제나 사고의 위험이 많았다. 선산부가 치는 망치는 물푸레나무로 착착 풀어야 때릴 때도 맛이 있는데, 한창 신이 날 때면 "어이 코사" 혹은 "에(어) 코사" 하면서 추임새를 넣는다.[31)]

착암기가 귀하던 탄광 개발 초기에는 노미(정을 가리키는 말, 일명 로드)와 갠노(망치)만 가지고 암벽을 뚫거나 발파 작업을 했다. 이 작업을 하찌부라고 했으며, 하찌부 작

29) 심낙서(남, 64, 도계읍), 위의 글, 760쪽 재인용.

30) 위의 글.

31) 위의 글.

업 방식으로 굴진하는 것을 '대부리 굴진'이라고 한다. 이 작업은 선산부가 손으로 노미를 잡고 석탄 벽에 찔러 돌리면, 후산부가 그 위를 망치로 내리쳤다. 선산부는 후산부가 망치질할 때 충격을 완화하기 위해 쥐던 손을 살짝 놓는 것, 그리고 망치질 후에 노미를 살살 돌리는 것 등의 숙련이 필요했다.[32] 망치질이 더 힘든 작업이었으므로 선산부와 후산부는 서로 교대로 망치를 잡기도 했다.[33]

홑노미질을 할 때는 선산부와 후산부가 콧노래 같은 소리를 내어 박자를 맞추기도 한다. 그것을 노미질 소리라고 했다. 갱내의 공기가 나빴으므로 노미질 소리 없이 작업하는 경우가 더 많았다.[34] 탄광기계가 보급되던 1965년까지 하찌부는 보편적인 작업이었으며, 영세탄광에서는 1960년대 후반까지도 이 방식으로 탄을 생산했다. 대부리 굴진은 착암기 장비가 없을 때 사용하기도 했지만, 갱도에 짐(하중)이 많이 와서 막장이 좁아졌을 때도 사용한다. 막장이 좁아 착암기 설치가 쉽지 않을 때 주로 대부리 작업을 하는데, 채탄에서도 활용했다. 막장이 좁아 착암기가 들어가지 않는 곳에서는 1990년대까지도 갠노질이 있었는데, 도계 지역에서는 지난 2001년에도 채탄 작업 때 홑노미를 사용했다.[35]

3) 예비광부들이 만들어 부른 「탄광가」

탄광의 미남은 사끼야마다
동발에 시달리는 반겨 주는 마누라다

32) 이은필(남, 71, 도계읍)
33) 오도제(남, 64, 도계읍)
34) 신이종(남, 73, 도계읍)
35) 정연수, 앞의 책, 182~185쪽 참조.

오늘은 이 집에서 뗑깡을 놓고
내일은 어데 가서 뗑깡을 놓나
옹헤야 뎅헤야 탄광이다 사끼야마다

-「탄광가」[36)]

“실제 탄광의 현장에 투입될 학생들이 미래의 자신들의 일터를 연상하면서 만든 노래”인 「탄광가」는 1968년경 도계고등학교 광산과 학생들에 의해 만들어졌다.[37)] 교내 체육대회에서 즐겨 불리면서 인기를 얻은 이 노래는 취업한 졸업생들을 통해 탄광에까지 전수되었다.

1970년대 후반까지만 해도 탄광촌에서 막장의 숙련공에 해당하는 ‘사끼야마(선산부)’의 유세는 대단했다. 「탄광가」에서는 유세를 부리는 선산부의 모습, 술에 취해 생트집과 신세 한탄을 늘어놓는 중년 광부의 모습이 함께 그려진다. 곧 광부가 될 젊은 학생들이 느끼는 “광부들의 비애”[38)]가 노래 속에 담겨 있는 셈이다.

「탄광가」에서는 광부들이 지닌 삶의 힘도 느껴진다. “탄광의 미남은 사끼야마”라는 대목에는 선산부의 자부심이, “오늘은 이 집에서 뗑깡을 놓고 / 내일은 어데 가서 뗑깡[39)]을 놓나”라는 대목에는 어느 곳에서든 거칠 것 없이 행동하는 패기의 목소리가 담겨 있다. 광부의 삶을 지탱하는 ‘막장정신’이 이 노래에서도 그대로 표출된다.

36) 이희탁(남, 52, 전두3리), 이한길, 앞의 글, 756쪽 재인용.

37) 위의 글, 757쪽.

38) 위의 글.

39) 뗑깡(てんかん)은 일본어로 간질병, 지랄병의 뜻. 여기서는 생떼, 투정 등의 의미로 쓰였다.

4.
사가와 창작노래, 시위현장에서 불린 광부들의 대중가요

1) 광업소 사가와 창작노래「탄광 아리랑」

1.
보아라 광활한 삼천리강산
뻗어 간 산맥이 우리의 생명
그 속에 들어찬 탄광의 줄기
파내세 우리의 억센 힘으로

2.
장하다 험준한 바위를 뚫고
달린다 전사의 날래인 모습
동굴 속 깊은데 뛰어 들어서

다 같이 일하세 굳센 용사야

3.
산에는 비 오고 바람 불어도
풍우를 헤치고 싸우는 기개
그 누가 당하리 뭉친 우리 힘
묵묵히 끌어낸다 파묻힌 석탄

후렴
어여차 뭉쳐져서 산으로 가자
손에 손 마주 잡아 광으로 가세
나오라 이 땅의 산업 전사여
씩씩하게 이루자 건설의 나라

-「모범산업전사의 노래」전문(모윤숙 작시, 안병소 작곡)

정부가 광부들을 산업전사로 치켜세우며 증산을 독려하기 위해 제작한 노래이다. 6 · 25전쟁이 끝난 뒤 이승만 대통령까지 나서서 모범산업전사라는 이름으로 광부들을 경무대로 초청하여 대대적인 환영 행사를 열곤 했다. 이 행사를 위해 만든 노래이다. 이 노래는 1960년대 초까지 산업전사의 서울 방문 때마다 불렸다.[40)]

1.
착암기 잡은 손에 힘이 뻗친다
우리는 이 나라의 산업의 용사

40) 대한석탄공사 편, 앞의 책, 141쪽.

캐내자 무진장의 기름진 탄을
조국의 근대화에 이바지하자
아 석공 석공 우리 석공
캐내자 무진장의 기름진 탄을
조국의 근대화에 이바지하자

2.
갱마다 발파 소리 맑게 울린다
지하에 묻힌 자원 겨레의 보물
나르라 벨트여 쉬임이 없이
조국의 심장에 열을 보내자
아 석공 석공 우리 석공
나르라 콘 베어 자동운반기
산업의 동맥이 힘차게 뛴다

3.
이마에 안전등이 길을 밝힌다
어둠에 빛나는 마음의 불빛
다 함께 뜻과 뜻을 한데 뭉쳐서
내일의 찬란한 꿈을 이루자
아 석공 석공 우리 석공
다 함께 뜻과 뜻을 한데 뭉쳐서
조국의 찬란한 꿈을 이루자

-「대한석탄공사 사가」 전문(박목월 작사, 나운영 작곡)

이 노래는 석탄공사 산하 종사자들이 부르는 사가로 석탄공사 행사 때나 노동자 교육 때마다 불렸다. 「대한석탄공사 사가」는 석탄공사 출신 광부라면 모르는 이가 없을 정도로 친숙한 노래이다.

노래에는 탄광의 주요 작업 장비가 등장한다. 1절에는 석탄을 캐는 착암기, 2절에는 석탄을 운반하는 벨트컨베이어, 3절에는 갱내를 비추는 안전등이 등장한다. 노래의 핵심은 광부가 국가 산업 발전에 기여한다는 노동의식 고취에 있다. 1절에서는 "이 나라의 산업의 용사"라는 강조에 이어 석탄을 생산해서 "조국의 근대화에 이바지하자"는 대목이 두 번이나 언급될 정도로 애국심을 강조하고 있다. 2절에서도 석탄을 "겨레의 보물", "산업의 동맥"으로 강조하면서 이를 통해 "조국의 심장에 열을 보내자"는 애국심에 기초한 노동의식을 강조한다. 3절 역시 "조국의 찬란한 꿈을 이루자"는 대목에서 확인하듯, 애국심에 호소하는 내용을 담고 있다. 광업소의 사가가 애사심이 아닌 애국심에 호소하는 것은 대한석탄공사가 국영기업체라는 특성도 있거니와 석탄 증산이 시급한 국가시책과 맞물린 상황을 반영한다.

1.
태백산 등어리요 낙동강 줄기
여기는 삼척이라 우리의 탄광
3억 톤 불이 되어 열을 뿜을 제
이 살림 뻗으리라 삼천만 행복

2.
동해로 가는 배야 돛을 걷어라
하늘이 주신 보배 우리의 선물
한 덩이 또 한 덩이 피땀에 젖어

이 강산 살찌리라 삼천만 행복

후렴
싸이랭 들려온다 일터로 가자
오늘도 어제같이 씩씩한 걸음
철암봉 우뚝하다 우리의 기백
정기에 빛나는 새나라 동력

-「삼탄가」전문

이 노래는 대한석탄공사 장성광업소와 도계광업소의 전신인 삼척탄광의 사가이다.「삼탄가」는 대한석탄공사 창립 이후에도 불리다가「대한석탄공사 사가」가 등장하면서 노래 무대에서 자리를 감추었다.「삼탄가」가 언제 만들어졌는지 명확하지는 않다. 다만 가사에 포함된 "우리의 탄광", "삼천만 행복", "새 나라"라는 단어가 삼척탄광 현지 보고서의 내용과 유사한 점으로 보아 1946년 전후 광산 복구와 증산에 매진하면서 제작된 것으로 보고 있다.[41)]

아리랑 아리랑 막장에 아라리요
노보리 고개 갭뿌(camp lamp) 없이 잘도 넘네

탄광촌 고개는 자물통 고개
꼭 간다 삼 년 오 년, 삼십 년이 지나고

탄굴 파서 벌어봐야 햇빛 보면 맥 못 추고

41) 위의 책, 61쪽.

첫날부터 외상술에 퇴직금은 빗잔치

탄광촌 고개는 생지옥 고개
동발 허리 메고 나면 척추부터 내려앉네

갑 을 병방 오 년이면 이 몸부터 비쩍 말라
궁합은 묻지 마라 동발만 바짝 섰네

아리랑 아리랑 아리리가 났네
아리랑 고개고개로 날 넹겨주게

아리랑 아리랑 막장에 아라리요
노보리 고개 석탄 활활 잘도 넘네

탄광촌 고개는 출구 없는 미로고개
이젠 간다 봇짐 싸도 갈 길이 멀구나

빚 없으면 돈 번 게지 몸 성하면 돈 번 게지
자식보고 여기 왔지, 나 살자고 왔나

아들놈은 광부 마라 딸년도 광부 마라
사택 방은 닭장이나 꿈만큼은 대궐

열아홉 구멍마다 님도 보고 뽕도 따고

내가 캔 괴탄 석탄 이 나라 일으켜

아리랑 아리랑 아리리가 났네
아리랑 고개고개로 날 넹겨주게

- 정연수, 「탄광 아리랑」

「탄광 아리랑」은 창작시에다 민요 가락을 붙인 창작노래인데, 일부에서는 민요로 소개되기도 했다. 몇몇 언론에서 '광부의 애환을 달래는 민요'로 소개한 때문에 창작노래가 아닌 민요로 알려진 것이다. 이 노래는 2006년 태백석탄박물관에서 열린 탄광학술세미나에서 광부 복장을 한 국악인들이 공연하면서 처음 선보였다. 그 뒤 아라레이보존회가 퇴직 광부와 탄광촌 주부들에게 「탄광 아리랑」 전수 교육을 하거나 문화 행사장에서 공연하는 활동이 이어졌다. 2007년에는 중국과 대만 지역 문인들이 참가한 태백산 산상시인학교 행사장에서 「탄광 아리랑」이 공연되었으며, 그해 KBS 춘천방송국의 개국 63주년 특집 다큐멘터리에서도 소개되었다. 2008년에는 KBS 1TV 「영상포엠 내 마음의 여행」 프로그램을 통해 광부들의 대표적 노래로 소개되었으며, 당골에서 열린 태백산 철쭉제 행상의 일환인 '태백 아라레이 우리 소리 대향연'에서 공연되었다. 또 MBC 창사 47주년 특별기획 드라마 「에덴의 동쪽」 첫 회 방송에서 「탄광 아리랑」은 광부들이 지닌 민중의 힘을 상징하는 민요로 등장한다. 이 노래를 금지곡으로 선언한 광업소 소장의 명령이 떨어졌을 때 광부들은 「탄광 아리랑」을 합창하는 것으로 저항 의지를 드러내는 장면이 방영된 것이다.

2) 광부들이 시위현장에서 부른 대중가요

1.

나 태어나 이 강산에 광부가 되어
탄 캐고 동발지기 어언 수십 년
무엇을 하였느냐 무엇을 바라느냐
나 죽어 이 광산에 묻히면 그만이지

2.

아들아 내 딸들아 서러워 마라
너희들은 자랑스런 광부의 아들이다
좋은 옷 입고프냐 맛난 것 먹고프냐
아서라 말어라 광부 아들 너희로다

3.

네 평생소원이 무엇이더냐
진규폐 재해 없는 안전한 막장일세
돈 벌어 사람답게 살기 위한 그 날을
기다리고 기다리다 이 내 청춘 다 갔네

후렴

아~ 다시 못 올 흘러간 내 청춘
검은 옷에 실려 간 꽃다운 이 내 청춘

-「석탄광부가」(일명「광부의 노래」) 전문(「늙은 군인의 노래」 개사)

태백산 깊은 골 적막한 산하
한 맺힌 막장을 우리는 간다
젊은 넋 숨져간 그때 그 막장
상처 입은 광부는 말을 잊었나
광부여 들리는가 그 성난 목소리
광부여 들리는가 한 맺힌 이 함성

-「막장을 간다」 전문

내가 살던 막장은 살벌한 동네
발파연기 탄가루 지옥 같아요
임금인상 노조민주화 우리의 소원
우리 모두 힘 합하여 쟁취합시다

-「내가 살던 막장」 전문

탄광노동운동 중에 가장 자주 등장하는 투쟁가는 양희은의 「늙은 군인의 노래」를 개사한 「석탄광부가」(일명 「광부의 노래」)였다. 그다음으로 많이 불린 것이 군가 「전선을 간다」를 개사한 「막장을 간다」이다. 또 「고향의 봄」을 개사한 「내가 살던 막장」도 많이 불린 노래라 하겠다.

「석탄광부가」(일명 「광부의 노래」)에서 강조하는 "자랑스런 광부의 아들"은 산업역군의 자부심이자, 광부의 신세를 한탄하는 반어법이어서 양가적 의미를 지닌다. 2절의 가사에 등장하는 '좋은 옷과 맛있는 음식을 원하는 대로 가질 수 없는 광부 아들의 처지'를 보면 광부의 열악한 경제 현실이 선명하게 드러난다. 더구나 3절에서 "돈 벌어 사람답게 살기 위한 그날을 / 기다리고 기다리다 이 내 청춘 다 갔네"란 가사를 통해서는 광부의 경제적 현실을 여과 없이 보여 준다. 경제적 약자인 탓에 광부가 되었지만, 오랜 광부 생활에도 불구하고 경제 여건은 호전되지 않는 상황을 고발하고 있다. 또 "진규폐 재해 없는 안전한 막장"을 평생의 소원으로 꼽는 대목에서는 생명을 담보로 일하는 광부의 노동 현실을 극명하게 보여 준다.

「막장을 간다」에는 광부의 한이 서려 있다. "한 맺힌 막장"이라거나 "상처 입은 광부", "성난 목소리", "한 맺힌 이 함성" 등의 구절이 광부로 살아가면서 상처받은 마음을 목청껏 쏟아낸다. 「내가 살던 막장」에는 "탄가루 지옥"이라는 갱내 작업장을 통해 열악한 노동환경이 드러난다. 또 노동운동 때마다 가장 중시하는 '임금인상'과 '노조민주화'를 기대하는 광부의 소망이 담겨 있다. 당시 노조는 노동자 편이 아니라 회사 편을 드는 어용노조였던 만큼 노조민주화 역시 급여 인상만큼이나 절실한 과제였다는 것을 노래를 통해 짐작할 수 있다.

5. 글을 맺으면서

민요가 노래로 불린다는 점에서는 음악이며, 가사를 지닌다는 점에서는 시문학, 노동이나 오락 등으로 민중들의 삶을 녹여 낸다는 점에서는 민속의 관점으로 접근할 수 있다. 이 글은 탄광촌 민요에 대한 첫 연구라는 데 그 의의가 있다.「삼척기차놀이 노래」와「광부 진혼가」는 필자가 직접 발굴하여 보고했다는 점도 의미를 지닌다.「삼척 어러리」,「광부 아리랑」,「백탄가」,「남포구멍 뚫는 소리」,「탄광가」, 신민요「방아 찧는 색시의 노래」등은 각종 문헌을 통해서 확인한 민요이다. 탄광촌 민요를 통해 탄광촌의 민중의식과 노동 현실을 함께 살펴보았다.

「삼척 어러리」와「광부 아리랑」을 통해서는 태백 탄광촌의 실상과 산업화의 모순 속에 살아가는 탄광촌 민중의 삶을 보았다.「삼척기차놀이 노래」에서는 탄광촌의 인구 유입 통로가 된 농어촌 지역과의 관계라든가 산업화 속에 생성된 탄광촌 사회가 농어촌보다 호황기를 맞고 있는 모습을 확인할 수 있었다.「백탄가」,「방아 찧는 색시의 노래」를 통해서 일제로부터 노동 착취를 당한 민족의 슬픔을 보았다.「광부 진혼가」에서는 광부들의 죽음의식을,「남포구멍 뚫는 소리」에서는 인력에 의존하던 탄광 초기의 작업장 현실을,「탄광가」에서는 생동감 넘치는 광부들의 목소리를 만날 수 있었다.

민요와 더불어 광업소 사가와 탄광촌 주민들이 즐겨 부르던 가요도 함께 살폈다. 광업소 사가를 통해서는 광부들에게 석탄 증산 의지를 심는 정부의 산업정책을 엿볼 수 있었다. 노동시위 때 불린 대중가요를 통해서는 광부들이 처한 비참한 현실과 광부들이 진정으로 추구하는 세상을 짐작할 수 있었다. 탄광촌 민요에는 일제강점기의 수탈정책으로부터 시작된 모순투성이의 탄광현실, 고향을 버리고 탄광촌을 선택할 수밖에 없는 산업화가 빚은 유랑의 삶이 담겨 있다. 또한 한밑천을 장만해 고향으로 금의환향하려는 광부의 부서진 꿈이라든가 산업사회에서 소외당한 광부가 탄광촌이라는 열악한 도시환경 속에서 살아가는 주민의 고단한 삶이 녹아 있다. 탄광촌 기층민중에 의해 창출되고 전승된 탄광촌의 민요에는 산업화 속에 역동적 삶을 살아왔던 탄광촌 민중들의 삶이 녹아 있다. 탄광촌 민요를 살피는 일은 광부와 탄광촌 주민들이 살았던 삶의 궤적을 따라가는 또 다른 동행인 셈이다.

4장

「삼척기차놀이 노래」 고찰

1. 「삼척기차놀이 노래」 생성 및 전승
2. 「삼척기차놀이 노래」 분석
3. 글을 맺으면서: 철도축제 개최 제안

1.
「삼척기차놀이 노래」 생성 및 전승

현대의 도시화는 민요의 연행과 전승의 맥마저 차단하고 있다. 우리 민족의 삶과 정신이 녹아 있는 민요를 한 편이라도 더 채록하고 보존하는 작업은 민중의 삶을 더 깊이 이해하는 길이다. 또한, 우리 민족이 지닌 무형의 문화를 보전하는 뜻깊은 작업이기도 하다.

이미 오래전, 강원 지역 구비문학의 조사와 성과를 논하는 자리에서 "특히 동해안 어촌 지역의 경우에는 부실했거나 소외되어 있다"[1]고 지적된 바 있다. 아직 삼척 동해안 및 태백 산간 지역의 민요 연구 작업은 미진한 실정이다. 이 글에서 다루는 「삼척기차놀이 노래」는 그동안 몇 차례 진행된 삼척 지역의 민요 조사 활동에서도 누락되어 있던 것을 처음 발굴하여 보고하는 데 그 의의를 가진다. 발굴이 늦어진 까닭은 시루뫼 · 갈천 · 추암마을 등 전승 및 분포 지역이 한정된 때문이기도 하지만, 삼척 농어촌 지역에 대한 구비문학 조사가 미진한 이유가 더 크다고 본다. 「삼척기차놀이 노래」를 통해 삼척 지역의 민요에 더 깊이 있게 접근하고 나아가 한국민요 발전에 기

1) 서준섭, 「강원도 동해안 구비문학」, 『강원문화연구』3, 강원대 강원문화연구소, 1983, 102쪽

여하고자 한다.

「삼척기차놀이 노래」는 뚜렷한 노래의 생성 배경, 분명한 민요의 발생지, 농어촌과 탄광지역의 연관관계, 연행현장이 있는 놀이만을 위한 노래 등의 특징을 지니고 있다. 또 다른 특성으로는 노래의 핵심 배경은 도계 탄광촌이지만, 연행은 다른 지역에서 이루어졌다는 점이다. 삼척시 시루뫼 · 갈천 · 추암마을 등 농어촌 복합지역 주민이 탄광촌 주민과 연고를 맺으면서 도시산업의 이동 경로를 보여주는 자료이기도 하다. 노래 제목으로 '기차놀이 노래 칙칙폭폭', '기차놀이 노래' 등을 검토했으나, 일반적인 '기차노래(기차요)'와의 구별을 위해 전승 지역의 지역명을 붙였다. 면담 과정에서 시루뫼 주민과 삼척 시내 주민들은 '칙칙폭폭', 혹은 '기차노래' 등을 많이 언급했다. 1950년대 초 삼척시 시루뫼 · 갈천 · 추암마을에서 생성된 것으로 추정되는 민요 「삼척기차놀이 노래」는 1970년대 들어서는 삼척시 중심가인 삼척읍과 태백 탄광촌까지 폭넓게 전승되는 양상을 보였다.

태백 지역에서 살던 이들도 기차놀이와 노래의 연행을 한 것을 증언하고 있다. 삼척읍 읍중리에서 성장한 1938년생의 김원우(삼척문화원장 재임)도 이 노래와 놀이를 체험한 증언으로 보아 삼척읍 지역에서 널리 연행되었음을 알 수 있다. 또 1954년생인 우원국(소도 지역 출생 및 성장)이 태백에서 「삼척기차놀이 노래」를 불렀으며, 1959년생인 김미효(황지 지역 출생 및 성장)가 듣고 자랐다고 증언한다. 이로 보아 1970년대 중반까지 태백탄광촌(특히 황지 지역)에서도 이 노래를 널리 부른 것으로 확인할 수 있다. 아이들이 즐겨 노는 놀이의 하나이자, 가사 자체만으로도 흥미를 끌면서 인구의 유동을 따라 삼척에서 태백(당시 삼척군 황지읍)으로 전파된 것이다. 1980년까지 태백 지역은 삼척군에 속했으므로 공동행정 구역권의 영향도 있었을 것이다.

한국의 유희민요에 대하여 비교적 상세한 연구가 이루어진 자료에서도 기차놀이는 언급되지 않고 있다. "아동 집단놀이는 제기차기, 연날리기, 팽이치기, 그네뛰기, 씨름, 줄다리기, 공기놀이, 숨바꼭질, 딱지치기, 깨금발싸움, 구슬치기, 눈(雪)싸움, 눈

(眼)싸움, 목자놀이, 줄넘기, 앉은뱅이, 널뛰기, 팔씨름, 고누, 땅따먹기, 자치기, 비석치기, 말타기, 수건돌리기, 봉사놀이, 다리세기, 깡통차기(새끼공차기), 고무줄놀이, 그림 및 글씨 찾아내기, 굴렁쇠놀이(대롱태돌기), 윷놀이, 진빼앗기놀이, 팔주머니 던지기, 꼬리잡기, 보물찾기, 못치기, 이름대기, 편싸움(석전), 남생이놀이, 풀싸움놀이, 풀묻기, 성냥개비놀이, 대문놀이, 술래잡기 등 44종"[2]에서도 기차놀이는 빠져 있다. 「삼척기차놀이 노래」 발굴은 국내 민요, 특히 유희민요 연구에도 좋은 자료가 될 것이다.

1) 노래 전문

달려라 달려라 삼척역까지
도계년들 밥만 먹고 똥만 싼다 칙칙폭폭 꽤애-액
여기는 삼척역 내려주세요(한 사람 내리고)

달려라 달려라 후진역까지
도계년들 밥만 먹고 똥만 싼다 칙칙폭폭 꽤애-액
여기는 후진역 내려주세요(한 사람 내리고)

달려라 달려라 북평역까지
도계년들 밥만 먹고 똥만 싼다 칙칙폭폭 꽤애-액
여기는 북평역 내려주세요(한 사람 내리고)

2) 이창식, 『한국의 유희민요』, 집문당, 1999, 191~192쪽.

달려라 달려라 도경역까지
도계년들 밥만 먹고 똥만 싼다 칙칙폭폭 꽤애-액
여기는 도경역 내려주세요(한 사람 내리고)

달려라 달려라 미로역까지
도계년들 밥만 먹고 똥만 싼다 칙칙폭폭 꽤애-액
여기는 미로역 내려주세요(한 사람 내리고)

달려라 달려라 상정역까지
도계년들 밥만 먹고 똥만 싼다 칙칙폭폭 꽤애-액
여기는 상정역 내려주세요(한 사람 내리고)

달려라 달려라 신기역까지
도계년들 밥만 먹고 똥만 싼다 칙칙폭폭 꽤애-액
여기는 신기역 내려주세요(한 사람 내리고)

달려라 달려라 마차역까지
도계년들 밥만 먹고 똥만 싼다 칙칙폭폭 꽤애-액
여기는 마차역 내려주세요(한 사람 내리고)

달려라 달려라 고사리역까지
도계년들 밥만 먹고 똥만 싼다 칙칙폭폭 꽤애-액
여기는 고사리역 내려주세요(한 사람 내리고)

달려라 달려라 도계역까지
도계년들 밥만 먹고 똥만 싼다 칙칙폭폭 꽤애-액
여기는 도계역 내려주세요(한 사람 내리고)

(후진에서 출발하여 도계까지 간 다음에는 다시 되돌아온다.)

달려라 달려라 고사리역까지
도계년들 밥만 먹고 똥만 싼다 칙칙폭폭 꽤애-액
여기는 고사리역 올라타세요(한 사람 올라타고)

달려라 달려라 마차역까지
도계년들 밥만 먹고 똥만 싼다 칙칙폭폭 꽤애-액
여기는 마차역 올라타세요(한 사람 올라타고)

달려라 달려라 신기역까지
도계년들 밥만 먹고 똥만 싼다 칙칙폭폭 꽤애-액
여기는 신기역 올라타세요(한 사람 올라타고)

달려라 달려라 상정역까지
도계년들 밥만 먹고 똥만 싼다 칙칙폭폭 꽤애-액
여기는 상정역 올라타세요(한 사람 올라타고)

달려라 달려라 미로역까지
도계년들 밥만 먹고 똥만 싼다 칙칙폭폭 꽤애-액

여기는 미로역 올라타세요(한 사람 올라타고)

달려라 달려라 도경역까지
도계년들 밥만 먹고 똥만 싼다 칙칙폭폭 꽤애-액
여기는 도경역 올라타세요(한 사람 올라타고)

달려라 달려라 북평역까지
도계년들 밥만 먹고 똥만 싼다 칙칙폭폭 꽤애-액
여기는 북평역 올라타세요(한 사람 올라타고)

달려라 달려라 후진역까지
도계년들 밥만 먹고 똥만 싼다 칙칙폭폭 꽤애-액
여기는 후진역 올라타세요(한 사람 올라타고)

2) 전승 지역의 지리적 환경

「삼척기차놀이 노래」는 시루뫼 · 갈천 · 추암마을에서 생성되어 즐겨 연행되면서 삼척 읍내까지 전승되었으며, 인구의 유동을 따라 태백시 등 탄광촌으로까지 흘러들어 갔다. 우선 노래의 이해를 돕기 위해 전승되는 지역과 노래의 대상이 되는 지역의 지리 및 산업 배경을 살펴본다.

① 시루뫼마을(증산리 甑山里)

삼척시 최북단에 위치하며, 마을 서쪽과 북쪽은 동해시에, 남쪽은 갈천리에, 동쪽은 바다에 이웃하고 사방 각 1.7km이다. 마을 주위에 있는 산세의 모습이 시루(甑)와 같아서 시루뫼라 하였으니 한자로 '증산'이라 부른다.

산업은 대개 농업에 종사하고 있으나 일부는 어업에도 종사하는 반농반어(半農半漁)의 촌락이다. 도로는 마을 북쪽 추암리에서 서쪽 청고재까지 통하는 대로가 있었으나 1905년경 폐쇄되었고, 삼척선의 철도는 마을 중간을 통과하고 있다. 1967년 3월 전기 점화, 1967년 10월 전화 개통, 1978년 8월 방파제 석축을 준공하였다. 주민 수는 1759년 32가구 170명, 1916년 32가구 131명, 1962년 58가구 360명, 1982년 69가구 415명, 1995년 63가구 216명이다. 시루뫼마을 주민들은 외지로 갈 때 갈천 마을에 있는 삼척해변역(구 후진역 後津驛)을 이용한다.

② 갈천리(葛川里)

삼척시 동북부에 위치하여 동쪽은 바다에, 북쪽은 증산리에, 서쪽은 우지리 및 마달리에, 남쪽은 교리에 서로 접하고 있다. 1914년 탄막, 율곡, 돈천의 자연 촌락이 합하여 이루어진 촌락이다. 갈천리의 삼척해수욕장은 유명한 피서지이기도 하다. 주민 수는 1759년 8가구 50명, 1916년 18가구 94명, 1962년 40가구 332명, 1982년 134가구 558명, 1990년 111가구 391명, 1995년 173가구 554명이다. 해변에는 삼척선인 철도가 통과하고 삼척해변역(구 후진역)이 있다. 1967년 4월에 전기 점화, 1976년 10월 전화 개통, 1983년 7월 마을 진입로 포장이 이루어졌다.

③ 추암동

1980년 4월 1일 행정 구역 개편으로 동해시 추암동(湫岩洞)으로 편성되기 전까지는 삼척군에 속해 있었다. 본래 삼척군 견박면(見朴面)의 지역으로 1914년 행정 구역 통폐합에 따라 과동(科洞), 탄막(炭幕)을 병합하여 추암리라 하여 북삼면에 편입되었다. 조선총독부가 1911년 5월 밝힌 「한반도 석탄산출지」에 의하면 강원도는 통천군 영외면, 답전면과 삼척군 견박곡(지상리) 등 3개소로 조사되었다. 삼척군 견박곡(見朴谷)은 1914년 도삼면, 도하면과 통합되어 북삼면이 된 후 북평읍으로 승격된다. 북평탄전으로 분류되며 토탄이 출토되었다.

남쪽은 삼척 증산리, 서쪽은 대구리, 북쪽은 구호리, 동쪽은 바다가 있다. 남쪽에 명도산과 휴퇴산이 있고 동쪽에는 만년포와 척주팔경의 하나인 능파대가 있으며, 마을 동쪽으로 삼척선 철도가 통과하고 있다. 추암리는 촛대바위와 동해 일출로 이름난 곳이다. 추암이라는 지명은 용추(龍湫)에 기이한 바위가 있는 데에서 유래했다. 용추는 능파대의 옛 이름으로 바위들이 신선과 같은 경관을 자아내고 있는 곳으로 가뭄이 심할 때는 이곳에 기우제를 지내기도 했다. 한편 탄막에서는 옛날 갈탄이 나서 탄을 캐기 위해 움막을 짓고 살았다고 한다. 주민 수는 1759년 추암리에 35가구 88명, 과동에 29가구 95명, 1916년 47가구 235명, 1962년 104가구 647명, 1980년 127가구 684명이다. 추암동은 동해시 편입 이후 행정 구역 개편을 거쳐 북평동 8통으로 개편되어 있으며 주민 수는 1998년 74가구 195명, 2002년 85가구 202명이다.

④ 도계읍

동쪽은 노곡면, 북쪽은 신기면, 서쪽은 하장면, 남쪽은 태백시와 원덕읍과 접하고 있다. 1936년 삼척개발주식회사에 도계갱과 흥전갱의 개발이 착수되고, 1951년 대한석탄공사 도계광업소로 운영되면서 1961년 석탄 60만 톤 생산, 1984년 1백만 톤을 생산하는 등 강원도 관내 석탄 생산량의 32%를 차지한 대규모 석탄 산지이다. 2016년 현재 대한석탄공사 도계광업소와 경동탄광이 운영되고 있으며, 삼척시 관내에서는 도계읍 지역이 유일하게 탄광을 주 생업 기반으로 두고 있다.

1933년 이후 탄광이 개발되고 오십천 계곡을 따라 도계-묵호 간 철도가 개통되면서 본격적인 탄광 개발이 시작되었다. 1941년 8월 11일 동해안의 최대 무역항으로 개항한 묵호항은 삼척 · 태백 지역에서 생산하는 석탄을 일본으로 반출하는 전진기지였다. 도계-묵호 간 철로 개설은 석탄자원 수탈을 위해 개설된 것이었으나, 철도 개설에 힘입어 삼척 태백권의 석탄산업 개발이 활기를 띤다. 해방 이후에는 도계와 태백 지역의 석탄산업을 통해 국가에너지원 확보가 가능해진다.

농업에만 의존하던 1916년에 7,000여 명이던 도계 인구가 탄광이 호황을 이루던 1987년에는 9개 광업소에 5,542명이 종사하고, 주민 수 42,580명인 도시를 형성한다. 1963년 도계읍으로 승격되었으며, 한때 삼척시와 삼척군이 분리되었을 때 삼척군의 군 소재지였다. 주민 수는 1759년 216가구 949명, 1916년 1,398가구 7,527명, 1962년 7,487가구 33,867명, 1982년 8,405가구 42,199명이다.

3) 노래 생성 배경

노래의 생성 배경은 첫 제보자인 김진광[3)]을 비롯한 증산리 주민, 삼척 주민, 도계 주민들의 인터뷰를 통해 재구성하였다. 시루뫼마을 주민을 중심으로 한 내용은 다

3) 김진광(남, 54, 시루뫼마을 출생 및 성장)

음과 같다.

삼척시 시루뫼마을(甑山里) 사람들은 농사만 짓는 것이 아니라 바다에서 해초 채집과 고기잡이를 함께 하면서 반농반어(半農半漁) 생업환경 속에 살아간다. 동쪽 바다만 뻥 뚫렸을 뿐 온통 산으로 둘러싸인 시루뫼마을은 산속에 움푹 들어간 지형이 마치 '시루' 같다 하여 시루뫼마을(증산리)이라 불렀다. 외부 지역과 소통할 수 있는 넓은 도로도 갖추지 못했다. 인접 마을인 갈천, 후진, 추암마을에는 작은 터널과 넓은 도로가 나 있어 손수레가 다녔지만 시루뫼마을은 손수레조차 다닐 길이 없었다. 시루뫼마을의 경우 마을을 감싸고 지나가는 철로가 둔덕으로 높이 막고 있어 마을 밖을 나가기 위해서는 높은 둔덕을 넘어야 했다. 둔덕 아래로 터널을 뚫으면 좋았겠지만, 옛사람들은 골바람이 들어올까 봐 염려하여 뚫지 않았다.

손수레도 다닐 수 없었으니 인근 마을이나 외지로 나가기 위해서는 철길 위를 걸어서 넘었다. 삼척장이나 북평장으로 농 · 어산물을 내다 팔 때는 지게에 지거나 머리에 이고 몇십 리를 걸어갔으니 인접 마을보다 고생이 더 심할 수밖에 없었다. 또 인접 해안 마을의 바다 바닥에는 돌이 있어 해초도 자랐지만, 시루뫼마을 바다의 바닥은 모래뿐이니 어업환경도 열악했다. 인접 마을보다 살아가는 고생이 더 심했던 시루뫼 주민들은 산업화한 도시로 떠나려고 애를 썼다.

농어촌의 복합 생활로 다른 지역보다 더 바쁘고 힘든 일상을 보내던 시루뫼 주민들은 1950년대 당시 기차로 1시간여 거리에 있던 도계 탄광촌이 먹고살기 좋다는 소문을 듣는다. 삼척시 도계읍 지역은 1936년 삼척개발주식회사 설립으로 석탄광이 개발되어 있었으며, 해방 이후 북한의 전력 중단에 따라 남쪽 지역 탄광 개발이 본격화되면서 대규모 탄광도시로 급성장한다. 시루뫼 주민들은 인근 지역의 석탄산업 붐을 따라 아들은 탄광에 취직시키고, 딸은 탄광으로 시집보냈다.

인접 갈천이나 추암마을보다 더 힘든 생활 여건 속에 살던 시루뫼 젊은이들은 도계 지역이 탄광산업으로 호황을 누린다는 소문을 들으면서 하나둘 도계로 떠났다.

시루뫼의 터줏대감인 김진광 씨의 경우만 해도 형 2명이 도계광업소에서 일하고 있었고, 누나가 도계로 시집갔으며, 이종사촌 누나 2명도 도계에다 터를 박았다. 그런저런 사연으로 김진광 씨도 도계에서 9년간 교편생활을 한다.

도계를 새 이주지로 선택한 것은 시루뫼마을에서 가장 가까운 탄광촌이기 때문이다. 1시간권 내로 볼 때, 명주군 옥계에도 탄광이 있었으나 탄광촌 형성이 소규모인 데다 행정 구역이 달랐기에 동일 행정권을 선택한 것이다. 시루뫼 사람들은 같은 삼척군 내의 지역이면서도 탄광촌으로 도시 규모가 큰 도계 탄광촌을 새 보금자리로 선호했다. 삼척 지역 농어촌 주민들에게 있어 도계 탄광촌은 가장 가까이 있는 산업도시였다.

밥을 먹고 사는 문제가 제일 큰 걱정이던 1950~1960년대, 탄광촌에서 생활하던 아들딸로부터 먹고살 만하다는 소식을 듣는다. 그것보다 더 반가운 소식은 없었다. 자식들의 권유에 못 이기는 척, 잘 먹고 잘산다는 소식에 반신반의하며, 또 아들네, 딸네 살림집 구경 삼아 나들이를 떠난다. 바깥세상을 구경하기도 힘들게 살던 주민들은 매일 마을을 지나가도 구경뿐이던 그 귀한 기차를 타 보는 것도 호강이지 싶다. 기차는 연신 칙칙폭폭 칙칙폭폭거리며 탄광촌 도계로 간다.

산도 집도, 사람도 옷도 온통 새까만 탄광촌 도계에 들어서면 한숨부터 새어 나왔다. 아들딸이 살 만하다는 소식에 속아 괜히 왔다는 후회마저 드는 것이다. 그러나 그것도 잠시, 집 안으로 들어가 보면 눈이 휘둥그레진다. 참말로 사는 게 농어촌 살림과는 비교가 안 된다. 쌀이 쌀통에 그득 담겨 있고, 하루 세끼 밥상에 먹을 만한 반찬이 가득 올라왔다. 또 전기도 들어왔으니 마치 딴 세상에 온 것 같았다.

밥상을 물리고 나면 잡다한 집안일에 분주히 몸을 움직여야 할 터인데, 시집간 딸은 꼼짝도 않는다. 밥만 해 먹은 뒤에는 빈둥빈둥 노는 게 일이다. 농촌이나 어촌에서는 아들이고 딸이고 간에 밤낮으로 몸을 굼지럭거려 일해야 하지 않는가. 아니, 오히려 여자일수록 바깥일 다 한 다음에는 집안일까지 해야 하니, 남자보다 일거리가 더 많았지 않던가 말이다.

시집간 딸이 일을 않고 노는 것을 본 친정 부모는 그것에 또 마음이 불편해진다. 그렇게 사위 눈치 보고, 딸 염려하며 며칠 지내다 보니 탄광촌 여자들만큼 편한 자리도 없다 싶다. 일하려 해도 여자들은 할 일이 없으니 말이다. 여자들이 놀고먹는 탄광촌 사정을 보면서 그렇게 신기할 수가 없다. 딸이 호강하며 사는 것 같아 한결 마음이 놓인 친정 부모는 기쁜 마음으로 기차를 타고 칙칙폭폭 되돌아온다. 기차도 함께 기뻤던지 칙칙폭폭 칙칙폭폭 신이 났다.

한편 아들 집에 다니러 간 시어머니 마음은 편하질 않다. 아들은 굴속에 들어가 위험을 무릅쓰고 온몸이 시커멓도록 일을 하는데, 며느리가 하는 일이란 고작 하루 세끼 밥상만 차려 놓고는 동네 아낙들과 수다를 떨거나 늘어지게 낮잠을 자는 게 일과이니 말이다. 며느리가 편하게 지낼수록 '아들이 저년 때문에 저토록 고생하는구나' 하는 생각만 들었다. 자신은 농촌인지 어촌인지 분간도 없는 곳에서 밤낮 없이 몸을 부지런히 놀려도 먹고살기가 빠듯한데, 며느리는 매일 놀면서도 자신보다 더 잘 먹고 잘 살고 있으니 속상할 수밖에. 그런 생각이 들면 들수록 아들이 불쌍해졌고, 그런 만큼 며느리가 미웠다. 그렇다고 며느리한테 시킬 일도 따로 없으니 시어머니 심사만 불편했다. 놀고먹는 며느리 뒤통수에 눈치만 잔뜩 주던 시어머니는 더 있다가 울화병이라도 날까 싶어 서둘러 칙칙폭폭 기차를 타고 되돌아온다. 그날따라 기차도 속상한지 칙칙폭폭 칙칙폭폭 속상해했다.

탄광촌 나들이에서 돌아온 친정어머니 · 시어머니들은 시루뫼마을에 돌아와서는 놀고먹는 딸과 며느리 얘기로 화제꽃을 피웠다. 농사를 짓고 난 남는 시간에는 바닷일까지 해야 하는 시루뫼마을 사람들로서는 일도 안 하는 '도계년'들이 참으로 눈꼴시었다. "사촌이 땅 사면 배 아프다"는 속담이 참말로 맞는구나. 우리 조상들은 예로부터 "배고픈 것은 참아도 배 아픈 것은 못 참는다" 했다. 남이 잘되는 것은 못 참겠다는 것이다.

시어머니의 배 아픈 심정은 당연하다 쳐도, 친정어머니도 가끔은 배가 아팠다. 여자로 태어나서 손끝 하나 까딱 않고 잘 먹고 잘 사는 것을 보면서, 젊은 시절부터 지금까지 죽자 살자 고생하면서 살아온 시간이 도계 지역 주부의 삶과 대조되어 돌이 커지는 것이다. 그래서 자신의 신세를 한탄하면서 '도계년들은 밥만 먹고 똥만 싸는데, 이년의 팔자는….' 하는 것이다.

도계년들은 밥만 먹고 똥만 싼대. 도계는 참으로 요상한 데로구나. 아이들도 그저 신기하기만 한가 보다. 어른들이 하는 얘기에 덩달아 신이 난 아이들은 "도계년들 밥만 먹고 똥만 싼다"며 노래를 지어 부르기 시작했다. 대나무 장대를 들거나 새끼줄에 들어가 허리에다 두르고는 기차놀이를 하면서. 후진 역에서 출발해 도계역까지 역명을 계속 바꿔 가면서 반복하여 부르던 이 민요는 온종일 불러도 끝이 나지 않았다.

달려라 달려라 도계역까지
도계년들 밥만 먹고 똥만 싼다 칙칙폭폭 꽥애-액
여기는 도계역 내려주세요(한 사람 내리고)

2.
「삼척기차놀이 노래」 분석

1) 가창 및 연행 방식

허리에다 새끼줄을 두르고 기차놀이를 하는 동안 "도계년들 밥만 먹고 똥만 싼다 칙칙폭폭 꽤애-액" 하는 사설을 반복하여 부르는 「삼척기차놀이 노래」는 1950년 초~1970년대 사이에 유행했다. 이는 아이들이 즐기는 놀이 중 하나였다. 장난감이 흔하지 않던 당시 아이들은 새끼줄, 대나무 장대 혹은 칡덩굴 줄을 둥글게 엮어 기차놀이에 참여했다.

「삼척기차놀이 노래」의 연행현장은 골목, 마당, 들판, 논두렁 등 뛰어다닐 수 있는 넓은 곳이었으며, 연행 시간은 야외 놀이인 만큼 어둡지 않은 시간이었다. 그러나 비가 오는 날에는 놀이가 중단되었으니 기후에는 영향을 받고 있었다. 아이들의 놀이 도구로 생활 주변에 널려 있는 새끼줄, 돌멩이, 실, 널빤지, 막대기, 종이, 풀포기 등이 활용되던 것처럼 기차놀이에서는 새끼줄, 칡덩굴 줄, 지겟작대기, 장대 등이 도구로 활용되었다. 「삼척기차놀이 노래」를 부르며 노는 아이들의 경우에는 대나무 장대를 주로 활용했다. 시루뫼마을에서는 마을 성황당 주변에 대밭이 있어 오징어 낚싯대,

빗자루, 연 등 생활용품을 대로 활용하고 있었다.

「삼척기차놀이 노래」의 연행에 참가했던 사람은 장대가 새끼줄보다 더 편한 도구라고 증언한다. 양손에 장대를 잡고 있다가는 승객이 된 놀이 친구를 태우거나 내릴 때, 놀이 친구가 퇴장하는 쪽의 장대를 높이 올리거나 아래로 낮추면 쉽게 타고 내릴 수가 있었기 때문이다. 새끼줄은 흐느적거려서 여러 명이 함께 줄을 동시에 들거나 아래로 내릴 때 장대보다는 쉽지 않았던 까닭이다.

「삼척기차놀이 노래」는 뛰어다니면서 노는 놀이이다. 빠르고 반복되는 연속 동작을 통해 아이들은 민첩성과 신체를 단련하는 효과를 얻었다. 또한, 함께 호흡을 맞추어 움직이는 놀이를 통해 사회성을 익히고 단체적인 몸놀림을 배웠다. 서로 겨루는 시합이 아니므로 함께 발맞추기가 무엇보다 중요한 요소로 작용한다. 놀이 구성원 중에 어리거나 약한 자가 있으면, 가운데 위치시켜 앞뒤로 보호하면서 함께 놀이했다. 강자가 약자를 보살피는 사회성도 배울 수 있었고, 남녀 구분 없는 놀이 특성을 통해 공동체의식을 학습하는 효과도 얻었다.

이 놀이는 모두가 함께 놀이에 직접 참여하여 활동할 뿐 아니라, 모두가 함께 노래를 부르는 특징을 지니고 있다. 따라서 「삼척기차놀이 노래」는 노래를 통해 놀이를 더욱 적극적으로 이끌어 가는 기능을 한다. '노래'란 '놀이'라는 말의 어간에서 나온 '놀애'의 이름씨 꼴에서 비롯되었다는 것을 보더라도 놀이와 노래의 긴밀한 연관성을 짐작할 수 있다. 문명 발달로 놀이 도구가 다양해진 지금은 놀이와 노래가 따로 나뉘기도 하지만, 「삼척기차놀이 노래」는 노래와 놀이가 함께하는 양상을 띤다. 노래가 놀이이고, 놀이가 노래이므로 아이들의 노래에서는 놀이와 노래를 특별하게 구별하지 않았다. 노래가 끝나면 놀이도 끝나고, 놀이가 끝나면 노래도 끝나는 것이다.

「삼척기차놀이 노래」는 놀이에다 흥취를 더하기 위해 부르는 노래로서 기차놀이를 할 때만 불리는 특성을 보인다. 놀이는 예나 지금이나 아이들에게 있어 가장 중요한 일과인 만큼, 놀이와 노래가 제대로 호응관계를 이룰 때 놀이도 노래도 더 신난다. 노래가 시라고 보면, "모든 시가 놀이에서 생긴다"[4]는 하위징아의 말은 설득력이 있다. 「삼척기차놀이 노래」는 놀이 진행을 위해서 필수적으로 수반되는 노래라는 점에서 다른 '기차요'와 분명한 구별이 된다.

얼른가자 한강다리 건너간다
노들다리를 건너간다 칙칙폭폭 칙칙폭폭
노들다리를 건너가자 한강다리를 건너가자
얼른가자 칙칙폭폭 노들다리를 건너가자

-「기차타령」(안성시 원곡연 민요)[5]

시루뫼 · 갈천 · 추암마을 앞은 바다였으므로 아이들은 모래사장에서 고무신을 꺾어 기차 대용으로 하여 모래터널을 만들며 기차놀이도 즐겼지만, 모래사장에서의 기차놀이에서는 삼척기차놀이 노래를 부르지 않았다. 새끼줄이나 장대를 이용하여 뛰어놀 때만 불렀으니 이 노래는 동작이 크고 템포가 빠르게 진행되던 놀이의 노래로 확인된다.

가창에서는 독창도 가능하지만, 혼자보다는 여럿이 함께 어울려 놀 때 불리는 노래였으므로 주로 제창으로 불렀다. 기차놀이에 있어 제일 앞장선 구성원을 '기관사'라 했다. 기관사가 출발하며 노래를 먼저 시작할 때 구성원이 따라 불렀다. 따로 선창자를 정해 놓지 않았지만 대체로 선창자는 기관사 역이 맡았다. 아이들은 노래 속의 역을 떠올리며 여러 장소를 옮겨 다니며 부르기 때문에 반복되는 단조로운 가사에도 지루함을 느끼지 않았다.

기차놀이에서는 놀이 정원도 특별히 정해지지 않는다. 1명이 할 때도 있고, 많

---

4) J. 하위징아, 권영빈 역, 『호모 루덴스』, 홍성사, 1981, 160, 171쪽.

5) 조희웅 편, 『한국구비문학대계 1-6』(경기도 안성편), 한국정신문화연구원, 1982, 571~572쪽

게는 20명이 넘는 경우도 있다. 참여 인원이 적을 때는 삼척역과 북평역까지의 삼척선만 이용하여 계속 반복하면서 놀았다. 도계까지 가려면, 역이 10개이므로 최소 11~12명의 인원이 필요했다. 그래서 이 기차놀이는 사람 수에 따라 노래에 등장하는 역이 많아지기도 하고 적어지기도 했다. 그러나 인원이 아무리 많아도 최종 목적지는 항상 후진역과 도계역이었다. 놀이 참가자가 적을 때도 도계 종점역까지 갈 수는 있었는데, 내렸던 사람이 다음 역에서 다시 올라타서는 몇 역을 가다가 내리고, 다시 타고 내리고를 반복하는 방식이었다.

일 일본서
이 이등박문이다가
삼 삼천리강산을 뺏으러 왔다가
사 사지가 떨려서
오 오대산을 넘다가
육 육철포에 맞아
칠 치료를 하다가
팔 팔이 썩어들어가
구 구더기가 나서
십 십 일 만에 죽었다

-「수풀이」[6)]

「수풀이」처럼 수요(數謠) 같은 민요가 숫자의 순서를,「한글 뒤풀이」같은 구비시가들이 문자의 순서를 활용하고 있다면「삼척기차놀이 노래」는 기차역의 순서를 도식적으로 활용하고 있다.

6) 조성일,『민요연구』, 연변인민출판사, 1981, 277쪽.

「삼척기차놀이 노래」의 구조는 기차 역명만 바꾸어 부르는 단순한 짜임새를 지니고 있다. 기본 구조는 "달려라 달려라 ○○역까지 / 도계년들 밥만 먹고 똥만 싼다 칙칙폭폭 꽤애-액 / 여기는 ○○역 내려주세요 / 올라타세요(한 사람 내리고 / 타고)"를 기본 사설로 하여 역 이름만 바꾸어 계속 진행된다. 이는 구연현장의 가창자들이 쉽게 구연할 수 있도록 할 뿐만 아니라, 배열 순서상의 질서의식을 뚜렷이 가지고 구연할 수 있도록 하는 효과를 준다. 일련의 행위를 계속하여 연결함으로써 놀이에 동참하는 집단끼리 다음 동작에 대한 기대와 예측을 가능하게 한다. 기차역이라는 공간의 순서에 따라 이동하는 행위의 연쇄로 이루어지면서 노래 길이는 역의 수만큼 길어지고 있어 가사가 긴 노래에 해당한다.

노래에 등장하는 역명을 살펴보면 삼척역-(다시) 후진역-북평역(현재 동해역으로 개명)-도경역-미로역-상정역-신기역-마차역-고사리역-도계역 순으로 한 역에 한 사람씩 내려 주면서 종점 도계역에 도착한다. 그런 다음에는 고사리역-마차역-신기역-상정역-미로역-도경역-북평역-후진역 순으로 되짚어 되돌아오면서 내렸던 이들이 한 사람씩 다시 탄다. 왕복 한 바퀴가 끝나면 처음 출발할 때 삼척역과 후진역에 내렸던 두 명은 돌아올 때 타지 않고 끝난다. 하지만 새로 한 바퀴 시작할 때는 못 탔던 두 명을 포함해 모두가 다시 새끼끈(혹은 장대) 기차를 타고 출발한다. 고사리역은 하고사리역과 고사리역으로 나뉘지만 노래에서는 고사리역을 하나만 언급했다. 이는 1967년 9월에 을종 승차권 대매소로 영업 개시한 하고사리역 개통 이전에 노래가 생성되었기 때문으로 보인다.

노래 부르며 노는 연행자들은 후진역에서 출발하는 것으로 설정되어 있다. 그러므로 사실상 노래에 등장하는 첫 역은 삼척역이 된다. 철도 삼척선은 삼척-후진-북평으로 연결되어 있으며, 북평으로 가서야 도계 방면이나 반대쪽의 강릉 방면으로 갈 수 있었다. 도계역까지 가려면 곧장 북평역으로 가면 빨리 갈 수 있는데도 삼척기차놀이 노래에서는 삼척역을 먼저 갔다가 후진역으로 되돌아와서 북평역으로 갔다. 시루뫼 · 갈천 · 추암 주민들이 번화가로 나들이하는 곳이 삼척 읍내라는 생활 습관의 경로가 반영된 것이다. 노래에 등장하는 역명의 순서를 통해서는 노래의 생성지가 후진역을 이용하는 시루뫼 · 갈천 · 추암마을 일대였음을 확인할 수 있다.

버스 교통편이 개발되어 있지 않던 그 당시, 시루뫼 · 갈천 · 추암마을 주민들에게 기차는 일상생활과 같았다. 기차를 이용해서만 외지를 가고, 아들딸이 사는 도계도 갈 수 있었다. 노래 전승지인 시루뫼마을, 갈천마을, 추암마을 세 마을 모두 기차가 통과하는 공통점 역시 기차놀이 노래 생성과 무관하지 않을 것이다. 주민들에게 마을을 지나가는 기차는 생활의 한 부분이었던 셈이다. '칙칙폭폭' 다음에 기적 소리 '꽥애-액'을 삽입시킨 것을 보아도, 기차가 마을로 진입하면서 울려 대던 기적 소리를 듣던 시루뫼 · 갈천 · 추암 주민들의 삶을 짐작할 수 있다. 시루뫼 · 갈천마을 주민들은 장거리 외출을 할 때 후진역(현재 삼척해변역으로 개명)을 이용해 왔다. 이러한 삶이 후진역 근처의 주민에게 기차역을 떠올리며 노래 부르게 하였을 것이다. 아이들 또한 매일 마을을 지나가지만 쉽게 탈 수 없는 기차를 보면서, 「삼척기차놀이 노래」를 통해서나마 먼 곳의 세상으로 떠나 보고자 하는 심리도 노래(놀이) 속에 함께 담았을 것이다.

한편 당시 같은 삼척시 행정 구역 내에 있던 태백탄광촌이 언급되지 않고 도계지역 '도계년'들로 언급된 것은 철도 발달 과정과도 무관하지 않다. 노래가 불리던 때만 해도 도계에서 태백시를 경유하여 영주(혹은 서울) 방향으로 가는 도계-철암선이 완전히 개통되지 않았다. 따라서 시루뫼 · 갈천 · 추암마을 일대 주민들이 이용하던 기차는 '도계-묵호' 간 기차였다. 규모가 큰 태백탄광촌보다는 접근성이 편한 도계 지역으로 이주를 선택한 것도 기차 때문이었으니, 산업화에 의한 인구 유동에 따라 「삼척기차놀이 노래」가 생성되고 전승되었다.

2) 노래 유형 분석

민요를 기능에 따라 노동요 · 의식요 · 유희요로 분류한다면, 「삼척기차놀이 노래」는 유희요에 해당한다. 유희요는 놀이를 하면서 놀이의 진행을 도와주고 놀이에 즐거움을 더하기 위해 부르는 노래이다. 그뿐만 아니라 "유희의 즐거움을 고조시키는 데 머무르지 않고 궁극적으로 인간의 삶에 대한 문제와 만나는 자기 성찰의 계기"[7]가 되고 있다.

유희요를 놀이의 주체에 따라 아동 유희요와 성인 유희요로 구분할 때 삼척기차놀이 노래는 아동 유희요에 해당한다. 이 노래에는 성인들이 느끼는 현실적인 문제를 아이들이 그대로 반영함으로써 해학성을 띠고 있다. 반농반어 촌락의 가난한 생활상에 비해 다소 경제가 호전된 도계 탄광지역의 경제생활을 해학적으로 드러냄으로써 당대 반농반어 촌락의 궁핍상을 고발하고 있다. 이 노래는 가난한 삶의 모순에 대한 애환과 비판을 꾸밈없이 담아내고 있다. 이런 점으로 보아 놀이에서 불리던 유희요이면서도, 산업사회의 모습을 드러내는 사회상을 반영하고 있다.

어떤 놈은 팔자 좋아
고대광실 높은 집에
남녀노비 거느리고
호의호식 하는구나
우리 팔자 기구하야
어부 몸이 되었구나

이 민요는 상류층의 호의호식에 대해 부러움 반, 한탄 반 푸념하는 어부들의 마

7) 박경수, 『한국민요의 유형과 성격』, 국학자료원, 1998, 96쪽.

음을 담았다. 팔자에 의해 운명이 결정된 상황을 한탄하면서 경제생활의 차이에서 오는 위화감을 직접 드러내고 있다. 그런 점에서 「삼척기차놀이 노래」와 다를 바 없다. 부러움 반, 시기 반의 감정으로 도계 주민을 바라보는 「삼척기차놀이 노래」에서는 빈곤한 삶을 살아가는 반농반어 지역의 촌락 주민들의 시선이 있다. 산업 발전 속에 경제적 여유를 누리는 탄광지역 주민들과의 경제적 위화감을 드러낸 것이다.

「삼척기차놀이 노래」는 탄광지역의 생활상을 토대로 농어촌 지역에서 생성되고 전승되는 특징을 보여 준다. 도계 탄광촌으로 아들딸을 출가시키는 활발한 인구 유동 과정에서 생성된 이 노래는 농어촌 마을과 도계 산업도시의 이질적인 생활환경을 해학과 풍자를 통해 드러내고 있다. 사회경제적 접근까지 가능하게 하는 이 민요는 삼척 지역의 향토색이 특히 강한 노래라 하겠다.

「삼척기차놀이 노래」가 탄광촌에서 호의호식하는 여자들에 대한 '부러움 반 질투 반'의 성격이었다면, 다음 노래는 그 반대의 의미를 지니고 있다.

영월 청천에 딸 주지 마세요
담배 순 치느라고 생골머리 앓아요

-「정선 아리랑」

영평정 산읍에 딸 주지 마
삼베 치다가 잔 더위 먹는다

-「평창 아리랑」

아리랑의 일부인 이 노래는 노동의 고통스러움과 가난한 삶의 정황을 담고 있다. 담배 농사를 짓는 주부의 고충을 고발하면서 담배 농사하는 영월 청천 지방에 딸을 시집보내지 말라고 한다. 또 영평정 산읍에 딸을 주면 더위 속에 삼베를 쳐야 하는 고되고 지친 삶을 살기 때문에 딸을 주어서는 안 된다고 경고한다. 영월과 평창 · 정선 지역의 고단한 삶을 대변하는 노래이다.

이에 반해서 「삼척기차놀이 노래」에서는 밥만 먹고 할 일이 없는 도계 탄광촌 주부들의 편안한 삶을 보여주면서 위 두 편의 아리랑 민요가 보여 주는 고달픔과 대비되는 삶을 과시한다. 「아리랑」에서 빈천한 삶의 애환이 드러났다면 「삼척기차놀이 노래」에서는 무위도식의 안락한 삶을 보여 준다. 탄광촌의 안락한 생활을 부러워하는 뒷면에는 반농반어 촌락민의 고단한 삶의 여정이 숨겨져 있다. 단순한 노래 속에 시대상을 담고 있는 "민요현장에는 현실문제가 한층 민감하게 즉각적으로 반영"[8]되고 있음을 확인한 셈이다.

민요는 생활의 필요에 따라 생성되고 존속한다. 삶의 환경과 내용에 따라 민요의 종류는 달라지는 것이다.[9] 「삼척기차놀이 노래」가 노동요는 아니다. 하지만 노동에서 해방된 도계 탄광촌 주부를 바라보는, 반농반어 지역의 노동에 시달리는 주민들에 의해 생성되었다는 점에서 노동문제와 무관하지 않다.

또, 아이들 노래가 다 그렇듯이 일반 민요 가락과는 다른 단순함을 보여 준다. 아이들 노래는 대부분 한번 숨을 들이마신 호흡으로 부를 수 있을 만큼 짧다. "숨을 다시 들여 마셔야 하는 경우는 대부분 비슷한 노랫말의 되풀이 때문"[10]이다. 아이들이 부르던 노래는 꾸미지 않아 솔직하며, 뚜렷한 동기를 떠나서는 부르지 않는다. 도계를 다녀온 어른들로부터 욕처럼, 때로는 자랑처럼 "도계년들 밥만 먹고 똥만 싼다"는 이야기를 듣는 아이들은 그 말 그대로 노래로 재생산해 낸다. 어른들의 부러움 반 시기 반의 감정은 배제된 채 아이들이 느낀 그대로의 솔직한 생각이나 순간순간의 느낌을 노래에 담아 되풀이하며 주문처럼 외는 것이다.

8) 임재해, 「노래의 생명성과 민요 연구의 현장 확장」, 『민요 · 무가 · 탈춤 연구』, 태학사, 1998, 238쪽.

9) 강등학, 「민요의 이해」, 『한국구비문학의 이해』, 월인, 2002, 228쪽.

10) 편해문, 『옛아이들의 노래와 놀이 읽기』, 박이정, 2002, 45쪽.

「삼척기차놀이 노래」는 놀이하면서 부르는 노래이기도 하지만, 놀리며 부르는 노래이기도 하다. 친구나 대상을 놀린다는 것은 상대방의 반응을 기대하고 있는 것이어서 아이들에게 재미있을 수밖에 없다. 일반적으로 놀리는 대상은 보기에 우습거나, 특이한 외모 또는 남다른 행동을 하는 동무나 어른이다. 매일 일만 하는 어머니를 보던 농어촌 지역 아이들에게도 일하지 않는 도계 지역의 주부 모습은 남다른 행동으로 보였을 것이다. 「삼척기차놀이 노래」는 만나 보지도 못한 다른 지역(도계)의 어른을 욕(년)까지 섞어서 놀리고 있다. 동네 어른들을 통해 얘기만 듣고 "도계년들"이라든가 "똥만 싼다"는 대목이 보여주듯 특정 지역의 어른을 놀리고 있다.

경제적 궁핍에서 벗어난 탄광촌 사람, 일하지 않고도 잘 먹는 탄광촌 주부의 모습은 농어촌 복합지역 주민들에게 있어 큰 부러움의 대상이었다. 1980년대 초까지 석탄산업 호황으로 농어촌 지역에서 탄광촌행 열풍이 계속된다. "인감증명서(광업소 노동자 신분증)만 뒷주머니에 차면 농촌 처녀 서로 시집오겠다고 줄을 선다"는 유행어가 있을 정도였다. 야유 반, 시기 반의 양가적 심사를 담으면서 '년'이라는 욕설과 '똥만 싼다'는 조롱의 노래를 불렀다. 실제는 조롱이면서도 뒤에는 부러움이 담겼던 어른들의 이야기를, 아이들은 재미있는 요소만 끄집어내어 놀리면서 불렀다.

면담에서 만난 주민은 '년'은 비속어이기는 하지만 악의가 담겨 있기보다는 어촌에서 일상적으로 사용하는 접미사라고 설명한다. 탄광촌과 어촌의 언어는 도회지에 비해 거칠어서 진짜 욕을 할 때는 '년' 앞에 '쌍', '개', '잡', '개 같은', '좆같은' 등의 접두사를 따로 붙였다고 한다. '년'은 일상어에 가까운 것이어서 아이들 노래에 '년'이라는 욕이 들어가고, 아이들이 입에 담아도 어른들이 심각하게 여기지 않았다는 것이다.

다른 지역에도 비슷한 사례가 있는 것으로 보인다. "원산년들 밥만 먹고 똥만 싼다"는 노래는 "도계년들 밥만 먹고 똥만 싼다"는 구조와 같다. 고성 지역에서는 잘 먹고 사는 원산 지역 사람들을 부러워했다는 것이다.[11]

11) 임건택(남, 60, 고성군 출생 및 거주, 면담은 태백)

"도계년들 밥만 먹고 똥만 싼다"는 표현은 시어머니와 친정어머니에 따라서 그 숨은 의도가 각각 달랐다. 또한, 노래 듣는 이에 따라서 해석도 각각 달랐다. 시어머니에게는 "밥만 먹고 똥만 싸는 도계년들"이 욕으로 들리지만, 친정어머니에게는 딸이 호강하는 것으로 들리는 것이다. 이렇듯 "밥만 먹고 똥만 싼다"는 말은 양가성을 지니고 있다. 그러나 이 노래가 아이들의 노래로 불리는 데서도 확인되듯 가창하는 아이들은 어른들의 감정은 아랑곳하지 않고 그저 놀이의 흥취를 돋우는 재미난 노래로 부를 뿐이다.

「삼척기차놀이 노래」의 연행 동기는 도계 주부들에 대한 놀림으로 시작하지만 놀림의 결과는 웃음을 끌어냈다. 놀림과 웃음은 하나의 놀이였던 것이다. 민요에는 우리 민족의 생활사가 그대로 반영되어 있다. "사무사(思無邪)한 동심의 발로로 아동의 천진하고 평이한 언어로 노래"[12)]하는 민요와 동요의 맥락이 닿아 있다. 동요를 민요의 모체로까지 주장하기도 한다.

「삼척기차놀이 노래」를 통해 소박하고 순수한 아이들의 정서, 그리고 시루뫼 · 갈천 · 추암마을 지역과 탄광촌 지역 주민 간의 유동 관계 등을 살필 수 있었다. 「삼척기차놀이 노래」는 농어촌 복합마을을 무대로 한 특정 지역의 민요로 존재하다가 창자가 이동하면서 '도계'가 갖는 의미와 무관하게 태백 지역의 탄광촌에서도 불렸다. 태백 탄광촌 지역으로 전승하는 과정에서는 '도계년들'의 편안한 주부 생활에 대해 느끼던 부러움 반, 시기 반의 의미는 사라지고 조롱과 기차역을 외는 재미가 놀이를 이끌었다. 도계와 같은 탄광촌인 태백에서는 '밥만 먹고 똥만 싸는 생활'에 대한 시기와 질투의 감정이 필요 없었기 때문이다. 민요는 생활방식의 변화나 지역 간의 전파 과정에서 본래의 기능을 상실하거나 아예 없어지기도 한다. 「삼척기차놀이 노래」는 농어촌에서 탄광촌으로 전파되는 과정에서 부러움과 시기의 의미는 사라지고 '놀림의 노래'와 '기차놀이'라는 유희적 기능만 남은 것도 그런 경우이다.

---

12) 구본혁, 『한국가락논공—음악문학론』, 진영사, 1987, 450쪽.

기층 토착민의 생활구조와 깊이 밀착된 민요 속에는 민중들의 일상적인 삶이 스며 있으며, 지역과 계층의 생활을 배경으로 형성되어 전승되고 있음을 확인했다. 공동체를 이루는 지역민의 정서적 공감대가 민요를 만들어 내고 있으므로 지역마다 민요의 특색이 다르고, 창자들의 정서가 다르다. 농어촌 복합마을 공동체 구성원들이 향유해 온 삼척기차놀이 노래는 삼척 지역의 정체성을 확인하는 좋은 문화자원이 될 것이다.

3.
글을 맺으면서: 철도축제 개최 제안

「삼척기차놀이 노래」는 삼척 지역 민중의 삶과 산업 활동을 알게 해 주는 귀중한 자료인 만큼 놀이 및 노래의 보존과 계승을 통해 지역문화의 정체성을 찾아 가야 한다. 「삼척기차놀이 노래」는 농어촌 지역인 시루뫼 · 갈천 · 추암마을에서 석탄산업을 중심으로 산업도시화가 이루어진 도계 지역으로 인구가 이동하는 관계를 보여 주는 문화적 증거물이다. 민요 사설의 이면에는 석탄산업의 호황과 농어촌 지역의 궁핍한 사회상이 반영되어 있다. 이 민요는 탄광촌에 딸과 며느리를 둔 농어촌 주민들의 심사를 대변하는 노래로 존재하면서도, 창자는 어른이 아닌 아이들인 노래로 존재하는 특징을 보여 준다. 노래 태동 배경에는 탄광촌 지역과 농어촌 지역의 이질적인 문화를 상징적으로 반영한 민중의 구체적 심정이 드러나 있다. 놀고먹는 탄광촌 주부들을 바라보는 농어촌 지역 사람들의 문화적 충격이 민요 생성의 주 요인이다.

"도계년들 밥만 먹고 똥만 싼다 칙칙폭폭 꽤애-액"이라는 사설에는 농어촌 지역 주민들이 탄광촌에 사는 딸과 며느리를 통해 산업도시의 경제 성장을 체험하는 과정이 담겨 있다. 딸과 며느리를 탄광촌에 둔 부모의 복잡다단한 심사가 얽혀 있음에도 불구하고, 앞뒤 상황을 거두절미하고 "도계년들 밥만 먹고 똥만 싼다"며 해학적으로 처리했다. 그리하여 아이들의 재미난 노래로 탄생할 수 있었다. 놀이와 밀접한 관계를 맺은 점에서 전형적 놀이요에 해당한다.

「삼척기차놀이 노래」는 놀이 참가자 모두가 함께하는 노래이자 놀이었다. 기차놀이를 통해 시루뫼마을 아이들은 그들만이 공유하는 공동체적 공감대를 확인하고, 또한 이를 지켜보는 마을 어른들은 노래에 담긴 뜻을 새기면서 동질성을 확인했다. 삼척기차놀이 노래는 노래만의 기능뿐 아니라 연행 참가자를 하나의 연대감으로 묶어 주고, 노래하는 아이와 듣는 어른을 함께 묶어 주는 기능을 한다. 그 과정에서 "밥만 먹고 똥만 싸는" 며느리에 대한 적개심도 씻고, "밥만 먹고 똥만 싸는" 시집간 딸에 대한 안도의 마음을 가졌을 것이다.

"민요는 민중의 생각을 보다 직접적으로, 그리고 자유롭게 담아낼 수 있는 민중만의 문학"[13]이라 할 때 「삼척기차놀이 노래」는 탄광촌과 관련을 맺고 있는 농어촌 지역의 정서를 담고 있는 삼척 민중의 노래이자 삼척 민중의 문학이라 하겠다. 그런 의미에서 향토적 특색을 지닌 이 노래는 농어촌 지역 민중 생활과 밀착되어 전승되는 삼척 지역 기층민중의 삶을 더욱 깊이 있게 조명해 주면서 삼척 지역의 정체성을 확인시켜 줄 것이다.

따라서 「삼척기차놀이 노래」가 삼척 지역의 역사성을 지닌 향토색이 짙은 만큼 지역의 민속놀이로 계승 · 발전시킬 필요가 있다. 지역에서 열리는 축제에 아이들이 참여하는 행사의 일환으로 삼척기차놀이 노래를 연행하는 형태로 계승하는 것도 한 방법일 것이다. 기차축제와 연계하는 것도 한 방안이다. 시루뫼마을에서 이 기차놀이 노래가 생성되고 전승될 수 있었던 데에는 마을을 관통하는 기차의 영향을 들 수 있다. 매일 마을을 지나가는 기차를 보면서 생활하던 아이들에게 기차놀이는 다른 놀이보다도 생생한 체험놀이다. 기차놀이에 「삼척기차놀이 노래」를 접목함으로써 인기 있는 놀이, 인기 있는 노래로 전승될 수 있었다. 이러한 재미의 요소들을 갖추었기에

13) 강등학, 앞의 글, 228쪽.

시루뫼 · 갈천 · 추암마을에 그치지 않고 삼척 읍내와 태백시까지 전승될 수 있었다.

삼척시 관내에는 철도와 관련한 유산이 많다. 문화재청으로부터 근대문화유산으로 지정된 도계역 급수탑, 전국 유일의 스위치백 철도, 1963년까지 나한정-통리 구간에서 운행되던 전국 유일의 강삭철도, 전국 시 단위에서 가장 많은 기차역 보유 등의 기록이 그것이다. 삼척탄전권의 석탄이 국가 기간산업 발전에 지대한 공헌을 하는 데 있어 기초가 된 철도의 수송 공로도 빼놓을 수 없는 만큼 삼척 지역에서 철도축제를 열어야 할 명분은 충분하다. 현재 도계에는 철도테마파크인 '하이원추추파크'도 들어서 있다. 「삼척기차놀이 노래」는 삼척시가 철도와의 깊은 인연을 맺고 있음을 입증하는 자료인 만큼 철도 당국과 삼척 관내 소재 역이 주관하는 철도체험축제가 열리기를 주문한다.

5장

탄광노동자의 작업 장비와 개인 용품의 변천 과정 고찰

1. 시작하면서
2. 탄광노동자의 작업현장과 장비
3. 탄광노동자의 개인 용품
4. 글을 맺으면서

1. 시작하면서

태백 · 삼척 · 정선지역의 탄광현장에 종사하고 있는 노동자들의 증언을 토대로 작업현장과 장비의 변화상에 주목하고자 한다. 특히 노보리, 동발, 정, 망치, 착암기, 톱, 도끼, 삽, 로커쇼벨, 광차, 삭도 등을 중심으로 살펴볼 것이다. 또한, 탄광노동자의 개인 용품의 변천 과정에도 주목하여 안전모, 안전등, 방진마스크, 작업복, 안전장화, 게다, 장갑, 도시락, 안경, 시계 등을 중심으로 살피고자 한다.

옷, 신발, 철물, 잡화용품 등을 판매하는 탄광촌의 상점에서는 탄광에서 사용하는 작업복, 안전모, 톱, 도끼 등의 작업 용구가 인기리에 팔렸다. 1970년대 중반까지만 해도 광부들은 장화, 작업복, 방진마스크는 물론이고 안전모, 톱, 도끼, 망치 등의 작업 도구 전부를 시중에서 개인적으로 구입해야 했다. 작업복과 작업모는 회사 마크가 새겨져 있었으므로 광업소별로 판매 점포가 달랐다.

시대의 발전에 따라 노동환경 및 노동자의 작업 용품은 함께 변화했다. 탄광 장비와 개인 용품의 변화는 우리나라의 산업경제 발전을 보여주는 좌표이자, 노동조건의 개선 상황을 파악하는 이정표가 되고 있다. 탄광노동자의 작업 장비와 개인 용품의 변천을 살펴보는 것은 우리나라 100여 년 탄광 역사를 돌아보는 계기이자, 석탄산업 발달사를 장비 중심으로 점검하는 의미를 지닌다. 이러한 연구가 한국 석탄산업의 변화를 확인하는 한편 탄광노동자의 작업장에 대한 이해를 돕는 데 기여할 것으로 기대한다.

2.
탄광노동자의 작업현장과 장비

1) 노보리

노보리 작업은 광부들의 노동을 상징하는 말이기도 하다. 노보리란 경사진 면을 올라가면서 채탄 작업하는 상승사갱도(上昇斜坑道)의 막장갱도를 말한다. 국가의 고위 관리나 언론사 등에서 갱내 견학을 할 때 공개하는 '관광노보리'란 곳도 있다. 허리를 숙여야 다닐 수 있는 일반 작업장과 달리 관광노보리는 기계화채탄을 시작한 넓은 갱도의 작업장이었다. 석탄공사 산하 광업소에서는 2000년대 들면서 관광노보리라는 말을 따로 쓸 것도 없이 기어 다니는 노보리가 사라질 정도로 작업장이 개선되었다. 작업조건이 영세한 개인탄광에나 존재하는 노보리가 된 것이다.

노보리가 없어지면서 채탄 작업방식도 달라졌다. 노보리 작업을 할 때는 삽으로 탄을 퍼 담았는데, 수평갱도 작업을 하면서는 바가지(스크랩바)라 불리는 도구로 탄을 퍼 담았다. 에어호이스트(air hoist, 권양기) 같은 장비를 활용해 줄 끝에 삽 모양의 바가지를 붙여 탄을 담는 작업을 바가지질(스크래핑)이라고 한다.

> 후산부는 바가지질을 하고, 선산부는 에어호이스트를 당겼다 놓았다 하는 조정 작업을 한다. 에어호이스트는 탄광에서 일본식 표현으로 에어마끼라고도 한다. 바가지질은 에어호이스트 작업보다 힘들어서 선산부가 그 역을 바꿔 가면서 작업을 한다. 물론 바가지질은 후산부가 더 오래 하지만 말이다. 이 작업에서는 에어호이스트에 연결된 줄의 거리 조정이 중요해 서로 호흡이 잘 맞아야 한다. 돌이 나와 바가지가 박혔을 때 마끼를 갑자기 당기면 돌이 튀거나 바가지가 튀어 다치는 사고가 자주 발생한다. 탄가루가 자욱한 막장에서 눈이 나쁜 노동자의 경우에는 이 작업이 위험할 수도 있다. 나는 눈이 나쁜데도 갱내에서 안경을 쓰지 않고 작업했기 때문에 바가지질을 도맡아 했다. 에어호이스트 작동을 잘못하다가 동료들을 다치게 할 수도 있기 때문이다.[1)]

노보리가 없어진 것만으로는 막장의 작업환경이 좋아졌다고 할 수 없다. 지하에서 채탄하느라 시간이 지날수록 작업장은 점점 심부화되기 때문이다. 노보리가 없어졌어도 채탄막장의 심부화로 인한 노동강도는 여전히 높은 셈이다. 그래서 광부들은 막장 온도가 낮은 막장을 천당, 온도가 높은 막장을 지옥이라고 부른다. 광부의 증언을 들어보자.

> 스프링클러 시설이 잘되어 있고, 풍관이 있어서 지열이 낮은 곳은 천당이라고 부른다. 풍관 시설이 못 미쳐서 더운 곳을 지옥이라고 부른다. 같은 지하막장이라도 천당과 지옥이 따로 나뉘어 있다. 시원해서 작업하기 좋은 곳을 천당, 더워서 작업하기 어려운 곳을 지옥이라고 하는 것이다.[2)]

---

1) 정환구(남, 53, 장성광업소 근무 경력)

2) 정환구

2) 나무동발 · 쇠동발

탄광의 갱도는 동바리를 세워 만든다. 동바리란 구덩이 양쪽에 세워서 버티는 기둥 지주를 말하는데, 광부들은 주로 '동발'이라고 불렀다. 탄광 개발 초기에는 목재를 많이 썼는데, 이를 나무동발 혹은 목동발이라고 불렀다. 동발을 잘 세워야 막장이 튼튼했으니 동발 조립은 광부들의 숙련을 살피는 중요한 기능이었다. 동발 한 줄 세우는 것을 '한 틀 했다'고 부른다. 틀(혹은 '태')은 동발을 세운 개수를 세는 단위이다. 동발을 매쉬라고 칭했는데 동발 두 개로 갱도를 만들면 2매쉬, 3개의 동발로 갱도를 만들면 3매쉬라고 했다.

도급제 방식에서는 동발을 몇 틀 했는가를 따져 급여를 책정했다. 그래서 앞 작업조가 동발 작업한 표식을 깎아 내고 다음 조가 일한 것처럼 속이는 '동발 깎아 먹기'가 생겨났다. 동발 깎아 먹기는 1980년대 말까지도 성행하다가 감독이 철저해지고 나무 대신 쇠동발을 사용하면서 사라졌다.[3)] 또 동발을 세울 때 나무동발의 위치를 잡아 쐐기를 박는 '바킹 치는 것'을 대충 하거나, 동발틀을 대충 세워 넣는 등의 날림 시공을 하는 '까치집 짓기'까지 있었다. 이 역시 안전의식이 제고되고 쇠동발이 도입되면서 없어졌다.[4)]

동발 세우는 작업은 광부 노동의 핵심이었다. 1980~1990년대 탄광촌의 지역문화제에서 나무동발 조립 경연대회까지 연 것도 그 때문이다. 탄광을 테마로 하는 문화제인 사북석탄문화제에서는 1995년부터 2005년까지 해마다 '지주 세우기 대회'를 열어 광부들의 채탄 작업과 굴진 작업을 선보였다.[5)]

막장에서는 목동발을 세울 때 나무가 자라는 방향으로 세우는 것이 아니라 그

---

3) 김종서(남, 54, 도계광업소 근무 경력)

4) 김종서

5) 정연수, 「탄광촌의 축제현장」, 『강원도 축제의 이해』, 강원도민속학회, 2006, 637쪽.

반대로 세운다. 즉 나무 윗부분이 아래를 향하고, 뿌리 부분이 위를 향하게 세운다. 상부에서 내리누르는 힘이 더 강하기 때문에 단단한 나무 밑 부분을 위로 향하게 하는 것이다. 즉, 힘을 받아도 동발목이 갈라지지 않도록 배치한 것이다.

기계화채탄이 시작되면서 거꾸로 자라던 나무동발은 쇠동발에 자리를 내주고 사라져 갔다. 쇠동발에는 H빔과 I빔 두 종류가 있는데 H빔은 I빔보다 가벼운 40~50kg의 무게로서 운반하는 사람에게는 편하지만 I빔보다 강도가 떨어진다.[6)]

> 1960년대 말 흥국탄광에서는 운반갱이고 채탄갱이고 간에 모두 목동발로 썼는데 1975년 들어 운반갱도에서부터 철로 된 I빔 동발을 쓰기 시작했다.[7)]

> 대형탄광에서는 1980년대 후반 들어 기계화채탄을 시작했다. 삼척탄좌의 경우 1988년에 기계화채탄에 들어갔다.[8)]

쇠동발은 1970년대 중반 들어 사용되었으며, 2000년대 초에는 많은 탄광이 쇠동발로 교체한 것을 확인할 수 있다.[9)] 물론 2000년대 후반까지도 영세한 탄광이거나, 작업조건이 열악한 탄광에서는 여전히 나무동발을 사용했다. 도계광업소의 경우 쇠동발의 폭은 넓이 3.3m, 높이 2.4m, 동발사이는 50전(50cm)이다. 석탄층이 단단한 곳은 동발 사이를 100전(1m)까지 하기도 하고, 연질탄은 50전으로 한다. 동덕갱은 연질탄이어서 주로 50전을 한다. 하루 보통 3인 1조가 1틀을 세우는데, 그러면 15~16톤의 탄을 생산한다. 나무동발은 쇠동발보다 강도가 약하므로 나무동발의 사이는 30전

6) 정연수, 「탄광의 생산활동」, 『탄광촌 사람들의 삶과 문화』, 삼척시립박물관, 2005, 193쪽.
7) 신이종(남, 흥국탄광 근무 경력)
8) 성희직(남, 삼척탄좌 근무 경력)
9) 정연수, 「탄광의 생산활동」, 『탄광촌 사람들의 삶과 문화』, 삼척시립박물관, 2005, 191~192쪽.

(30cm)으로 했다.[10)]

쇠동발을 사용하면서 막장에는 모노레일이 설치되었으며, 이 장비를 통해 쇠동발이나 작업 장비를 운반했다. 예전에는 모두 인력으로 옮겼는데, 모노레일이 도입되면서 노동의 강도를 한결 줄였다. 쇠동발을 쓰면서 갱도가 넓어지자 채탄 장비들의 기계화가 이루어졌다. 예전부터도 굴진에서는 로커쇼벨을 활용했으나 노보리 채탄 작업에서는 수작업에 의존했었다. 쇠동발을 쓰면서 큰 갱도의 경우 미니포크레인이 등장한 막장도 생겨났다. 그런데 문제는 쇠동발조차 오래 지나면 지압 때문에 동발이 내려앉아 모노레일이 작동 안 되는 경우가 많다. 지압이 기계화채탄을 무용지물로 만드는 것이다.[11)]

나무동발에서 쇠동발로 바뀌면서 갱내 작업장에 많은 변화를 가져온다. 갱도가 넓어져 작업환경이 개선되면서 기계화채탄을 가능하게 했다. 또 수평갱도에서 채탄이 이루어지면서 노보리가 사라졌다. 쇠동발을 쓰면서 주나의 사용도 사라졌다. 주나란 동발을 어깨-등 뒤에 메고 운반할 때 사용하는 물품이다. 광부가 노보리를 기어오를 때 나무동발이 미끄러지지 않도록 멜빵처럼 등 뒤로 대각선 걸이를 할 수 있는 끈을 말한다. 발음에 따라서는 준화 혹은 준하로 부르기도 한다. 광부들은 등 뒤에 동발목 혹은 판재(나래기)를 주나 줄로 엮어서 짊어지고는 막장으로 들어갔다.

막장의 동발이 낮을 때는 동발을 배 아래에 놓고 낮은 포복으로 기어갔는데, 이를 일컬어 배밀이라고 했다. 배밀이는 노보리의 동발 상층부가 울퉁불퉁하거나 낮아서 갱목을 지고 갈 수 없을 때 주로 하는 작업 방식이다. 배밀이 작업은 탄광노동자들이 대정부 시위를 전개할 때(1993년 7월 서울 명동 거리, 2007년 10월 광화문) 퍼포먼스 형태로

10) 안재기(남, 도계광업소 근무 경력)

11) 정환구

대중들에게 자주 등장했다.

3) 망치 · 정 · 착암기

탄광에는 작업용과 권위용의 두 종류 망치가 있다. 하나는 탄광노동자들이 작업할 때 쓰는 망치이거나 노미질 같은 작업을 할 때 쓰는 해머이다. 또 다른 하나는 감독의 권위를 드러내기 위해 휴대용으로 들고 다니는 소형 망치이다. 딱따구리라고 불리는 감독의 망치는 구입하여 사용하기보다는 광업소 내의 '완성반'이나 '공무반' 같은 기계 직종에 부탁하여 만든 것을 주로 활용했다.

탄광 개발 초기에는 정과 망치를 이용하여 암석을 뚫는 수굴(手堀) 방식으로 굴진과 채탄 작업이 이루어졌다. 기계 장비 없이 노미(정을 가리키는 말로 일명 로드)와 갠노(망치)만 가지고 암벽을 치는 것을 갠노질, 이 작업을 하찌부라고 했다. 하찌부 작업 방식으로 굴진해 가는 것을 '대부리 굴진'이라고 한다.

노미 머리 부위에는 손잡이용 천(철사로 감아 두기도 함)이 감겨 있었고, 끝부분은 암벽을 파고들기 쉽게 만들어져 있었다. 끝이 '-' 자 모양은 노미, '+' 자 모양으로 된 것은 사쿠라노미라고 불렀다. 대부리 굴진에서는 3종의 노미가 필요했는데, 길이에 따라 작은 것은 아구대, 좀 긴 것은 단대, 제일 긴 것은 장대라고 구분하여, 암벽을 파고들어 가는 깊이에 따라 달리 사용했다. 노미를 때릴 때 쓰는 망치의 규격은 아구대를 치는 500g, 단대를 치는 800g, 장대를 치는 1kg과 1.5kg짜리가 있다. 망치의 손잡이 나무는 주로 물푸레나무를 사용했으며 때릴 때마다 휘청거렸다.

대부리 굴진에서 홑노미질(기계 장비 없이 노미만 쓰는 것)하는 방식은 이렇다. 선산부가 손으로 노미를 잡고 석탄 벽에 찔러 돌리면, 후산부가 그 위에다 망치(광부들은 주로

'함마'라고 부름)로 내리쳤다. 망치질이 더 힘든 작업이므로 망치질은 후산부가, 노미를 잡는 일은 선산부가 맡았다. 노미를 잡는 일에도 숙련이 필요한 것이다. 마음씨 좋은 선산부의 경우에는 후산부와 서로 교대하면서 망치질을 하기도 했다.

발파를 위해서는 지름 3cm 정도의 구멍에 깊이는 50~70전(cm)을 파고들어 가야 했다. 탄광 개발 초기에는 작은 탄광의 경우 전기도 없이 작업하느라 모든 작업이 수작업으로 이루어졌으므로 '수굴 판다'고 했다. 갠노질하여 발파구멍을 만드는 것은 힘이 드는 만큼 암벽이 굳으면 15개의 구멍을, 보통은 10개의 구멍을 뚫었고, 채탄 작업자들은 11개의 구멍을 뚫었다. 그런 다음 그 구멍에 화약을 장전해 발파하는 것이다.

화약은 다이너마이트 대용으로 일제강점기 때는 떡이나 비누를 뭉친 모양의 데라찐을 많이 썼으며, 1960년대 들어서는 비료포대처럼 생긴 비닐에 넣은 앰포를 사용했다. 데라찐은 값이 비싸고, 앰포는 쌌지만 화력이 약하고 연기도 많이 나는 단점이 있었다. 천공한 곳에다 화약을 넣어 많이 다져야 화약 발파 강도가 높았다.

홑노미를 사용하던 시기를 지나면서 골뱅이 같은 콜픽(일명 오간노미)을 썼으며, 그 뒤에 착암기(Rock drill)를 사용한다. 탄이 무르면 홑노미를, 보통이면 콜픽을, 탄질이 강하면 착암기(일명 에어드릴)를 사용했다. 착암기는 채탄부도 사용했지만, 굴진부가 주로 많이 사용했다.

탄광 초기에는 주로 하찌부 작업을 했는데 기계 작업을 시작한 것은 1960년대 중반을 훨씬 넘어서이다. 착암기 사용은 대형광업소 중심으로 전개되다가, 개인광업소에 보급된 것은 1970년대에 들어서의 일이다. 갠노질은 웬만한 탄광에서는 1965년까지 보편적인 작업이었고 착암기를 들여놓을 형편이 안 되는 작은 탄광에서는 1970년대 초반까지도 갠노질을 해서 탄을 생산했다. 1936년 국내 남북한을 통틀어 19개 석탄광산 중에 착암기가 448대뿐이라는 기록은 그 상황을 짐작하게 한다. 해방 후에는 일본 사람이 남기고 간 중고 착암기를 사용했으며, 1960~1970년대에는 일제 착암기를 수입해 사용했다. 1980년대 들어서 일제를 국산화한 322D 기종이 나오면서 굴진 작업의 발달을 가져온다. 착암기가 도입되면서 홀노미질은 사라져 갔다. 착암기는 채탄부보다는 굴진부가 더 많이 썼다. 보갱 · 굴진 · 채탄 작업에 있어 착암기를 다루는 일은 선산부가 맡았다. 로커쇼벨 역시 선산부(사끼야마)가 다루었고, 비트(노미)나 데꼬(지렛대) 작업 또한 선산부의 몫이다. 후산부(아도무끼)들은 삽과 괭이를 들고 경석 치우는 작업을 했다.

1990년대에도 막장이 좁아 착암기가 들어가지 않는 곳에서는 갠노질을 했다. 갱도에 짐이 많이 와서 착암기가 못 들어가는 낮은 갱에서 작업할 때는 160cm짜리의 홀노미를 손으로 돌려 가면서 작업했다. 홀노미를 써서 구멍을 파 놓은 다음 화약을 장전하는 것이다. 도계에서는 지난 2001년에도 채탄 작업 때 홀노미를 사용했다는 광부의 증언이 있을 만큼 기계화가 한창 진행되고도 갠노질은 흔한 작업인 셈이다.[12)]

1980년대 후반 들어 작업장의 심부화로 갱도 규격의 대형화가 요구되면서 천공 속도를 고속화할 수 있는 고속천공 장비인 점보드릴(Jumbo drill)을 사용한다. 굴진 작업은 장비와 기술의 발달에 따라 계속 향상되었으며 갱도도 넓어졌다. 개인탄광에 비해 비교적 좋은 장비를 사용했던 석탄공사 산하 광업소의 경우 이미 1950년대 후반부터 고속 굴진을 추진했다. 도계광업소에서는 하루 4교대 10명씩 투입하여 1961년 12월 한 달 동안 423.5m(갱도 규격 2.1×2.4m)를 굴진하는 기록을 세웠으며, 장성광업소에서는 1963년 5월 한 달 동안 680.2m를 굴진하는 기록을 세웠다. 함백광업소에서는 1963년 10월 한 달 동안 하루 4교대 12명씩 투입하여 731.5m를 굴진하면서 자유국가 진영의 세계기록인 702m(남아연방)를 넘어섰다. 공산주의 국가까지 포함한 세계기록은 870.5m(체코)이다.[13)] 석탄 증산이 시급하던 시절에는 4교대 굴진 작업을 하면서 작업 현장에서 서로 맞교대를 하는데, 이를 '막장교대'라고 불렀다.

12) 김종서

13) 대한석탄공사 편, 『대한석탄공사 50년사』, 대한석탄공사, 2001, 267쪽.

2000년대의 도계 경동광업소는 굴진 작업을 할 때 막장마다 덤프카를, 채탄 작업을 할 때 반타기를 사용하면서 작업능률이 높아졌다. 발파가 끝나면 삽이 아니라 덤프카로 경석을 실어내면서 생산성이 향상되었다.[14)]

대한석탄공사는 2000년대 후반에 지상의 모니터를 통해 원격 조종하는 '채탄로봇' 개발 계획을 발표하기도 했다. 굴착기 형태의 채탄로봇은 벽을 뚫는 천공, 폭파를 위한 다이너마이트 주입, 석탄을 수집해 컨베이어벨트로 운반하는 기능을 갖춘다는 구상이었다. 광부 대신 채탄로봇을 도입하려는 상상력은 절정에 달한 석탄산업의 기계화를 대변한다.

4) 톱 · 도끼 · 삽 · 로커쇼벨

톱 · 도끼 · 삽은 막장 작업을 하는 데 있어 광부에게 가장 주요한 개인 작업 도구였다. 갱내 막장에는 작업 도구를 보관할 곳이 없었으므로, 1980년대 초반까지만 해도 개인이 집에서부터 들고 출퇴근했다. 개인 작업 도구를 일일이 들고 입 · 퇴갱하기가 번거로운 일부 광부는 막장 근처에 숨겨 놓고 사용하기도 했다. 주로 '가베(동발이 세워진 벽면)' 뒤에 남모르게 감춰놓았는데 이것을 들키는 날이면 그날로 잃어버렸다.[15)]

톱과 도끼는 선산부가, 삽은 후산부가 사용했다. 집에서부터 장비를 메고 출근했으니 들고 가는 도구만 봐도 선산부인지 후산부인지 구분할 수 있었다. 개인 작업 도구들을 담는 연장 가방은 주로 풍관 쪼가리로 만들어서 어깨에 메고 다녔다. 풍관 쪼가리조차 구하기 어렵던 시절에는 톱과 도끼를 끈으로 묶어서 군인처럼 어깨에 메고

14) 정연수, 「탄광의 생산활동」, 『탄광촌 사람들의 삶과 문화』, 삼척시립박물관, 2005, 182~186쪽 요약.

15) 신이종

다녔다.[16] 선산부가 되면 삽 대신 톱과 도끼를 쓰는 등 작업 도구가 바뀐다. 그래서 탄광에서는 선산부가 되는 날을 '톱 · 도끼 받는 날'이라고 불렀다. 이날은 동료들에게 승진 턱을 내며 축하의 덕담을 주고받는다.

후산부에게 있어 가장 중요한 개인 작업 도구는 삽이었다. 로커쇼벨 같은 기계가 없던 시절에 탄을 캐거나 싣는 도구로 삽만큼 쓰임새가 많은 것도 없었다. 1950년대에는 주로 끝이 뾰족한 쪽삽을 써서 채탄 작업을 했는데, 끝이 넓적한 각삽은 1950년대 후반에 등장한다.[17]

탄광 초기에는 인력에 의존해 삽으로 경석을 공차에 퍼 담던 굴진 작업이 주를 이뤘으나, 기계화가 시작되면서 로커쇼벨을 사용하였다. 석탄공사 산하 광업소에는 1960년대 들어 로커쇼벨(Rocker shovel)을 도입한 막장이 생겨난다. 1985년에는 유압식 장비인 사이드 덤프 로더(Side dump loader)와 디깅 암 로더(Digging arm loader) 등 신형 장비를 도입해 경석을 쉽게 처리하면서 작업능률을 향상했다. 하지만 개인광업소의 경우에는 1980년 초까지도 쇼벨은 귀한 장비였다. 로커쇼벨 작업을 위해서는 레일이 설치되어야 했고, 갱도도 넓어야 하기 때문이다. 또 '마구리'(막장현장을 주로 마구리라고 부름)마다 쇼벨을 지급하는 것은 아니고 고속 굴진으로 작업능률을 올려야 할 작업조에게만 지급했다.

"매일 삽으로 퍼 담다가 로커쇼벨을 쓰게 됐는데, 우쭐하는 심정에 어깨까지 절로 으쓱해졌다"면서 처음 쇼벨을 사용한 소감을 밝힌 한 광부는 "작동할 때마다 왕왕거리는 기계 소리를 들으니 절로 일할 흥이 났다"[18]고 덧붙였다. 노동현장에 기계가 도입되면서 탄광노동자들의 사기와 작업능률이 함께 올라갔다.

---

16) 정연수, 「탄광의 생산활동」, 『탄광촌 사람들의 삶과 문화』, 삼척시립박물관, 2005, 218쪽.

17) 홍순백(남, 한양탄광 근무 경력)

18) 김종서

5) 질통 · 탄차

탄광 초기부터 1960년대 초반까지 막장에서 캐낸 석탄을 밖으로 운반하는 도구로는 삼태기 · 질통 · 지게 · 가마니 · 대야 등이 이용되었다. "쫄딱(석탄 나르는 걸빵 비슷한 것) 몇 번 지고, 몇 번 뛰면 밑 빠진다"[19]는 말도 그 시절 생겨난 것이다.

> 1950년대에서 1960년대까지의 탄광 개발 초기에는 삼태기, 질통, 지게를 이용하여 날랐다. 갱내에서 질통을 지고 밖으로 나왔는데 그나마 시설이 좋은 곳은 리어카를 사용했다. 레일도 깔리지 않던 시절이니 리어카를 끌고 갱내로 들어가서는 앞에서 끌고 뒤에서 밀면서 운반했다. 광부들이 1950년대 말 마교리의 대명탄광에서 일할 때는 질통을 지고 날랐으며, 마교리의 부전탄광에서 일할 때는 리어카를 끌며 날랐다.[20]

> 1960년대만 해도 구덩이(막장)가 가까운 곳은 주로 손구루마로 날랐는데, 철판을 우그려서 그 위에 경석이나 탄을 실어 끌어당기기도 했고, 가마니, 세숫대야 모든 게 다 운반 도구였다.[21]

질통의 시기를 지나면서 목재로 만든 탄차(광차)가 도입되었다. 일제강점기 시절에 탄광이 개발된 까닭에 일본식 용어를 많이 썼는데, 탄광에서는 탄차를 두고 구루마(くるま)라고 불렀다. 낡아서 잘 구르지 않는 탄차를 '똥가라'라고 불렀으며, 비어 있는 탄차는 공차라고 불렀다. 목탄차는 탄광노동자들이 직접 손으로 밀어 갱외로 석탄

19) 박태순, 「탄광지대의 객지문화」, 『국토와 민중』, 한길사, 1983, 306쪽.

20) 오도제(남, 도계광업소 및 삼마탄광 근무 경력)

21) 신이종

을 실어 날랐다. 철제 탄차(Coal tub)는 갱도 레일이 부설되어야만 운행할 수 있었으므로 민영탄광의 경우 국영탄광보다 다소 늦은 1960년대에 사용되었다.

도계광업소나 장성광업소처럼 규모가 큰 곳은 1940년대에도 1톤 용량의 철제 탄차가 있었다. 규모가 큰 광산일수록 철제 광차 사용이 빨랐으며, 일반 탄광현장으로 보편화된 것은 1970년대 들어서의 일이다. 1960년대 후반까지만 해도 석공을 제외한 개인광업소에서는 목탄차를 더 많이 사용했다. "1960년대 후반 흥국탄광에 다닐 때 운반용이건, 채탄용이건 간에 목구루마를 썼다"는 진술에서도 알 수 있듯 철제 광차가 도입된 것은 1970년대의 일이다. 개인탄광에서는 1970년대 후반까지도 '목구루마'를 사용했는데, 선산부가 동발을 세우는 동안 후산부는 목구루마를 밀고 나와 경석 치우는 일을 했다. 1980년대 초반까지만 해도 손으로 탄차를 밀고 가는 일이 흔했다.[22)]

> 탄차는 모두 목차였는데, 개인탄광에서는 1980년대 말까지도 목차를 썼다. 목차가 다니는 레일은 철제 탄차가 다니는 레일보다 폭이 훨씬 좁았다. 목차는 두 사람이 1조가 되어 손으로 밀고 다녔는데, 경석장이나 저탄장에 도착해서는 목차 뚜껑을 들고 떠 넘기거나, 삽으로 퍼서 실어 냈다. 목차 하나를 가지고 석탄이 나오면 석탄을 싣고, 버력이 나오면 버력을 실어 날랐다.[23)]

장비의 발달을 통해 기계화된 운반 체계를 갖추면서 에너지원을 사용해 운반하는 축전차가 등장한다. 축전차는 3톤 탄차의 도입을 가능하게 하면서 대량운반 시대를 열었다. 대한석탄공사 산하 광업소는 1975년부터 2톤 탄차를 활용했는데, 3톤 탄

22) 정연수, 「탄광의 생산활동」, 『탄광촌 사람들의 삶과 문화』, 삼척시립박물관, 2005, 180쪽.

23) 홍순백

차와 함께 활용하고 있다.[24] 갱내에서는 충전된 전기로 움직이는 배터리카가 탄차를 이끌었으며, 갱 밖에서는 레일 위로 이어진 전기선을 활용하여 움직이는 전기기관차인 트로이카가 맡았다.

2대 이상의 탄차를 연결할 때에는 탄차에 장치된 링에 핀을 꽂아 연결하는데, 이 부위가 손상될 경우에는 대형사고로 이어지기도 한다. 사갱에서 권양기 줄이 끊어져 인차나 탄차가 내리막길로 그대로 치닫는 것을 '비행기 탄다'고 했다.

6) 삭도

갱내에서 생산한 석탄은 선탄 작업을 거쳐 역두저탄장으로 운반된다. 운송 장비로는 트럭, 컨베이어벨트, 축전차, 삭도 등이 있는데 특히 삭도는 탄광촌의 명물로 자리했다. 산과 산 사이의 공중에 건너질러 놓은 강삭(鋼索)에 차량을 매달아서 석탄이나 짐을 나르는 설비인 가공삭도는 별명도 많았다. 탄광촌에서는 삭도를 두고 솔개차, 가공케이블, 고가삭도, 공중삭도, 하늘찻길 등으로 불렀다. 발음에 따라서는 소리개차, 일본식으로 사꾸도(さくどう)라 부르기도 했다.

도계광업소는 흥전갱 생산탄을 운반하기 위해 1940년 4월 흥전갱-도계역 구간에 공중삭도를 설치했다. 당시 공중삭도는 도계 탄광촌을 상징하는 랜드마크였다. 우리나라 마지막 케이블카형 석탄 수송 장비인 도계광업소 가공삭도는 1991년 9월까지 50년 동안 도계광업소 흥전갱에서 생산된 탄을 도계역 저탄장까지의 2,314m 구간을 운반했다. 이 삭도에는 수리공들이 타고 다니기도 했는데 삭도가 고장이 나면 공중에 몇 시간씩이고 매달려 있어야 했다. 지금은 삭도 철탑 네 개만 남아 당시의 흔

24) 정연수, 「탄광의 생산활동」, 『탄광촌 사람들의 삶과 문화』, 삼척시립박물관, 2005, 207쪽.

적을 보여 주고 있다.[25] 다음은 삭도에 얽힌 일화이다.

도계광업소 홍전갱에서 생산된 탄은 산에서 내리막길로 내려와 중간 '사꾸도'(지금의 홍전지서 자리)에서 'ㄱ'자로 꺾어져 도계저탄장으로 들어간다. 그런데 종종 'ㄱ'자로 꺾어지는 중간 사꾸도에서 방향과 속도를 조절하지 못해 그 근처에 있는 루핑집을 치기도 하고, 바구니가 쏟아지기도 했다. 삭도 바구니에는 뚜껑이 없었으므로 엎어지면서 그대로 탄을 다 쏟았다. 삭도가 뒤집어져 탄이 쏟아지면 사람들은 우르르 몰려가 탄을 주워 집으로 가져가 연료로 썼다. 삭도 바구니가 뒤집혀 위험을 초래하자 나중에는 삭도가 지나는 길 아래에다 보호철망을 쳤다.[26]

1980년대까지 홍전리, 지금의 홍전지서 자리에 살았었다. 그곳에 사는 사람들은 바가지(삭도)에서 탄이 쏟아지는 것을 자주 보고 살았다. 당시 바가지가 홍전골 안에 설치됐는데, 운반 도중에 종종 석탄을 쏟았다. 1985년까지도 바가지가 뒤집혀 석탄 쏟는 걸 봤다.

공중으로 운반되던 중에 뒤집혀 탄이 하늘에서 우수수 쏟아지면, 사람들은 "바가지 쏟아진다" 하고 큰 소리를 질러댔다. 그 소리가 나면 동네 사람들은 세숫대야, 빗자루, 쓰레받기 등을 들고서 우르르 달려갔다. 퍼 담은 탄으로는 나무 수타기로 19공탄 연탄을 집에서 찍어 썼다. 한번 쏟아지면 연탄 100여 장은 족히 나왔다. 물론 바가지가 뒤집힐 때 생기는 탄가루 먼지가 심해서 못살겠다고 아우성을 치기도 했다.[27]

25) 정연수, 「탄광의 생산활동」, 『탄광촌 사람들의 삶과 문화』, 삼척시립박물관, 2005, 209쪽.
26) 이희탁(남, 경동광업소 근무 경력)
27) 조순자(여, 연탄공장 운영 경력)

공중삭도로 석탄을 수송한 대표적인 사례는 영월탄광에서도 찾을 수 있다. 1935년 강원도에서 제일 먼저 개광된 영월탄광은 개발 초기부터 1960년대까지 영월탄광에서 생산된 석탄 전량을 공중삭도를 이용하여 조선전력회사 영월화력발전소의 발전용 탄으로 공급하였다. 이때 영월탄광에서 발전소까지 12Km 구간에는 공중삭도가 설치되어 석탄의 운반을 맡았다.

다음 글은 영월군 마차 지역에 설치된 삭도 이야기다.

> 마차는 삭도 이야기가 그래도 재미있다. "영월서 버스로 오면 50리요 삭도길은 30리야. 영월장에 나갔다가 돌아올 때는 삭도를 타기도 하지, 갈 때는 발전소에 들어갈 석탄을 싣지만 올 때는 빈 바가지거든. 삭도란 게 다른 것 아니야. 요새의 케이블카이거든." 엄종섭 씨는 삭도 이야기에 저절로 홍이 났다. 가끔 삭도는 정전이 된다. 운 없게 삭도를 탔던 사람은 까마득한 공중에 1시간, 2시간 때론 밤새워 매달려 있어야 한다.
>
> 석탄 1톤씩을 싣고 가는 삭도가 케이블카처럼 편안할 리 없다. 공중 높이 출렁이는 삭도 안에서는 눈을 감고 있어도 소용없다. 술김에 삭도 신세를 한번 졌다가 혼비백산해 근처에도 가지 않는 사람도 생겼다. 마차는 그 삭도가 철거되던 날 모든 걸 잃었다. 73년 9월 48기의 철제지주가 헐렸다. 680톤이나 되던 철제지주는 고철값으로 팔려나갔다. 그 후 마차의 역사는 종지부를 찍었다. 그때 그 주인공들은 모두 떠나고 전설만 남았다.[28]

28) 함광복, 「쇠락한 검은 노다지 왕국 영월광업소—검은마차리 핫뉴스 석공철수작전」, 《월간태백》, 강원일보사, 1990. 7, 84~85쪽.

7) 압축기 · 권양기 · 펌프

갱 밖에서 가동되는 중요한 탄광기계 중에서 가장 규모가 큰 장비를 꼽으라면 단연 압축기이다. 압축기는 갱내에 산소를 공급하며, 갱내 기계 장비를 가동하는 에너지원인 압축공기를 공급하기 때문이다. 1960~1970년대에는 히다찌(히다찌는 국내 생산 제품도 있었음) 100마력짜리 압축기를 주로 사용했다. 뒤이어 미국산인 조이, 그리고 잉가쇼 제품 등이 등장했다. 압축기는 광업소의 규모에 따라 50마력부터 300마력까지 다양하게 사용했다. 1970년대 후반 들면서 압축기의 규모도 커졌는데, 장성광업소의 경우 600마력짜리 압축기 8대를 동시에 가동했을 정도이다.

압축공기는 갱외에서 생산하지만 지하막장에서 사용하기 때문에 갱도에 설치된 압기관을 통해 공급한다. 심부화로 공급 거리가 늘어나면서 누풍과 압력 저하 등의 문제가 발생한다. 특히 굴진 작업에 있어서 압축공기의 압력은 상당히 중요했지만 1990년대까지만 해도 공급이 원활하지 않아 착암기나 로커쇼벨을 작동하는 데 있어 많은 어려움을 겪었다. 1980년대만 해도 압축공기 힘이 약해서 손으로 로커쇼벨을 손으로 밀어 넘기면서 작업해야 했다.[29] 굴진 작업의 능률을 올리기 위해 굴진부들이 압축공에게 "잘 봐 달라"고 부탁하는 일이 많았다.

압축공기가 약한 폐단을 보완하기 위해 경동광업소에서는 지난 2004년, 굴진 막장마다 모두 압축기 1대씩을 설치했다. 황조갱만 해도 막장 8곳에 모두 압축기가 설치되어 있으며, 채탄막장에만 난장(갱외)의 압축기를 활용하고 있다. 막장마다 압축기를 설치하면서 압력 부족의 고충이 사라지자 착암기와 로커쇼벨의 힘은 흘러넘쳤다. 압축기실에서 일하던 노동자의 이야기를 들어 보자.

1963년 10월 홍국탄광(지금의 경동광업소) 기계 부서가 창설될 무렵부터 3년간 일

29) 김종서

했지. 그 당시만 해도 기계 장비 중에서 메달이 자주 나갔는데(고장 났는데), 나는 자동차 정비의 경험이 있었기 때문에 기계 메달 교환 기술자로 입사했던 거야. 당시 홍국탄광은 전기가 없어 배의 엔진을 구해서 발전용으로 썼어. 그것으로 120마력짜리 압축기 1대 있는 것을 돌렸지. 이 힘으로 갱내 착암기도 작동하고, 갱내 바람(산소)도 넣고 했던 거야. 또 전기가 없으니 제재소에서는 재무시(GMC트럭) 엔진을 떼다가 미숀 뒤에 드럼을 달아 벨트를 걸어서는 제재(나무 켜는) 일을 하기도 했어. 동발 나르기(송판을 얇게 썰어 동발 세울 때 사용)를 제공하는 데는 재무시 엔진이 그저 그만이었어.[30]

권양기는 갱내와 갱외에서 함께 활용하는 주요 탄광 장비이다. 권양기는 사갱에서 광부의 수송과 석탄 및 자재를 운반하는 역할을 한다. 권양기는 10마력부터 300마력까지 다양한 규모가 있는데, 큰 광업소일수록 마력이 큰 권양기를 썼다. 권양기는 기계를 조작하는 권양기공과 로프에 매달린 탄차와 인차를 책임지는 조차공이 있다. 로프에 매달린 탄차가 멀어지면 권양기공과 조차공은 철로 옆에 매달린 전깃줄을 활용해 모스 부호 같은 신호를 보내면서 소통했다. 조차공이 들고 있는 철사 갈고리로 전깃줄을 한 번 튕기면 권양기실로 따르릉 하는 소리가 한 번, 두 번 튕기면 두 번의 따르릉 소리가 전해진다. 보통 한 번 누르면 정지, 두 번 누르면 출발이다. 그런데 맨 처음 출발을 할 때는 두 사람만의 약속된 복잡한 신호음으로 조차공의 신분을 권양기공에게 전한다. 권양기를 담당했던 수리공의 이야기를 들어 보자.

1970년대까지만 해도 권양기의 와이어로프가 끊어졌다 하면 이어서 썼어. 지금이야 누가 고쳐 쓰겠어? 새로 사다가 쓰지. 당시 광업소에서는 돈을 아끼려고 끊어진 로프를 이어서 썼어. 그런데 그 당시만 해도 도계 바닥 통틀어도 와이어 잇는 기

---

30) 김남용(남, 홍국탄광 및 삼마탄광 근무 경력)

술자라고는 나하고 합해서 손가락에 꼽을 정도였어. 권양기에서 비행기를 타거나 (권양기 줄이 끊어지면서 탄차가 내리막길 타는 것을 비행기 탄다고 함), 로프가 엉켜서 줄이 끊어지면 남의 탄광에 근무하는 기술자도 부르곤 했어. 그럼 불려 가서는 술 한잔 얻어먹고는 고쳐 주는 거지. 끊어진 와이어로프를 잇고 나면 어디를 고쳤는지 표시도 안 날 정도로 솜씨가 좋았어. 구경하던 사람들은 어디를 이었는지 표시도 안 난다면서 놀라곤 했지. 그 모습을 보면 어깨가 으쓱해지지. 그만큼 그 당시 기계수리공은 기술이 있었어. 쇠를 한참 만지다 보면 어느 날엔 도가 트여. 쇠를 만져만 봐도 어느 부위가 고장이 났고, 또 소리만 들어 봐도 어디가 탈이 났다는 것을 짐작하게 되는 것이지. 탄광에서는 그 정도로 아는 사람이어야 기술자라고 했어. 기술이 자꾸 늘었던 것은 탄광에 물자가 귀했기 때문이지.[31)]

펌프(일명 양수기)는 지하수를 퍼내기 위한 필수 장비이다. 갱내에는 작은 물줄기를 타고 많은 지하수가 고인다. 물이 차면 작업의 어려움뿐만 아니라, 동발이 물러지고 지반이 약해져서 갱도가 붕락되는 위험성도 있었다. 이 물줄기를 모아서 펌프로 퍼내기 위해 갱내 통로 옆에다 물길을 만들었다. 갱내 통로마다 작은 시냇물이 함께 흐르는데, 펌프가 있는 저수지로 가는 물길이다.

펌프공(일명 양수공)은 끊임없이 샘솟는 지하수를 퍼내야 하므로 하루 3교대로 일하는 것은 물론이고, 휴일도 없이 365일 근무한다. 대형탄광에서는 펌프공을 별도로 두었지만, 소형탄광에서는 조차공이 펌프공을 병행하기도 했다. 기계 직종 노동자들은 대부분 갱 밖에서 근무하는데, 갱내에서 근무하는 유일한 기계직이 바로 펌프공이다. 수갱(수직갱 권양기)의 권양기공과 틴푸라 작업공처럼 갱내에서 일하는 기계직 노동자들이 있기는 하지만 이는 일부 대형광업소에 국한된 이야기이다.

1990년대 들어 갱내에서 사용하는 펌프의 종류는 한두 가지로 줄어들었지만,

---

31) 김남용

1960~1970년대 사용하던 펌프의 종류는 14가지나 되었다. 그러다 보니 펌프를 고치려면 노련한 기술자들이 필요했다. 갱내에서 사용하는 펌프는 바깥에서 일반인들이 쓰는 펌프와 다르다. 갱내 펌프는 일단 방수가 잘되는 것이어야 했다. 펌프가 물속에 잠겼을 때 엔진에 물이 들어가지 않는 방수 처리를 말하는 것이다. 갱내 폐수는 하천의 돌을 누렇게 만들 정도로 독한 성분이 많다. 그래서 갱내에서 쓰는 펌프는 스테인리스로 만들어진 것을 사용했는데, 납으로 만든 부분이 있는 펌프도 썼다.

갱내에서는 지하수를 위로 잡아당기는 힘이 좋은 펌프가 필요했기 때문에 터빈 양수기를 많이 썼다. 갱내에서는 20° 경사진 곳을 100m 가서, 또 직각 높이로 30m씩 올라가는 수송관이 있어서 히가루 양수기를 많이 썼다. 1960년을 전후하여 100마력에서 300마력까지 대형화되기 시작했다. 도계광업소에서는 1980년대부터는 출수량이 증가하면서 양정이 190m인 고압펌프 400마력 펌프를 설치한 데 이어 1991년에는 600마력으로 대형화했다. 2000년 말 기준으로 볼 때 도계광업소에는 펌프 59대(총 용량 15,500마력)가 설치되어 있다.

장마 때는 갱내에 많은 물이 고인다. 기존 펌프로 감당 못 할 정도로 많은 물이 찼을 때는 인근 탄광에다 펌프 기계수리공의 지원을 요청한다. 평소에 5대 정도의 펌프가 필요하던 막장도 장마 때는 물이 불어나서 두 배 이상의 펌프가 필요했다. 여분의 펌프가 있다고 해도 물을 퍼낼 배관 시설이 없었기 때문에 지원 나간 수리공들은 관로를 설치하는 배관공 역할까지 했다. 파이프를 새로 투입한 펌프와 연결하려면, 구불구불한 갱도를 고려할 때 45°와 95° 엘보가 많이 필요했다. 당시 개인탄광의 경우 장비와 부품이 넉넉하지 못했으므로 파이프를 달구어서 45°와 95° 엘보를 만들어 썼다. 부품을 가지고 하는 것보다 손으로 만들어 내는 작업이 더 많았다. 펌프공의 이야기를 들어보자.

1960년대 말 홍국탄광에 있을 때는 갱내서 양수기(펌프)로 물을 퍼내는 양수공을 했다. 당시 150마력짜리 펌프로 물을 펐는데, 갱내에 지하수가 고이도록 집수탱크를 만들어 놓고 그 물이 고이면 펌프로 퍼내는 것이 하루의 일과였다.[32)]

1970년대 삼마탄광에서 일할 때, 경동탄광에서 큰 물난리를 만났다고 해서 지원 나갔지. 그곳에서 경동이 보유하던 펌프 중에서 고장 난 것을 수리하는 작업을 했어. 당시 양수기는 방수용이 없어서 일단 물에 잠겼다 하면 모터가 타서 못 쓰는 거야. 그렇게 망가진 펌프들을 꺼내 놓고 모터를 분해하여 건조실에 건조하면서 모터 호일을 교체하는 게 주로 하는 일이었어. 모터호일의 교체는 전기수리공들이 맡았고, 기계수리공은 고장이 난 모터를 고쳐 갱내에 투입하는 역할과 배관 시설을 맡았던 거지.[33)]

1960~1970년대는 공휴라는 것이 거의 없었다. 갱내 기계나 전기 시설을 수리하기 위해 공휴가 나는 것뿐이었다. 공휴일이 되면 기계공들은 더 바쁘다. 공휴가 나는 날은 기계를 수리하는 날이기 때문이다. 수리공의 이야기를 들어 보자.

석공 도계광업소처럼 규모가 큰 곳은 기계주임(반장)이 관리하는 기계가 고정돼 있지만, 흥국탄광(경동광업소)만 해도 그렇지 않았어. 기계란 기계, 그러니까 쇠만 붙어 있으면 모두 만졌어. 개인탄광은 영세하기 때문에, 대부분의 탄광이 다 그랬지. 1967년에는 삼마탄광으로 자리를 옮겼는데, 나중에는 도계광업소 하청인 동성기업에서도 일하는 등 20년간 기계수리공으로 일했어. 석공 같은 큰 광업소는 기계 종류별 전담반이 따로 있지만 개인탄광에서는 기계수리공이 모든 기계를 다 손봤지. 기계 사끼야마(숙련공)가 압축기뿐만 아니라, 착암기도 고치고, 선탄 컨베이어,

32) 이은필(남, 삼마탄광 · 흥국탄광 · 삼성탄광 · 경동탄광 근무 경력)

33) 김남용

권양기, 펌프 등 기계란 기계는 모두 다니면서 손봤어. 용접도 직접 하고 말이야. 기계주임뿐 아니라 모든 기계공이 다 그렇게 오만 기계를 만지며 일했지. 기계가 크면 무거워서 다루기 힘들어서 그렇지 큰 기계일수록 고치기는 쉬웠어. 작은 기계가 고치기 힘든 거지. 착암기는 수리하기 쉬운 편이었지. 착암기는 주로 현장에서 굴진부나 채탄부가 직접 고쳐서 쓰는 경우가 많았어. 그들이 못 고칠 때만 밖에서 일하던 기계공이 전담해서 고쳐 줬어.[34)]

기계수리공은 파이프렌치, 펜치, 드라이버, 멍키스패너, 망치, 다가네 등의 개인 장비를 허리춤에 차거나 어깨에 메고 다닌다. 탄광 초기에는 드라이버, 망치, 다가네 같은 연장은 노동자들이 직접 만들어서 쓰는 경우가 많았다. 앞이 끌처럼 납작하게 생겨 쇠를 자르거나 너트가 잘 안 풀릴 때 찍어내는 데 활용하는 다가네는 강철을 구해서 만들었다. 드라이버의 손잡이는 비닐을 불에 녹인 것으로 만들었다. 탄광노동자의 개인 작업 장비뿐만 아니라 기계부속품까지도 기계수리공이 직접 만들곤 했다.

1970년대까지만 해도 독일제 · 미제 · 일제 연장을 쓰면 다들 부러워했다. 쇠가 단단했기 때문에 다들 가지고 싶어 하는 연장이었지만, 워낙 비싸서 소수의 기계공만 지니고 있었을 정도이다. 파이프렌치는 한국에서 만들고 열처리 가공은 일본에서 했으므로 품질이 좋다고 소문이 난 '세신' 제품을 많이 썼다. 멍키스패너는 '새우표'라고 이름이 붙은 일제를 주로 썼다. 펜치는 주요 개인 장비였으므로, 미제를 사서 쓰는 수리공이 많았다.

---

34) 김남용

3.
탄광노동자의 개인 용품

1) 안전모 · 안전등

① 안전모

갱내에서 안전모는 생명과 직결되는 용품이다. 안전모는 낙반사고라든가, 낮은 동발이나 날카로운 돌 등에 머리가 부딪칠 때 보호해 주는 중요한 역할을 맡는다. 갱내에서는 안전모를 의무적으로 착용하도록 규정하고 있다.

> 1950년대의 많은 개인탄광에서는 안전모 없이 탄가루 덜 들어오도록 수건으로 머리를 감은 뒤 그냥 들어갔다. 1955년 중반까지는 갱내에 들어갈 때 안전모도 없이 들어가 작업을 했는데 1955년 처음으로 새카만 모자가 나와 그것을 쓰고 작업

했다. 개인이 구입한 안전모였다.[35]

1984년 전까지만 해도 경동광업소에서는 검은색 안전모를 썼다. 많은 개인탄광이 검은색 안전모를 썼는데 노란색 안전모에 비해 단단하지 못했다. 그러다가 1984년 낙반사고에 안전모가 깨져 작업자가 다치는 안전사고가 발생하면서 경동광업소에서는 강도가 강한 노란색 모자로 바꿨다.[36]

1950~1970년대 광부들이 사용하던 안전모는 군인 철모를 닮았다. 처음 탄광촌에 온 외지인은 "탄광촌에 웬 군인이 이렇게 많지?" 하며 의아해할 정도였다. 탄광노동자들은 아래위가 새까만 작업복과 장화, 군모처럼 생긴 안전모를 착용하고 있는 데다, 어깨에 톱, 허리춤에는 손잡이 짧은 도끼와 망치, 곡괭이 등을 차고 있었다. 총을 메고 탄띠까지 두른 영락없는 군인의 모습이었다.

안전모는 장발 단속의 빌미를 주기도 했다. 1980년대 초반까지만 해도 보안관리자가 갱내에서 긴 머리카락을 적발하면 그 자리에서 가위로 잘랐다. 머리카락이 길면 안전모가 이리저리 미끄럽게 돌아 위험하다는 이유에서였다. 갱내의 장발 단속은 당시 국가가 나서 국민의 장발을 단속하던 사회적 분위기를 반영한다. 1980년대 초 계엄 기간에는 군인과 경찰이 기차역이나 버스터미널 부근에서 장발 단속을 한다면서 머리 긴 청년을 잡아다가 강제로 머리를 밀던 시절이었다.

안전모는 낡거나 깨어져도 쓰임새가 많았다. 탄광촌에서는 안전모가 기능을 다하면 재래식 화장실의 정화조를 처리하는 바가지로 썼다. 부서진 안전모를 철사로 꿰매 똥바가지로 쓴 것이다. 안전모가 똥바가지라는 별명을 얻게 된 것도 그 때문이다. 탄광촌 화장실 구석에는 안전모에 긴 막대가 연결된 똥 푸는 바가지가 세워져 있었

35) 홍순백

36) 이희탁

다. 똥바가지를 얻으려고 낡은 안전모를 쓰는 사람에게 미리 부탁해 두기도 했다.

광부들끼리 서로 안전모를 찾을 때는 "내 똥바가지 어디 있어?" 하곤 했다. '똥바가지'로 통용되던 안전모가 낡으면 "야, 이제 똥바가지 하지, 아직도 쓰냐?" 하며 놀렸다. 1980년대 중반 들어 화장실 정화조를 위생회사에서 처리하면서부터 똥바가지로 재활용하는 일은 줄어들었다.[37)]

안전모는 권위의 상징이기도 했다. 1980년대 중반까지 탄광촌의 귀족으로 불리는 관리직은 흰색 안전모를 썼다. 노란색 안전모를 쓰던 탄광노동자들이 관리자를 '백바가지'라고 부른 것도 그 때문이다. 푸른색 안전모는 내빈용으로 활용되었으며, 광업소에서는 손님들을 만나면 "안전!"하고 거수경례를 하라고 교육했다.

노동자의 인권침해에 대한 의식에 눈을 뜨면서 관리자에 대한 반감은 백바가지 추방운동으로 표출되었다. '백바가지 몰아내기' 투쟁으로 상징되는 1987년 8월 10일부터 일주일간 진행된 장성광업소의 대투쟁은 3,000여 노동자가 참여하는 대규모 파업이었다. '백바가지 추방'이라는 노동운동의 승리를 통해 탄광노동자도 구성원의 권리와 인권을 찾는 계기가 되었다. 관리자만 사원으로 부르고 노동자들은 노무원으로 비하하던 호칭도 이 노동투쟁 이후부터 바뀐다. 관리직 사원과 생산직 사원으로 고쳐진 것이다. 또 노동자와 관리자 모두 노란색 안전모를 같이 쓰게 되었다.

그런데 색상이 통일되고 6개월쯤 지나 광부들의 분노가 가라앉기 시작하자 관리자들은 노란색 안전모 뒤쪽에 푸른 야광줄로 계급을 표시하기 시작했다. 한 줄은 주임(반장)이나 계장, 두 줄은 과장이나 부갱장, 세 줄은 갱장이나 부장급을 나타냈다. 또 직급에 따라 세로줄이 붙은 완장을 함께 착용했다. 2008년에 만난 장성광업소의 소장과 부소장은 여전히 흰색 안전모를 사용하고 있었다.

1989년의 석탄산업 합리화정책 시행 이후부터 탄광에는 하청업체가 늘어났다. 안전모를 통한 직급 표시도 모광과 하청이 각각 다르게 표시한다. 장성광업소의 경우

---

37) 정환구

1990년대 후반 들어 안전모 뒤에 '금천/장성/중앙' 등의 소속 갱을 야광 글씨로 붙였다. 직영광업소 노동자와 하청노동자를 구분하기 위한 소속 갱의 표시였다. 하청노동자의 안전모 뒤에는 소속 갱 표식이 없고 빨간 야광줄만 있다. 어두운 갱내에서 만나더라도 각종 표식을 통해 직영노동자와 하청노동자를 구분했다. 이러한 구분 표식은 하청노동자에 대한 차별대우를 만들었다.

경동광업소의 경우 탄광노동자들의 모자는 노란색, 기계직은 파란색, 관리직들은 하얀색 안전모를 썼다. 안전모에다가 야광줄로 5cm 길이의 띠를 만들어 붙이는데, 채탄이나 굴진 등의 갱내 노동자들은 흰 야광띠를, 기계직은 파란 야광띠를, 간접부들이나 보안감독자는 빨간 야광띠를 붙여 갱내에서도 서로 쉽게 구분할 수 있도록 했다. 직급에 따라 줄도 각각 다른데, 계원은 한 줄, 계장은 두 줄, 과장과 갱장은 세 줄, 소장은 네 줄을 붙였으며, 후산부들은 띠를 붙이지 않았다. 멀리서 야광줄만 보고도 서로의 직급을 확인할 수 있다.[38)]

② 안전등

갱내 안전등은 남폿불 → 간드레(카바이드등) → 전기안전등 순으로 발전했다. 1950년대 탄광이 개발될 당시에는 깡통에다 구멍을 뚫어 카바이드를 넣은 깡통간드레를 들고 갱내로 들어갔다. 간드레는 깡통 아랫부분에 카바이드가 들어가고 그 위에 물을 넣은 뒤 불을 붙여 사용했다. 간드레를 손에 들고 갱내로 들어간 뒤 작업할 때는 하나는 동발 위에, 다른 하나는 동발 아래에 걸어 놓고 작업을 한다.[39)]

1960년대까지만 해도 간드레를 걸어 놓고 어두침침한 가운데 망치질을 했다. 규

38) 정연수, 「탄광의 생산활동」, 『탄광촌 사람들의 삶과 문화』, 삼척시립박물관, 2005, 221쪽.

39) 홍순백

모가 영세한 탄광에서는 전기안전등인 캘램프가 없었으므로 간드레를 많이 썼다. 카바이드는 탄광에서 배급을 주는 곳도 있었지만, 대부분의 개인탄광에서는 본인이 직접 구입해서 썼다. 한 달 치를 미리 나누어 주고 급여에서 공제하는 탄광도 있었는데 그런 경우에는 밀폐된 용기에 담아 집에다 보관하면서 필요한 양만큼 꺼내 사용했다.

경동광업소 전신인 흥국탄광의 경우 간드레를 쓰다가 1968년경부터 캘램프의 사용에 들어간다. 간드레는 심주간드레와 깡통간드레 2종이 있었는데, 1950년대 중반 심주로 만든 간드레가 시중에 등장한다. 심주 간드레는 좋기는 하지만 비쌌기 때문에 경제적 여유가 있는 사람들이 쓰고, 대다수가 값싼 깡통간드레를 사서 썼다. 손재주 있는 사람들은 깡통간드레를 만들어 쓰기도 했다. 간드레를 동발 벽에 걸어 놓고 작업하다가 발파하다 보면 종종 불이 꺼지곤 했는데, 그럴 때에는 벽을 더듬으면서 기어 다녔다. 갱내에는 가스가 많았으므로 간드레를 쓰던 시절에는 갱내 가스폭발도 잦았다.[40]

1970년대 들어 전기안전등의 보급이 보편화된다. 전기안전등은 지금까지 40년간 활용되면서 밝기와 크기, 배터리액 부분에서 발전적인 변화를 가져온다. 우선 크기가 작아졌다. 1990년대까지만 해도 안전등 배터리가 커서 허리에 차고 다녀야 하던 것이 2006년 들어서는 주머니에 들어갈 정도로 작아진다.[41] 안전등의 휴대가 간편해진 것이다.

안전등의 배터리액도 변화한다. 1960년대 후반까지 사용하던 배터리액은 흘러 넘치면서 살갗을 태우는 사례가 잦았다. 1980년대 들어서는 배터리액의 위험성을 많이 줄였지만, 배터리액이 흘러 묻으면 작업복이 하얗게 변색하였다.

일제 혼다에서 나온 것을 쓸 때는 이 액이 살에 닿으면 살이 파여 나갔다. 1960

---

40) 신이종

41) 백승천(남, 장성광업소 근무 경력)

넌대 후반에 알칼리수를 썼는데 이 액이 독했다. 알칼리수를 안전등 배터리에 주입했는데, 알칼리라는 알약을 증류수에 담가 녹으면 알칼리수가 되었다. 1968년경 안전등실에서 근무하다 졸던 중, 액이 흘러내려 발목 부위에 떨어져 상처를 입은 적이 있다. 40여 년이 지난 지금도 그 흉터가 남아 있다. 1969년을 지나면서 배터리액을 국산으로 대체하였는데, 국산은 살을 파지 않아 안전했다. 하지만 옷에 묻으면 옷이 하얗게 변색하면서 망가졌다.[42)]

안전등 램프도 발전한다. 1960년대 안전등은 한 개의 램프에 한 가지의 불빛을 지니고 있었다. 1970년대부터는 보조램프가 달려 있어 갱내에서 두 개 불빛을 활용했다. 또 1990년대 후반을 지나면서 3단계의 불빛을 만들 수 있는 램프가 나왔으며 2015년 현재 사용되고 있다.

2) 방진마스크

탄가루가 많은 갱내 막장에서 오래도록 노동을 하면 직업병인 진폐증이 발병한다. 탄가루를 흡입하지 않도록 예방하는 것이 필수적이었으므로 개인 용품 중에서도 방진마스크는 무엇보다 중요했다. 1970년대 초반까지만 해도 채탄막장에서는 방진마스크도 없이 광목천으로 만든 목수건으로 코와 입을 막고 작업했다.

1970년대 중반부터 광업소 측에서는 방진마스크 착용을 의무화했지만 탄광노동자들은 목걸이처럼 목에다 걸어 놓을 뿐 착용하지 않았다. 채탄막장은 지하로 수백 미터 내려간 뒤 다시 수평으로 수천 미터 들어간 곳이어서 산소가 넉넉하지 않았기

42) 석재준(남, 함태광업소 근무 경력)

때문이다. 갱 밖에서 압축기를 통해 산소를 공급할 정도로 갱내의 산소는 부족했으며 조금만 일을 해도 숨이 찼다. 게다가 1980년대 중반 이전에 생산된 방진마스크 필터는 성능이 좋지 않아 사용자의 호흡을 답답하게 했다. 탄광노동자들은 진폐증이라는 직업병에 걸리는 것을 알면서도 방진마스크를 벗은 채 작업했다.

> 발파할 때 물을 뿌리면서 해야 하지만 작업하기 바쁘다는 이유로, 물을 구하기 어렵다는 이유로 그냥 진행했다. 그러다 보니 먼지는 더 많이 발생했는데도 도급제에 쫓겨 일하느라 급급하다는 이유로, 답답하다는 이유로 방진마스크를 쓰지 않았다. 1980년대까지만 해도 방진마스크를 쓰고 일하면 호흡하기 힘들다면서 내던지고 작업하는 사람들이 더 많았다.[43)]

> 1970년대부터 1980년대 초까지는 브라자(브래지어)마스크를 많이 썼다. 농촌에서 농약 칠 때 쓰는 것처럼 생긴 방진마스크를 '브라자마스크'라고 불렀다. 채탄이나 굴진 모두 마스크를 쓰도록 회사에서 지급하면서 착용을 의무 규정화했지만, 작업현장에서는 일하기 힘들다는 이유로 잘 쓰지 않았다.[44)]

광산보안대책의 일환으로 1977년에는 "광업진흥공사가 일괄 수입한 방진마스크의 탄광별 배정량(민영분 총 3,731개)을 통보하고 조속히 인수하여 활용토록 촉구"한 바 있다.[45)] 또 불량 방진마스크의 사용이 문제가 되자 대한탄광협회는 1979년 10월 23일 "각 탄광 갱내 종업원이 사용하고 있는 방진마스크는 대부분 국산품이 많으나 그 품질이 조잡하여 장기간 사용 시 배기구의 성능 저하로 인체에 유해하니 KS품 또

43) 신이종
44) 송인호(남, 경동탄광 및 도계광업소 근무 경력)
45) 『탄협 40년사』, 대한석탄협회, 1988, 323쪽.

는 수입품을 구입 사용토록 하라”[46]는 동자부 지시사항을 각 탄광으로 전하기도 했다. 1980년대 후반을 지나 필터의 성능이 개선되면서 광부의 마스크 착용이 보편화한다.

3) 작업복

탄광노동자들의 작업복은 탄광노동자뿐만 아니라 탄광촌의 상징이었다. 그래서 사북석탄문화제에서는 해마다(1995~2008년) '작업복 빨리 입고 달리기' 행사를 열곤 했다.[47] 작업복이라는 개념이 따로 없던 1930년대의 탄광 개발 초기에는 한복을 입고 채탄 작업을 했다. 1950년대 후반까지만 해도 집에서 입던 허름한 옷을 작업복으로 삼았다.

> 1960년대의 작업복으로는 주로 시중에 파는 군복을 많이 입었다. 군복색 그대로인 것도 있고, 군복을 검게 물들인 것도 있었다. 그것도 없을 때는 집에서 입던 헌 옷을 입었다. 석공 외에는 작업복이란 것이 없었다.[48]

작업복의 개념이 생긴 것은 1960년대 중반부터이다. 후생복지가 좋았던 대한석탄공사의 경우에는 1974년부터 장성광업소와 도계광업소 등 산하 광업소에 작업복을 매년 1벌씩(1979년부터는 2벌씩) 무상으로 지급했다. 1970년대 후반부터는 사북의 사

46) 위의 책, 327쪽.

47) 정연수, 「탄광촌의 축제현장」, 『강원도 축제의 이해』, 강원도민속학회, 2006, 637쪽.

48) 신이종

북탄좌, 고한의 삼척탄좌, 도계의 경동광업소 등 굴지의 민영탄광에서 검은색 작업복을 무상 지급하기 시작했다. 도계 경동광업소는 1970년대 후반부터 지급했는데, 대다수 소규모 민영탄광에서는 개인이 구입했다.[49)]

탄광 작업복의 상의에는 척추보호대라 하여 등의 척추가 닿는 부위에 긴 호주머니가 있어 다른 작업복과 쉽게 구별이 되었다. 대나무를 넣도록 한 이 척추보호대 주머니는 동발을 등에 짊어질 때 척추를 보호하는 기능을 한다. 하지만 땀이 많이 찬다 하여 척추보호대 속에 대나무를 넣지 않은 사람도 많았다. 1980년대 후반 들어 기계화채탄으로 동발을 직접 짊어질 필요가 없자 작업복의 척추보호대 주머니도 함께 사라졌다.

탄광노동자들은 탄가루가 몸에 들어가는 것을 방지하기 위해 각종 묘안을 냈다. 손토시, 발토시를 차는 것은 기본이었으며, 내복을 입고 갱내에 들어갔다. 내복은 추위서가 아니라 탄가루를 방지하기 위해 입었는데, 여름에도 내복을 입고 입갱했다. 또 작업복 밖에는 방수복을 입었다. 탄광의 심부화로 갱내 지열이 높아지면서 땀이 많이 나는 부작용이 일자 1980년대 중반 들어 하나둘씩 방수복을 벗어 던졌다. 막장이 덥지 않은 작업장에서는 1990년대 들어서도 방수복을 착용하는 노동자들을 쉽게 볼 수 있었다.

> 갱 안이 아무리 더워도 사시사철 내복을 입고, 군 작업복 두툼한 것을 껴입는데 비어져 나오는 땀이 외부로 새 나가지 않도록 하기 위해서이다. 땀을 많이 흘리면 그만큼 체중이 줄고 빈혈에 걸리니 땀이 곧 생명수라는 속담이 있어 온갖 방법을 동원하여 땀 아끼기 작전을 쓰게 된다는 것이다.[50)]

---

49) 삼척 도계 지역 광업소의 작업복에 대해서는 김도현, 「탄광촌의 의 · 식 · 주」, 『탄광촌 사람들의 삶과 문화』, 삼척시립박물관, 2005, 352~356쪽 참조.

50) 박태순, 앞의 글, 앞의 책, 307쪽.

더운데도 옷을 껴입는 것은 땀의 유출을 방지하기 위한 것이 아니라 탄가루를 막으려는 고육지책이었다. 장성광업소와 도계광업소에서는 2005년부터 손목 부위에 토시가 붙은 작업복을 제작해 보급하고 있다.

작업복을 무상 지급하면서 수요량이 늘어나자 작업복을 생산하는 공장을 갖춘 광업소가 등장하기도 했다. 1980~1990년대의 장성광업소에서는 장성 새마을회관 2층에 작업복 생산공장을 가동했으며, 이 작업은 여성들의 일자리가 없는 탄광지역 주부들의 고용 효과까지 가져왔다.

> 1986년 경동탄광에서도 작업복공장을 만들어 보급하였다. 초창기에는 나일론을 사용하여 제작하였는데, 시간이 지나면서 땀 흡수가 잘되는 혼방으로 그 재질을 바꾸었다. 작업복의 재질은 대한석탄공사에서 공급하는 작업복은 면 성분이 주류를 이루는 데 비해, 경동탄광에서 지급하는 작업복에는 나일론이 많이 섞여 있는 재질의 천으로 작업복을 제작하여 보급하고 있다.[51]

직위에 따라 작업복의 색상과 야광표(야광띠) 부착 방식이 달랐다. 작업복의 경우 소장, 부소장, 갱장(1990년대 들어 생산부장으로 호칭 변경) 등 고위관리자는 청색 작업복을 입는다. 부갱장(부부장) 이하의 관리직과 노동자들은 모두 검은색 작업복을 입는다.

야광표는 어두운 갱내에서 축전차가 지나갈 때 식별을 할 수 있게 하는 등 갱내 위험을 예방하는 표식이다. 하지만 갱장 이상의 관리직은 작업복에 야광표를 부착하지 않았다. 야광표를 부착하는 것이 작업복의 맵시도 나지 않으니 권위를 손상하는 것으로 여긴 것이다. 고위 관리직을 제외한 모든 탄광노동자의 작업복에는 모두 야광표가 큰 줄로 그어져 있다.

작업복의 바지와 윗옷에는 탈의실 개인 사물함의 번호와 같은 번호가 붙어 있

51) 김도현, 앞의 글, 앞의 책, 356쪽.

다. 이 번호는 작업복을 세탁하고 탈의실 개인 사물함에 넣어 두기 위한 식별표인 것이다. 장성광업소의 경우 '금천123'처럼 금천/장성/중앙/철암/문곡갱 등의 소속 갱의 이름과 고유번호를 적어 놓는다. 장성광업소에서는 중앙목욕탕을 수리하고, 금천갱과 문곡갱이 통합하던 2008년 4월부터 표식 체계를 바꾸었다. 갱 이름을 삭제하고 옷장의 고유번호를 숫자로만 적는데, 정환구를 예로 들면, '금천123'에서 '806'으로 변경한 옷장 번호를 부여받았다. 2008년 6월 기준, 장성광업소의 생산 부서로는 굴진 작업만 하는 중앙갱, 채탄 작업을 하는 장성갱 · 금천갱 · 철암갱이 있다.

작업복은 중앙목욕탕에 붙은 세탁소에서 무료로 세탁해 준다. 2000년대 들어 장성광업소 탄광노동자들은 개인 비용 부담으로 속옷 빨래까지 세탁소에 맡기고 있다. 2008년 기준 1인당 월 15,000원을 지불하면 속옷, 작업용 장갑, 내복 등을 세탁해 준다. 탄광노동자들 사이에 구두쇠로 지칭되는 '독일병정'이 아닌 한, 대다수가 개인 세탁물 처리까지 맡기고 있다.

4) 안전장화 · 게다 · 장갑

① 안전장화

탄광 개발 초기에 탄광노동자들은 짚신이나 고무신을 신고 막장에 들어갔다. 그러다가 돌 조각에 발을 다치는 사례도 빈번했다. "(1930년대) 당시 막장에서는 짚신을 신고 채탄 작업에 나섰는데 칼처럼 예리한 돌조각이나 '세일탄'에 찔려 다치는 일이 비일비재했고 천장에서 떨어지는 돌에 머리와 허리를 다쳐도 보상은커녕 치료조차

받기 힘들었다"[52]는 기록은 그것을 잘 보여 준다.

탄광의 작업용 신발은 모두 장화였는데, 초기에는 상점에서 일반장화를 개인적으로 구입해서 신었다. 1970년대 들어서야 안전장화에 대한 의식이 생겨났다. 장성광업소나 도계광업소 등 대한석탄공사 산하의 광업소에서는 1975년부터 작업화를 매년 1켤레씩 무상으로 지급했다. 개인광업소의 경우 1980년대 초반부터 보급되었다.

장화를 무료로 지급하면서부터 착용을 의무화하기 시작한다. 안전장화는 앞부분에 쇠붙이가 붙어 있어서, 물건이 떨어지거나 발이 물체 사이에 끼었을 때 발가락을 보호한다. 난장, 즉 갱 밖에서 일하는 노동자들에게는 장화 대신 작은 군화 모양의 작업화가 지급되었다. 난장 종사자들이 신는 작업화라고 해서 난장화라고도 부른다.

장화를 지급받으면 장화 윗부분에 구멍부터 뚫는다. 장화의 윗부분 구멍 뚫은 곳과 바지 아랫단을 R 모양의 철사 고리로 연결하는데, 이는 탄가루가 신발 속으로 들어가는 것을 방지하려는 의도에서다. 장화를 처음 지급받았을 때 구멍 뚫는 작업이 귀찮을 때는 하루쯤은 장화 밖으로 바지의 아랫단을 내놓고 다녔다. 그럴 경우 작업복을 입은 모양새가 나지 않을뿐더러, 걸음걸이가 자연스럽지 않았다. 철사 고리를 만들어 활용하기 전인 1980년대까지는 주로 바지 아랫단에 고무줄을 넣어서 조여 맨 채 탄가루 침입을 막았다.

탄광현장 장비와 개인 용품은 세월이 흐를수록 발전되었지만 안전장화는 그렇지 못한 실정이다. 2000년대 들어 장화의 불량품이 더 늘어나면서 탄광노동자들의 신뢰를 얻지 못하고 있다. 탄광 감소로 장화의 수요가 줄자 국내산 안전장화의 공급업체가 제작을 중단해 수입 장화를 보급하면서 생긴 일이다. 중국산 안전장화는 불량품이 많은 데다 잘 찢어져서 노동자들로부터 외면당하고 있다. 상당수의 탄광노동자들은 튼튼한 국내산을 개별적으로 구입해서 쓰고 있다.[53]

52) 홍춘봉, 『탄광촌 공화국』, 노동일보, 2002, 23쪽.

53) 정환구

탄광이 호황을 이루던 탄광촌에서는 탄광노동자들만 장화를 착용한 것이 아니라, 모든 주민이 장화를 신었다. 탄광촌 곳곳에 설치된 저탄장과 운반용 차량에서 새어 나온 탄가루가 바람을 타고 날아다녀 도시 전체를 덮었기 때문이다. "마누라 없이는 살아도 장화 없이는 못 산다"는 말이 유행할 만큼 탄광촌 주민들에게 장화는 필수적인 신발이었다.

② 게다

탄광노동자들이 입갱 전과 후에 신는 신발은 '게다(げた)'로 불리는 왜(倭) 나막신이었다. '게다'는 나무로 신발 바닥을 짠 다음, 갱내 석탄 운반용 컨베이어벨트를 잘라서 발등 끈을 걸어 만들었다. 탄광에서는 동발나무를 쓰고 있었으므로 나무는 흔한 재료였다. 또한, 버려지는 나무 부위와 컨베이어벨트를 재활용하여 쓰는 것이기도 했다.

1980년대 초반까지만 해도 게다 바닥이 나무의 세로 결을 따라 반으로 갈라지면 수선해서 신었다. 연탄불에 철사를 달군 다음 구멍을 내어 나일론 끈으로 양쪽을 꿰매 신었다. 걸을 때마다 달가닥달가닥 소리가 났는데, 굽이나 바닥 부분에 컨베이어벨트 고무 부분을 덧대기도 했다. 이 고급형은 탄광의 간부들이 주로 신었다.

게다는 탄광노동자들뿐만 아니라 탄광촌 주민들까지 같이 신었다. 1980년대 중반까지 탄광노동자들의 사랑을 받던 게다는 쇠동발 활용으로 목재소 역할이 줄어든데다 개인의 경제력이 향상되면서 사용이 줄어들었다. 2000년대 후반에도 목욕탕이나 탈의실에서는 여전히 게다를 신고 있는 탄광노동자를 간간이 볼 수 있다.

③ 장갑

1970년대 후반부터는 작업용 장갑도 광업소에서 지급했다. 갱내 직종에는 고무 코팅이 된 장갑을, 갱외 직종에는 목장갑을 지급했다. 갱내 직종의 경우 목장갑을 따로 받지 않았지만, 탄가루를 몸에 묻히지 않으려고 개인적으로 목장갑을 구입해 쓰는 광부들이 많았다. 갱내 직종 중에서 목장갑을 사서 쓰지 않는 노동자들이라야 '독일병정'뿐이라는 것이다.[54]

"광산에서 사용하는 장갑을 근로장갑이라고 하는데, 이것은 손목에 닿는 부분만 면이고 나머지는 고무로 된 장갑이다. 1980년대 초반까지 개인적으로 장날에나 철물점에서 구입하여야 하였다. 기혼자는 세탁하여 사용하므로 7~8켤레를 준비하여 사용하였고, 미혼자는 한 번 사용하고 버리는 예가 많았다."[55]

5) 도시락

갑방(오전 8시~오후 4시) · 을방(오후 4시~밤 12시) · 병방(밤 12시~오전 8시) 3교대로 근무하는 탄광의 특성상 도시락을 준비하는 탄광노동자의 아내는 고충이 남다르다.

> 오늘 도시락은 뭘 싸야 할까 하는 것은 늘 고민거리이다. 그냥 집에서 먹는 것이라면 아무것이나 같이 먹을 테지만 갱내에서 힘든 일 하다가 먹는 도시락이라 생각하면 몹시 신경이 쓰인다. 다른 사람들과 함께 먹는 것이니 그것도 눈치가 보여

54) 정환구

55) 김도현, 앞의 글, 361쪽.

여간 신경 쓰이는 것이 아니다.[56)]

경동광업소에서는 지난 2001년부터 취업회 장소에 일회용 도시락을 대기시켜 놓고 무료로 공급하면서 노동자 가정에 많은 변화가 생겼다. 도시락 보급은 탄광노동자들에게는 출퇴근할 때 가방 들지 않아 좋고, 아내는 반찬 걱정 안 해서 좋은 일거양득의 효과를 거두었다. 탄광노동자의 아내들은 도시락 반찬을 위해 새벽같이 일어나지 않아도 되고, 을방 · 병방 출근자를 위한 한밤중의 반찬 근심을 하지 않아도 되었다. 아내가 남편과 같은 시각에 일어나 빵과 우유 등의 간편식으로 바꾼 가정도 생겼다.

광부들은 밥을 먹을 때도 탄 먼지 날리는 굴속에서 먹는다. 갱내에서 갑방은 점심, 을방은 저녁을 먹는데, 병방 작업조가 먹는 새벽밥은 '밤참'이라고 부른다. 탄광의 갱내 막장에는 얼음 냉장고가 갖춰져 있고, 항상 따뜻한 물이 나오는 온수기까지 갖춰져 있다. 점심을 먹고 난 후에는 커피도 한잔하고, 참으로 컵라면도 끓여 먹는다. 탄광 실정을 아는 사람이 들으면 코웃음 치면서 공상 소설이라 하겠지만, 이것은 경동탄광의 실제 상황이다.[57)]

석탄공사 노동자들의 경우 도시락은 공급되지 않지만 대다수가 가정에서 준비한 도시락보다는 식당에서 도시락을 구입해 들고 간다. 장성광업소에서는 입갱할 때 일회용 커피를 가져가 커피포트에다 커피도 끓여 먹고, 라면도 끓여 먹을 만큼 갱내 환경이 개선되었다. 물론 경동탄광처럼 공식적으로 허용한 것은 아니지만, 가스폭발 위험이 적은 막장을 중심으로 통용되는 실정이다.

---

56) 전순영(여, 남편이 도계광업소 근무)

57) 김종연(남, 경동광업소 근무)

갱내 생활복지가 많이 달라지고 있는데, 장성광업소에서는 2000년대 중반부터 케이지 입구나 갱내 크로스 입구마다 냉장고를 한 개씩 설치해 시원한 물을 공급하고 있다. 금천갱의 경우만 하더라도 3개의 냉장고가 설치되어 100~200명이 활용하고 있다. 2008년 들어서는 케이지 입구에 벤치, 냉온수기 등을 갖춘 공동휴게실까지 마련했다.

6) 안경 · 시계

① 안경

갱내에서는 습기와 탄가루가 많아서 안경을 쓰고 일하기가 쉽지 않다. 그래서 다른 노동 직종에 비해 안경 쓰는 탄광노동자들이 적은 것이다. 탄광에 입사할 때는 신체검사가 까다로웠다. 시력이 나쁜 사람들은 몰래 렌즈를 끼고 신체검사에 응시하기도 했다. 그렇게 합격한 뒤에 렌즈를 끼고 채탄막장으로 들어가 작업하다가 각막염으로 악화해 고생한 사람들도 있었다. 갱내에서 렌즈 활용이 쉽지 않으니 안경을 써야 했는데, 습도가 높고 탄가루가 많은 작업환경에서 쉽지 않은 일이었다.

> 나이가 든 사람들은 안경을 쓰지 않는다. 나이 들어 광부로 일하면서 안경까지 쓰면 초라하게 보인다. 자존심 때문에라도 안경을 쓰지 않고 들어간다. 앞이 안 보여 답답하지만, 남들에게 초라하게 보이는 것보다는 답답한 것이 더 낫다. 안경을 쓰고 일을 하면 땀 흘릴 때마다 닦아 내는 것이 여간 고역이 아니다. 또 안경을 쓰

면 작업 중 자꾸 벗겨지면서 사람이 비실비실해 보인다. 요즘 젊은 사람들은 안경을 쓰고 일을 한다. 힘이 좋으니까 그들은 흉하지 않다. 일하면서도 안경 정도는 저 스스로 감당할 힘이 있기 때문이다.[58)]

암석을 제거하기 위해 해머질을 하던 중 경석 파편이 눈에 튀는 사고가 잦았다. 이것을 예방하기 위해 탄광에서는 1990년대 초반부터 돌을 깰 때 눈을 보호할 수 있는 잠수경 같은 안경을 지급했다. 안전사고를 예방하는 조치이지만 탄광노동자들은 불편하다는 이유에서 잘 사용하지 않았다. "잠수경을 답답하다고 쓰지 않는 실정이니, 안경은 오죽 답답하겠는가"[59)]라는 증언은 시력이 나쁜 상태에서 일하는 노동자의 고충을 극명하게 드러낸다.

② 시계

갱내에는 시계를 손에 차고 들어가는 탄광노동자들이 드물다. 탄가루가 묻고 땀에 끈적거리는 것을 꺼려 비닐봉지에 싸서 들고 가거나 사물함에 벗어 놓고 간다. 탄가루와 함께 생활하는 탄광노동자들이기에 탄가루를 묻히지 않으려는 노력은 시계에서도 나타난다. 손목시계를 가져가지 않아도 되도록 갱내 곳곳에다 시계를 설치했다. 막장이나 갱도 곳곳에다 벽시계, 사발시계, 탁상시계 등 집에서 쓰던 시계를 가져와 걸어 놓은 것이다. 시계는 채탄막장 쪽 동발에도 걸려 있고, 식사시간에 모여 밥을 먹거나 휴식을 취하는 막장의 입구 동발에도 걸려 있다. 갱 밖 세상으로 나가는 퇴갱시간을 향해 탄광막장 속의 시계가 부지런히 초침의 바퀴를 돌리는 것이다.

58) 정환구

59) 정환구

4.
글을 맺으면서

탄광노동자의 작업 장비와 개인 용품의 변천 과정을 통해 탄광막장의 현실을 살펴보았다.

2. 「탄광노동자의 작업현장과 장비」에서는 노보리, 나무동발 · 쇠동발, 망치 · 정 · 착암기, 톱 · 도끼 · 삽 · 로커쇼벨, 질통 · 탄차, 삭도 등을 살폈다. 노보리는 경사진 면을 올라가면서 작업하는 고된 탄광노동의 상징이였으나 기계채탄의 진행으로 수평갱도가 만들어지면서 사라졌다. 기계화채탄은 나무동발을 쇠동발로 교체하면서 가능해졌다. 1990년대 들어 쇠동발이 보편화하면서 수평갱도가 형성되고 기계화가 이루어진 것이다.

정과 망치는 수작업으로 진행되던 초기 탄광 개발의 주요한 작업 도구였다. 정과 망치를 가지고 암벽을 치는 갠노질, '대부리 굴진' 등은 인력에 의존하던 초기 탄광 개발의 열악한 환경을 보여 준다. 1960년대 중반을 넘어서서 착암기의 보급이 보편화하면서 갠노질이 사라지는데, 작업현장에 따라서는 2000년대에도 가끔 수작업이 등장하곤 했다. 착암기, 로커쇼벨 등의 기계는 선산부가 작동을 맡았다. 후산부는 삽과 괭이를 들고 경석 치우는 작업을 했다. 기계화가 가속되면서 탄광에는 고속천공

장비인 점보드릴(Jumbo drill), 덤프카, 반타기 등이 도입된다. 인력에 의존하던 채탄이 기계로 대체된 것이다.

톱과 도끼는 선산부가 활용하는 도구였으며, 삽은 후산부가 사용했다. 로커쇼벨 등의 기계가 없던 시절에 삽은 탄을 캐거나 싣는 중요한 도구였다. 선산부가 되면 톱과 도끼로 작업 도구가 바뀌는데 이것을 '톱 · 도끼 받는 날'이라고 부르며 축하 자리를 만들던 풍습도 확인했다.

탄광 초기에는 석탄 운반을 위해 삼태기, 질통, 지게, 가마니, 대야 등이 동원되었다. 그러다가 갱내에 레일이 설치되면서 목제 탄차가 사용되었다. 1960년대 후반을 지나면서 철제 탄차가 보급되어 전체 탄광으로 확대된다. 공중삭도는 탄광촌의 명물로 도계, 영월 등지에 설치되어 산간 지역의 석탄 수송에 중요한 역할을 했다. 영월 지역에는 1935년부터 1960년 말까지, 도계 지역에는 1940년부터 1991년까지 50년 동안 존재했다.

3. 「탄광노동자의 개인 용품」에서는 안전모 · 안전등, 방진마스크, 작업복, 안전장화 · 게다 · 장갑, 도시락, 안경 · 시계 등을 살펴보았다. 안전모는 생명을 보호하는 개인 용품이지만 색상이나 야광띠의 표식을 통해 위계질서를 드러내고 있었다. 안전모를 통해서 탄광노동자와 관리자, 모광 직원과 하청 간의 위계질서를 드러내는 모습도 확인했다.

안전등은 남폿불 → 카바이드등 → 전기안전등 순으로 발전했다. 전기안전등은 크기가 작아지는 쪽으로 발전하고 있으며, 램프는 한 개의 불빛에서 두 개→세 개의 램프 불빛으로 발전되고 있었다. 한편 직업병을 예방하기 위해서는 방진마스크 착용이 필수적이지만, 초기에는 광목으로 입을 막고 일했던 열악한 작업환경을 엿볼 수 있었다. 또한, 1980년대 이전에 보급된 방진마스크는 호흡이 불편해 활용도가 낮았으니, 진폐환자들의 양산은 안전대책의 미흡으로 보인다.

탄광 개발 초기에는 한복이나 평상복을 입고 채탄 작업을 하던 것이 1960년대 들어 탄광 작업복이 등장한다. 탄광 작업복은 척추보호대를 갖추어 동발을 짊어지는 탄광노동자를 보호했으며, 야광표식을 달아 어두운 곳에서 일하는 갱내 작업자를 보호했다. 탄광 개발 초기에 짚신이나 고무신을 신고 막장에 들어가기도 했으나 안전사고가 발생하면서 안전장화가 개발된다. 탄광의 안전장화는 앞부분에 발가락을 보호하는 쇠붙이가 붙어 있어서, 물건이 떨어지거나 발이 물체 사이에 끼었을 때 보호하게 되어 있다. 한편 땀과 탄진이 많이 발생하는 갱내에서 작업하는 탄광노동자들의 안경 착용은 큰 불편을 가져왔다. 렌즈조차 사용하기 힘들고, 안경도 쓰기 힘든 불편은 갱내 작업환경의 열악한 현실을 대변한다.

탄광노동현장의 장비와 개인 용품의 변천 과정을 살펴보면서 시대의 발전에 따라 장비의 발전이 함께 있었다는 것을 확인할 수 있었다. 하지만 갱내라는 작업 현실 때문에 기계화에도 불구하고 탄광노동자들은 여전히 열악한 환경에 놓여 있다. 채탄 작업장이 점점 지하 깊숙이 내려가면서 높은 지열과 만나기 때문이다. 작업 도구 및 개인 용품의 변화에 대한 추적은 탄광노동자들의 열악한 노동조건을 확인하는 계기이자, 탄광노동현장의 변화를 살펴보는 축약도가 될 것이다.

6장

탄광도시 태백시의 단오 세시풍속 연구

1. 탄광촌 단오 풍속의 연구 의의
2. 태백의 단오 풍속
3. 천궁과 궁궁이의 단오 전통과 산업 가능성
4. 함태단오의 전통 변화 양상
5. 단오 산신제 · 위령제 · 성황제
6. 글을 맺으면서: 단오와 문화 계승

1.
탄광촌 단오 풍속의 연구 의의

석탄이라는 단일 산업으로 탄광촌을 이루고, 1980년에 시로 승격한 태백시는 우리나라 최대 규모의 탄광도시이다. 태백시가 도시의 면모를 갖춘 것은 탄광 개발에서 비롯한다. 장성 · 황지 · 철암 지역에 규모가 큰 광업소가 개광하면서 도시를 형성했다. 소도 · 동점 · 화전 · 통리 지역 역시 광업소를 끼고 마을을 형성한다. 탄광촌 지역은 광업소를 중심으로 사택이 들어서고 마을을 형성했으므로 문화 또한 광업소를 중심으로 이루어졌다. 그리하여 같은 태백시 관내라고 하더라도 단위 지역의 문화는 광업소 단위별로 지역적인 개성을 지닐 수밖에 없다.

세월을 담아 전승하는 지역의 세시풍속에는 지역민의 생활이 구체적으로 녹아있다. 지역을 이해하는 가장 좋은 방법은 그 지역의 풍속을 살펴보는 일이다. 급변하는 세태 속에서 많은 풍속이 사라져 가는데, 그래도 일부 풍속은 끈끈한 전통으로 생명력을 이어가고 있다. 태백시의 세시풍속 중에서 단오 풍속은 지역의 특색을 잘 드러내는 독특한 문화로 자리했다. 태백시 관내에서는 단오절이 되면 각 광업소가 주관하여 마을마다 단오축제를 열었기 때문이다. 장성동 지역에서는 장성광업소를 중심으로 단오 행사가 열렸듯, 소도동 지역에서는 함태광업소를 중심으로 단오 행사가 열렸다. 각 광업소에서는 단오절이면 종업원에게 특별 배급을 지급할 만큼 각별한 명절로 여겼고 공휴와 함께 성대한 단오 행사를 열었다. 특히 소도 지역에서 사나흘씩 진행하던 단오는 '함태단오'라는 별칭을 얻을 정도로 성대한 축제였다.

서낭당 · 서낭제를 두고 태백 지역 주민들은 서낭과 성황을 섞어 사용했다. 다만, 현판에 '성황당(城隍堂)'으로 표기하고 있기에 이 글에서는 성황당, 성황제로 통일한다. 함태단오와 성황제를 비롯한 태백의 단오 풍속은 태백의 특수한 문화이면서도 아직 제대로 알려지지도 않았고, 기초적인 연구조차 되지 못했다. 태백시의 세시풍속을 기록한 『태백시지』(태백시 발행)조차 탄광촌 고유의 문화와 주민의 풍속을 담아내지 못했다는 점에서 태백의 단오 풍속 연구는 시급한 과제로 보았다. 『태백시지』가 5월 단오를 소개한 전문을 보자.

① 단오

5월 5일을 단옷날이라 하고 천중절이라 한다. 옛날엔 수릿날 또는 술의날이라 했고 큰 명절로 조상에 차례를 지냈다고 한다. 이날은 높은 나무에 그네를 매어 놓고 부녀자들이 그네를 타고 남자들은 씨름을 한다. 시절음식으로 수리떡을 해 먹는다. 수리취를 뜯어다 수리취떡을 하기도 하고 쑥떡을 하기도 하는데 둥근 것이 수레바퀴 같다 하여 수레떡이라 하기도 한다. 영동 지방은 단옷날에 여러 가지 산맥이와 제 그리고 별신굿 등을 많이 했다.

② 약쑥베기

단옷날 아침 해가 뜨기 전, 혹은 아침이슬이 걷히기 전에 약쑥이나 익모초를 뽑거나 벤다. 적당히 엮어서 그늘에 매달아 두었다가 마르면 1년 내내 약으로 쓴다. 익모초는 여름철 배앓이에 달여 먹고 쑥은 구충제로 쓰인다. 약쑥은 여름에 태워

모기를 쫓기도 하고 담배 대용으로 피우기도 한다.[1]

인용한 글에서 보듯 태백시가 공식 기록에 나선 『태백시지』조차 태백의 단오 특성을 전혀 반영하지 못하고 있다. 전국에 산재한 보편적인 풍습을 태백의 세시풍속편에 기록하고 있을 뿐이다. 이는 태백시의 문화 부재 현주소를 방증하는 것이자, 태백의 민속자료 정리가 시급하다는 것을 의미한다. 『태백시지』가 태백의 고유적인 단오를 기록하지 못한 까닭은 행정가가 지역을 모르는 이에게 집필을 맡겼거나, 집필자가 지역민이나 현장을 찾지 않고 글을 쓴 때문이다. 일부 태백시민이 감수자로 참여했지만, 이들 역시 지역의 문화를 알지 못하는 것은 마찬가지였을 것이다.

『태백시지』(1998년 9월 발행)보다 13개월 앞서 간행된 『태백산 민속지』(1997년 8월 발행)만 참조했더라도 태백 지역의 단오가 지닌 특색을 짐작할 수는 있었을 것이다. 『태백산 민속지』[2]는 중앙대학교 국문학과에서 1989년과 1990년 두 차례에 걸쳐 태백시 지역에서 진행한 민속 조사를 반영하고 있다. 중앙대 국문과에서는 『태백산 민속지』의 발행에 앞선 1992년에 이미 『어문론집』(중앙어문학회)을 통해 「태백산 지역 민속 조사 보고서 (1)—태백시를 중심으로」를 낸 바 있다.

태백 지역의 세시풍속 연구의 기틀을 잡은 것은 국립문화재연구소에 의해 간행된 『강원도 세시풍속』(2001)을 꼽을 수 있다. 이 책은 구문소동 동점 양지마을 · 삼수동 안창죽 마을 · 상사미동 상사미마을 지역이라는 세 개 지역에 국한된 것이기는 하지만 태백의 세시풍속 조사의 방향을 보여 주고 있다. 태백시의 민속 조사는 아직도 걸음마 단계에 놓여 있다. 이는 태백시 주민들의 구체적 삶 속에 살아 있는 기층문화가 감추어져 있다는 것을 뜻한다. 이제라도 태백시의 문화에 대한 기록을 체계적으로 구체화하는 작업이 필요하다. 농경, 화전, 탄광, 폐광촌을 지나 고원 관광도시로 산업

1) 『태백시지』, 태백시, 1998, 344~345쪽.

2) 임동권 외, 『태백산 민속지』, 민속원, 1997.

의 변화를 겪는 태백시는 풍속이 더 사라지기 전에 기록 · 정리 · 해석 등의 연구를 진행해야 한다.

태백의 민속 조사에 나섰던 학자들은 "탄광촌 지역에는 독자적인 문화가 형성되어 있으며, 도시민속학으로서의 탄광촌 민속이 조사 대상이 될 수 있다"면서 조사상의 어려움으로 미루어둔 탄광촌 민속에 대한 조사의 중요성을 강조했다.[3] 본고는 그 실천의 일환으로 우선 태백시의 단오 세시풍속을 다루고자 한다. 태백 지역의 단오는 다른 지역과 차별되는 독특한 특성이 있다. 천궁물에 머리 감기와 궁궁이 꽂기라든가, 수백 년 전통 속에 지금까지도 성대하게 진행하는 단오성황제, 광업소가 중심이 되어 지내는 탄광촌의 단오고사, 광업소가 중심이 되어 축제의 한마당을 만들었던 함태단오 등이 그것이다. 장성, 황지, 동점, 철암 등 태백시 관내 곳곳에서 광업소를 주축으로 하여 규모가 큰 단오 행사가 열리곤 했다. 이 글에서는 소도 지역을 중심으로 살펴보기로 한다. 태백시에서 끈끈하게 뿌리내린 단오의 세시전통은 산업화에 따른 풍속의 변화상을 보여 주는 자료가 될 것이다.

3) 위의 책, 7~8쪽.

2.
태백의 단오 풍속

1) 단오 음식

태백 지역의 단오 음식으로는 취떡, 미나리, 약쑥 등이 으뜸으로 꼽혔다.

① 쑥떡과 취떡

"오월 단오 안에는 못 먹는 풀이 없다"는 속담이 있을 만큼 단오는 양기가 왕성한 시기다. 그리하여 단옷날에는 쑥이나 수리취 같은 초록색의 산나물을 뜯어서 떡가루와 섞어서 떡을 해 먹었다. 떡 위에 수레바퀴 모양의 문양을 넣어 취떡을 빚어 먹었다. "쑥은 단군신화에 나오는 식물로 우리 민족에게는 신성시되었으며, 재액을 물리치는 힘을 가진 것으로 여겼다. 또한, 약효가 있어 위장병, 소염작용, 지혈작용, 설사 예방 효과도 있으며, 몸을 따뜻하게 하는 약재로 알려져 예전부터 쑥떡을 해 먹었다"

고 전한다.[4]

태백 탄광지역에서는 수리취를 불씨로도 활용했다. 소도 지역에서는 "예전에 불씨를 만들 때 마른 수리취나물을 가져다가 부싯깃으로 썼다. 차돌을 비벼 마른 수리취에 대면 불이 붙었다"[5]는 증언이 나왔고, 장성의 금천 지역에서는 "성냥이 없을 때는 취나물을 말려서 사용하였다. 마른 취나물을 비비면 하얀 것은 떨어지고 섬유질만 남는데 이것을 부싯돌 사이에 두고 돌을 마주치면 불이 붙는다"[6]는 증언이 나왔다.

② 미나리

미나리는 단오에 태백시 전역에서 즐겨 먹은 시절음식이다. 태백에서는 "단옷날 미나리는 약"이라고 하였다. "미나리나물을 먹으면 여름에 더위를 타지 않아 좋다"고 하여 단옷날은 미나리부터 먹었다.[7]

> 단오 때 꼭 먹어야 할 음식은 미나리였다. 미나리로 국을 만들어서 미나리국을 먹거나, 미나리를 무친 미나리나물을 먹었다. 미나리는 취떡과 함께 단오의 대표적 시절 음식이다.[8]

4) 국립민속박물관 편, 『한국세시풍속사전』, 국립민속박물관, 2005, 171~172쪽.
5) 박영희(남, 67, 소도동)
6) 임동권 외, 앞의 책, 86~87쪽.
7) 미나리에 관한 내용은 국립문화재연구소 편, 『강원도 세시풍속』, 국립문화재연구소, 2001, 202, 216, 228쪽 참조.
8) 석춘자(여, 65, 소도동)

③ 약쑥

단오에는 약쑥 베기가 중요한 일과 중의 하나였다. 단옷날 아침에 약쑥을 베다가 엮어서 성황당(서낭당) 제사를 지내고 나서는 제사에 올렸던 술을 뿜어 약쑥에 뿌린다. 그리고는 집집이 한 타래씩 가지고 가서는 벽에 매달아 말려 둔다. 이 약쑥은 각 가정에서 비상용 약으로 아주 요긴하게 쓰인다. 소가 병이 나면 말린 쑥으로 병을 고치고, 사람도 탈이 나면 단오에 말린 쑥으로 뜸을 뜬다. 지금도 집집이 한 타래씩 말려 둔다.[9] 장성동 금천 지역에서는 "약쑥을 뜯어 막걸리에 넣어 두었다가 마시기도 한다"고 했다.[10]

단옷날과 쑥의 관련성 및 효능에 대해서는 다음 글에 잘 정리되어 있다.

> 단옷날 아침 식전에 쑥을 뜯어 말려 놓았다가 여름철 배앓이를 할 경우 달여서 먹으면 효과를 본다고 한다. 해가 돋기 전에 뜯어야 약효가 있다고 하며, 부인들이 출산 후에 몸을 정상으로 되돌리기 위해 쑥을 태운 김을 쐬기도 한다. 일부 강원도 마을에서는 소가 난산일 경우 약쑥을 소 등에 얹고 천을 덮은 다음 거즈로 문지르면 순산을 한다고 하며, 인제에서는 약쑥을 넣은 영계가 몸에 좋다고 하여 여름철 시식으로 먹는다.[11]

약쑥은 베는 시기가 정해져 있다. 양기가 최고조에 이르는 오시의 쑥을 약용으로 쓰고 있다. 또 단옷날 아침 해 뜨기 전에 이슬 맞은 쑥이 약이 된다고 하며, 단오 하루 전날 쑥을 뜯어 밤이슬을 맞힌 후 엮어 말려서 약으로 사용한다.[12]

---

9) 쑥에 관한 내용은 국립문화재연구소 편, 앞의 책, 202, 216, 228쪽 참조.

10) 임동권 외, 앞의 책, 69쪽.

11) 장정룡, 『강원도 민속연구』, 국학자료원, 2002, 646~647쪽.

12) 국립민속박물관 편, 앞의 책, 165쪽.

2) 송아지 코 뚫기

단오에 송아지의 코를 뚫는 풍습이 태백시 구문소동 동점 양지마을과 상사미동 상사미마을에서 조사되었다.

구문소동: 단오에 송아지의 코를 뚫으면 좋다고 하여 옛날부터 단오에 송아지의 코를 뚫는다.[13)]

상사미동: 단오에는 이제 막 성우(成牛)가 된 소의 코를 뚫는다. 단오 즈음이면 소의 코가 가장 연해서 뚫기 쉽고, 소가 좋아하는 연한 풀들이 많기 때문에 옛날부터 소의 코는 단오에 뚫는다.[14)]

3) 단오놀이

단오제 행사에 등장한 놀이로는 그네, 씨름, 줄다리기, 축구 등이 있었다. 남자에게 단옷날의 놀이 으뜸은 씨름이었고, 여자에게 으뜸은 그네뛰기였다. 단오 행사가 열리는 운동장이나 마을의 큰 나뭇가지에 그네를 매달았다. 단오 하루나 이틀 전에 장정들이 굵고 단단하게 꼰 동아줄이나 밧줄로 그네를 매단 것인데, 단오가 끝나도 며칠 동안 더 달려 있었다.

단옷날 그네는 여성들의 대표적 놀이로 그네를 뛰러 나온 부녀자들은 저마다 단

13) 국립문화재연구소 편, 앞의 책, 203쪽.

14) 위의 책, 228쪽.

오빔을 곱게 차려입고 천궁을 댕기머리나 비녀머리에 꽂았다. 단오는 부녀자를 위한 명절이라고 부를 만큼 여성들의 활기가 넘쳤다. 여자들을 재수 없는 존재로 여기면서 1년 내내 억눌러 오던 탄광촌 금기가 단옷날만큼은 완화된 것이다. 집 안은 물론이고 부엌이나 집 밖에서도 큰소리를 한번 못 치고 살던 탄광촌 여자들이 1년 중 유일하게 몸과 마음을 활짝 펼 수 있는 날이었다. 탄광촌 여자들이 그네현장에서 "읏싸, 더 높이, 읏싸, 더 높이" 하고 목청 쉬도록 큰 소리를 지를 수 있는 날이었다. 그네 주변으로 사람들이 빼곡 모여 서서는 "조금만 더, 조금만 더"하는 응원이 터져 나왔다.

> 장화 없이는 못 산다고 할 만큼 사방 천지가 석탄가루로 뒤덮이던 시절에 단오는 제일 큰 행사였다. 남편이 함태광업소 지질과에 다녀 단오장 그네 시합에 나갔다. 그네 뒤에 끈을 달아서 거리를 재면서 측정했다. 그때가 내 나이 스물아홉 살이었는데 상으로 비누 3장을 탔다. 1등을 한 사람은 3~4년 전에 작고한 신두일 씨였는데 당시 금반지 3돈을 타서 모두의 부러움을 샀다. 지금도 소도 주민들은 모두 그 사람이 반지 탄 것을 기억하고 있다.[15)]

> 그네를 타서 상품으로 금반지 3돈을 탔다는 얘기를 들었다. 1970년대 중반쯤 되었을까, 내가 마흔몇 살 때 계산동 절골에 살 때의 일이다. 당시 우리는 단옷날이면 친목계를 하면서 계원들끼리 어울려 놀았는데, 뒷집 엄마가 그네를 뛰어 상품으로 금반지 3돈을 탔다고 함께 어울려 논 적이 있다.[16)]

> 단오 때 황지에 가 보지는 않았지만, 단오 때는 별신을 했다는 얘기를 들었다.[17)]

15) 윤정숙(여, 76, 소도동)
16) 전금자(여, 71, 장성동)
17) 전금자(여, 71, 장성동)

장성동의 화광아파트 주민들은 '굿'은 개인이 아플 때 하는 것이고, '별신'은 행사 때 하는 굿판이라고 구분하여 보았다. 삼척군 장성읍과 황지읍으로 구분되던 1981년 이전에는 장성과 황지 지역 주민들 간의 왕래가 그리 활발하지 않았다. 그렇더라도 광업소가 중심이 된 단오축제는 주민들을 위해 푸짐한 상품을 건 점은 비슷하다. 황지의 소도 지역뿐만 아니라 장성 지역에서도 단오 때 금반지 3돈을 상품으로 내건 그네 시합이 있었다. 오랜 시간이 지난 뒤에도 많은 사람이 반지 탄 사람을 기억할 정도로 단오에는 큰 상품들이 등장해 숱한 화제를 뿌렸다. 치마를 입고 단오 장터에 구경 왔다가 그네 타고 싶은 마음에 이웃 사람의 바지를 빌려 입고 그네 뛰는 부녀자들 이야기는 흔한 풍경이었다. 높이 올라가는 것으로 승부를 결정하는 그네뛰기 대회는 남녀노소를 막론하고 재미난 구경거리였다. 그네가 앞으로 나가는 자리에 높이를 재는 장대를 세우거나, 그네에 줄자 대용의 끈을 달아서 높이 올라가는 만큼 그 수치를 기록했다. 혼자 타는 그네뿐만 아니라 둘이 마주 서서 뛰는 쌍그네도 단오 경연에 들어 있었다. 쌍그네 시합 때는 마주한 두 사람이 뿜어내는 다양한 역동성 때문에 큰 웃음을 자아낼 때가 많았으므로, 구경꾼도 싱글 그네 시합 때보다 더 많이 모여들었다.

소도동 지역에서는 함태초등학교 운동장을, 장성동 지역은 장성초등학교 운동장을 해마다 단오 행사장으로 사용했다. 학교 운동장에 만들어진 그네는 높다란 장대를 두 개 높이 세워서 그 사이를 가로지르는 나무에 단 인공 그네였다. 살아 있는 나무에 매단 자연 그네는 인공 그네보다 더 많은 사랑을 받았다. 자연 그네를 타려고 먼 이웃 마을까지 가곤 했다. 소동동 지역의 경우 소도동 7통 2반 소롯골 성황당 옆 아구배나무, 혈리 정거리 지역, 당골 성황당(지금 태백산민박촌 앞) 주변 소나무에 자연 그네를 매달았다. 장성동 지역은 계산동 장명사 옆 소나무, 석공장성광업소 PMC 옆 소나무에 그네를 달았다.

단오가 다가오면 함백산 성황당 옆 아그배나무, 그러니까 메주남구라 하는 나무에다 동네 청년들이 그네를 맸다. 그 나무에 열매가 달리면 메주 달렸다고 했다. 그네를 매던 나무는 하늘을 향해 팔을 뻗고 있어서 그네 매기가 좋았다.

그네는 보통 단오 하루 전날이나 이틀 전날에 맸다. 단옷날이 되면 성황당 고사를 지낸 뒤에야 그네를 탈 수 있었다. 단오가 지나도 며칠 동안 더 그네를 두었다가 한 일주일 지나면 풀었다. 소롯골 그네는 인기가 있어서 학교(함태초등학교) 행사장에 갔던 사람들도 여기 그네를 타러 많이 왔다. 학교 그네는 전주, 각주를 세운 인공 그네이지만 여기 그네는 자연 그네니까 인기가 있었다. 내 나이 열몇 살에 그네를 매기 시작해 서른다섯 살 때까지 그네를 맸다. 1970년대 후반까지 그네를 맸는데 나무가 말라 죽은 뒤로는 그네를 매지 않았다.[18]

소롯골 성황당 그네는 우리 아들(최홍남, 52, 현 사북 거주)도 맸다. 단옷날에는 아들이 맨 그네를 타고 뛰었다. 그네는 주로 여자들이 탔지만, 남자들도 탔고 부부가 짝을 지어 타기도 했다.[19]

소도에서 초등학교에 다니던 1970년대, 당골 성황당 주변에서 동네 청년들이 맨 그네를 동네 처녀들이 타는 것을 보았다.[20]

단옷날 남자들의 대표 놀이로는 씨름 대회가 있었다. 씨름 대회는 두 사람이 서로 마주 보고 허리를 굽혀서 오른손으로는 상대방의 허리띠를 잡고 왼손으로는 상대방의 오른쪽 다리를 잡는 자세로 힘을 겨룬다. 이때 오른쪽 넓적다리에 살바를 건다.

---

18) 정태인(남, 63, 소롯골 거주)

19) 박옥녀(여, 72, 소롯골 거주)

20) 금경연(여, 45, 상장동)

어느 쪽이건 먼저 땅에 쓰러지거나 손이 닿는 사람이 지는 것으로 승부를 결정한다. 단옷날이면 사택 단위별이나 갱 단위별로 씨름 대회에 참가했다.

함태광업소 수갱에 다니던 사위가 씨름판에서 1등을 한 적이 있다. 사위 이름은 최재용(61, 현 서울 거주)인데 서른 살에 결혼하고 그 몇 년 뒤에 씨름해서 1등을 한 것이다. 사위의 키가 1m 84cm 장신이다.[21)]

씨름 상품으로 쌀 한 가마니를 탔다는 얘기를 들었다.[22)]

장성단오와 함태단오 행사에서 씨름 대회 진행은 첫 시합의 승자가 다음 경쟁자를 받아들이는 방식이었다. 모든 도전자를 이기고 더 이상의 상대가 없을 때 우승자로 결정한다. 장성광업소가 주최한 장성단오제에서는 우승자에게 씨름장사라는 호칭과 함께 송아지 한 마리를 상품으로 주기도 했다. 단옷날 씨름판을 휩쓴 장사가 막걸리에 얼큰하게 취한 뒤 소 한 마리를 휘적휘적 끌고 집으로 가는 모습은 주민들에게 인상 깊게 남아 있다. 집에서 소를 키울 형편이 되지 못한 사람은 즉석에서 팔기도 했다. 이때 생긴 현금은 사택 주민과 갱 소속 동료들을 불러 한턱내는 데 쓰였다.

21) 윤화영(여, 74, 소도동)

22) 전금자(여, 71, 장성동)

3.
천궁과 궁궁이의 단오 전통과 산업 가능성

단오 때는 창포 삶은 물인 창포탕으로 머리를 감고, 창포 뿌리를 깎아 만든 창포 비녀(창포잠)를 꽂는 풍속이 있다. 창포 비녀를 꽂으면 여름 동안 더위를 먹지 않고 건강하게 지낼 수 있다고 믿었다. 창포탕에 머리를 감고 창포잠을 꽂고, 단오빔을 차려 입는 등 치장하는 것을 단오장(端吾粧)이라고 했다.

단오의 창포 풍속이 전국적인 현상이라면, 태백의 단오는 궁궁이와 천궁 풍속으로 대체하는 이색적인 특성을 보인다. 태백 주민들은 창포로 머리를 감는 대신 천궁으로 머리를 감은 것이다. 태백 주민은 창포탕 대신에 천궁탕으로, 창포잠 대신에 궁궁이잠으로 단오장을 준비한 셈이다. 태백 지역 단오에 천궁과 궁궁이가 등장한 것은 창포를 구하기 쉽지 않은 지리적 특성과도 관계가 있다. 해발고도 600~700m의 고지대에 위치한 태백 지역은 기온이 낮아 창포가 자라지 않았다. 상사미동 지역 조사에서도 "이 지역에는 창포가 없다"고 확인했다.[23]

천궁은 한랭한 산간 지방에서 재배되는 다년생 약초로 태백 지역에서 성장하기

---

23) 국립문화재연구소 편, 앞의 책, 228쪽

알맞았다. 태백 주민은 천궁으로 머리를 감으면 머리가 가렵고 부스럼이 난 것을 치유하는 효과가 있다고 믿었다. 지금도 한방에서는 탈모 예방을 위해 천궁을 끓여서 머리를 감는 처방을 활용하고 있다. 한방에서는 국화 40g과 만형자, 상근백피, 세신, 천궁, 측백엽, 한련초를 각각 20g씩 넣어 끓여서 머리를 감으면 기와 혈이 보충되어 탈모가 예방된다고 한다. 궁궁이는 독특한 향기가 있어서 이것을 머리에 꽂으면 액을 물리칠 수가 있다고 여겼다.[24]

> 향수도 없던 시절이니 천궁으로 향기를 내 멋을 내려고 했다. 천궁으로 머리 감는 물을 만드는 방법은 여러 가지였다. 뜨거운 물에 천궁의 잎을 뜯어 담그기도 하고, 천궁을 물에 삶기도 했다. 동네 처녀들, 어머니들이 그 천궁물로 머리를 감았다. 천궁물로 머리를 감으면 머릿밑에 있던 부스럼도 사라지고 머리에 난 온갖 병이 없어졌다. 머리 가려운 사람들은 남자들도 천궁으로 감았다.[25]

"소나무 뿌리에 천궁 삶은 물을 주면 나무가 회생한다"는 말이 있을 만큼 천궁은 생명수와 같았다. 오래전부터 한방에서는 뿌리줄기를 진정 · 진통 · 강장에 효능이 있다고 하여 두통 · 빈혈증 · 부인병 등에 사용해 왔다. 특히 천궁은 머리를 맑게 하며 어혈을 풀어 주는 효능을 지닌 것으로 알려져 왔다. 천궁은 강한 방향 작용을 하는 식물이어서 민간에서는 좀을 예방하기 위해 옷장에 넣어 두곤 했다. 단오가 되면 천궁의 줄기나 잎을 뜯어 삶은 뒤 그 물로 머리를 감았다. 태백의 단오에는 창포를 대신해 천궁이라는 자연 세제를 활용하여 머리에 향기를 주고, 영양을 주고, 탈모 예방을 한 지혜가 엿보인다. 단오고사를 지내러 가는 제관과 제주를 비롯해 제사를 지내러 가는 남자들은 천궁물로 목욕재계하거나 머리를 감고 갔다.

---

24) 국립민속박물관 편, 앞의 책, 132쪽.

25) 석춘자

제관과 제주는 천궁잎으로 삶은 물로 목욕재계했다. 남자들도 단오고사를 지내러 갈 때는 모두 천궁물로 머리를 감고 갔다.[26)]

천궁물로 머리를 감은 뒤 외출할 때는 천궁을 머리에 꽂았다. 태백시 소도동 지역 부녀자들은 천궁을 댕기머리나 비녀머리에 꽂고 단오 나들이에 나섰다. 여자들뿐만 아니라 남자들도 모자에다 천궁잎을 꽂고 다녔다.

단오 때가 되면 창포를 대신해서 천궁을 삶아 머리를 감았다. 소롯골 사람들은 거의 다 천궁으로 머리를 감았고, 또 머리에 천궁을 꽂고 나갔다. 주로 비녀 꽂는 자리에다 천궁을 꽂았다. 머리에 천궁을 꽂으면 나쁜 것을 물리쳐 준다. 그리고 좋은 향기도 나기 때문에 너도나도 천궁을 머리에 꽂았다. 그렇게 해서는 치마저고리 해 입고 단오 그네를 타러 갔다.[27)]

『한국세시풍속사전』에 보면 '궁궁이 꽂기'를 설명하면서 "단옷날 액을 물리치기 위해 궁궁이잎을 머리에 꽂는 풍속. 지역에 따라 궁궁이 꽂기, 천궁 꽂기라고도 한다"고 정의하면서 "궁궁이는 천궁이라고도 하는데, 미나릿과의 다년초로서 중국 원산의 약용 식물이다"라고 소개하고 있다.[28)] 궁궁이의 뿌리를 천궁이라고 부르고는 있지만, 민가에서는 궁궁이와 천궁은 다른 식물로 보고 있다. 천궁 꽂기와 궁궁이 꽂기는 각각 달리 존재하는 풍습인 셈이다.

궁궁이와 천궁은 전혀 다른 식물이다. 해방 직전인 1942~3년경에 봉화군 춘양

---

26) 정태선(남, 68, 소롯골)

27) 석춘자

28) 국립민속박물관 편, 앞의 책, 159쪽.

면 천평리에서 4년 살았는데, 그때 궁궁이(芎窮)로 머리를 감았다. 살던 집 마당에 도 궁궁이가 있었다. 궁궁이 잎사귀는 천궁과 비슷한데 잎의 반대 면이 천궁보다 덜 진하고, 잎은 천궁보다 길었다. 춘양에서는 궁궁이 줄기를 뜯어서 비녀 꽂은 곳에 꽂았는데 천궁보다 모양도 더 났다. 해방 후 태백에 들어와서 살았는데 궁궁이가 눈에 띄지 않았다. 그 뒤부터는 단옷날에 천궁으로 머리를 감았다.[29]

『강원도 세시풍속』에도 태백 지역에서 '군궁이(궁궁이의 다른 표현)'로 머리를 감았다는 기록이 등장한다. 동점 지역에서는 "창포 대신에 '군궁이'로 머리를 감는다. 머리끝에 '제비 먹지 말라(머리끝이 갈라지지 마라)'고 군궁이를 뜯어다가 삶아서 머리를 감는다"고 했다.[30] 또 상사미 지역에서는 "창포 대신 군궁이를 삶은 물에 잿물을 섞어서 머리를 감는다. 군궁이를 삶은 물에 머리를 감으면 머릿결이 좋아진다"고 했다.[31] 이에 앞선 조사서인 『태백산 민속지』에도 보면 창죽동 · 적각동 · 화전동에서 "궁구이(창포) 삶은 물에 머리를 감는다"[32]고 밝히고 있다. '군궁이'나 '궁구이'는 '궁궁이(芎窮)'를 나타낸 말로 발음 표기 과정에서 조금씩 달리 표현되고 있다.

사전에서는 궁궁이와 천궁이라는 식물을 다음과 같이 소개한다.

궁궁이(芎窮): 산형과의 여러해살이풀. 높이는 1.5~2m며, 잎은 깃 모양으로 깊게 갈라진다. 가을에 희고 작은 꽃이 우산 모양으로 피고 날개가 달린 납작한 타원형의 열매를 맺는다. 어린잎은 식용하고, 뿌리는 한약재로 쓴다. 산이나 골짜기에서 자라는데 한국, 일본 등지에 분포한다. ≒궁궁 · 운초(芸草) · 운향(芸香) · 천궁이 (Angelica polymorpha).

29) 박영희
30) 국립문화재연구소 편, 앞의 책, 203쪽.
31) 위의 책, 228쪽.
32) 임동권 외, 앞의 책, 122쪽.

천궁: 1. 산형과의 여러해살이풀. 높이는 30~60cm이며, 잎은 어긋나고 깃모양 겹잎으로 톱니가 있다. 8~9월에 흰 꽃이 줄기 끝이나 가지 끝에 겹산형 꽃차례로 피고 열매는 여물지 않는다. 애순은 식용하고 뿌리는 약용한다. 중국이 원산지로 우리나라 각지에 분포한다. ≒천궁이.(Cnidium officinale). 2 (한의학) 궁궁이의 뿌리를 한방(漢方)에서 이르는 말. 혈액 순환을 도와주어 여자의 월경이 순조롭지 못한 데나 타박상, 두통 따위에 쓴다.

일부 자료에서는 궁궁이와 천궁을 같은 것으로 보기도 하는데, 태백 주민들은 천궁과 궁궁이를 다른 식물로 보고 있다. 단옷날에 활용하는 궁궁이와 천궁의 쓰임새가 각각 다른 것도 그 때문이다. 태백 주민들은 궁궁이를 머리 감는 용도보다는 비녀자리나, 댕기 끝에 꽂고 다니는 것으로 많이 활용했다. 머리를 감는 데 쓴 것은 천궁이었다. 특이한 점은 소도 지역 주민은 머리에 꽂는 것도 천궁이어서 장성 지역의 궁궁이와 대비를 이루다.

시어머니가 풀잎은 줄기와 꺾어서 비녀 자리에다 꽂는 것을 보았고, 나도 최근까지는 머리핀에다 끼워 다녔다. 궁궁이 냄새가 좋아서 잎을 말려서 신문에 싼 다음에 옷장에 넣었다. 그러면 냄새도 좋고 좀도 안 슬었다. 나중에 옷장에서 꺼내 입고 다니면 한약 같은 좋은 냄새가 났다. 궁궁이는 천궁하고 다른 약초다.[33]

궁궁이로 머리를 꽂았는데, 천궁과 궁궁이는 모양이 달랐다. 어릴 때 머리를 땋으면 댕기 끝에다 빨간 댕기에다 궁궁이를 매어 줬다.[34]

33) 이봉선 씨 며느리(동점동)

34) 김춘남(여, 73세, 상사미동). 면담했을 때는 궁궁이로 머리를 감은 적은 없다고 말했다.

태백 지역에서 성행하던 천궁으로 머리 감기, 천궁을 머리에 꽂기, 궁궁이를 머리에 꽂기 등의 단오 풍속은 점차 사라지고 있다. 하지만 태백시와 천궁의 인연은 끊어지지 않았다. 태백농협이 천궁의 효능을 산업으로 부각한 것이다. 태백농협은 약초가공공장을 설립하고 1996년부터 태백 지역에서 생산하는 천궁(황지3동의 절골과, 구문소동, 소도동 새길령 아래 지역에서 많이 재배)을 주원료로 한 약초음료인 '늘푸른-D'를 생산했다. 혈액순환과 보혈강장에 효과가 있는 천궁음료를 시판하면서 태백시장이 텔레비전 광고 모델로 등장해 눈길을 끈 바 있다. 판매 부진으로 2000년 초 생산을 중단하기 전까지 천궁은 태백의 특산품으로 자리했다.

태백농협은 2002년 7월 천궁을 비롯해 황기 · 당귀 등 3가지 한약재를 한방병원 등에 의약품으로 공급하기 위한 사업을 전개했다. 전국 농협 최초로 한약재 의약품 제조업 허가를 받기도 했다(2006년 8월 판매 부진으로 휴업). 현재 태백농협은 천궁 뿌리를 포장하여 전국으로 판매하고 있다. 천궁은 보혈, 강장, 복통, 산후출혈, 어지럼증, 신경쇠약, 진정 작용, 혈액의 에너지 강화에 효험이 있는 것으로 알려졌다.[35] 천궁을 태백 지역에서 성행하던 단오 문화와 연계한다면 천궁은 태백의 독특한 스토리를 지닌 문화상품이 될 것이다. 그동안 태백농협이 시도한 천궁 판매 사업의 경우 태백 지역의 민속문화와는 단절되어 있었다. 태백 지역 단오 때 성행하던 천궁탕으로 머리 감기, 천궁탕으로 목욕하기, 천궁 비녀 꽂기, 궁궁이의 좀약 대용 등 세시풍속이 지닌 지혜를 활용할 필요가 있다. "한 지역의 자연, 역사, 문화 등을 살린 관광개발은 지역 주민에게 지역의 독자적인 문화를 발견하고 재창조하게 하는 역할[36]"을 수행한다. 천궁을 약초로만 볼 것이 아니라 태백 지역에서 성행하던 단오 풍속의 전통 계승으로 접근한다면 더 큰 의미가 담길 것이다. 현대 산업(제품) 속에 지역문화와 전통이 깃들어 살아 있을 때 값어치가 더 빛을 발할 것이다.

---

35) 신재용, 『우리약초로 지키는 생활한방 3』, 이유, 2003, 42쪽.

36) 최명림, 『한국 세시풍속의 변화와 문화콘텐츠화 연구』, 전남대학교 대학원 국문과 박사학위 논문, 2003, 66쪽.

4. 함태단오의 전통 변화 양상

태백시에서 단오가 가장 성대하게 열렸던 지역은 소도동이다. 소도동은 함태탄광(삼신탄광)과 동해탄광을 중심으로 마을이 형성되고 발전되었다. 특히 소도 지역에 있어 함태탄광이 지니는 영향은 절대적이다. 태백시 소도동 100번지에 소재한 함태탄광은 1952년 8월 광구출원 등록을 거쳐 1954년 음력 5월 5일 단옷날에 개광하였다.[37)]

소도동 지역 소재 탄광 및 폐광 현황

광업소명	소재지	폐광일
함태광업소	태백시 소도동 100번지	1993. 12. 20
함태 유정광업소	태백시 소도동 100번지	1993. 07. 15
함태 한남광업소	태백시 소도동 100번지	1993. 11. 05
동해 광업소	태백시 소도동 소롯골	1990. 08. 16
동해 삼경탄광	태백시 소도동 산78	1989. 06. 30
동해 한영탄광	태백시 소도동 10/4	1989. 07. 24

37) 『탄협 40년사』, 대한석탄협회, 1988, 522쪽.

동해 남일탄광	태백시 소도동 10/4	1989. 09. 27
동해 덕용탄광	태백시 소도동 산78	1989. 11. 11
동해 풍산광업소	태백시 소도동 10통 4반	1990. 03. 31
동해 삼창광업소	태백시 소도동 9/6	1990. 04. 30

『태백시지』, 태백시, 1998, 1095~1096쪽 참조.

함태탄광은 부존 조건이 양호하고 특히 탄질이 우수하여 개발 초기부터 일본과 대만에 수출하였다. 민수탄으로 판매하는 데도 어려움이 없었기 때문에 비교적 빠른 속도로 성장한 탄광이었다. 1955년 영암선(영주-철암) 개통에 힘입어 본격적인 개발에 들어갔고 1963년 황지선 개통으로 연간 생산 35만 톤을 달성하였다. 특히 1963년에는 역두 저탄장 시설과 운탄 선로 개통으로 개광한 지 10년 만에 연간 생산 60만 톤을 달성하여 황지 지역 최대의 탄광으로 성장하였다.[38)]

함태탄광은 1981년에 수갱을 준공하여 심부 개발을 추진하였으며, 최대 생산량으로 1986년 746,282톤을 자랑하면서 태백시 소도동 지역의 발전을 주도적으로 이끌었다. 소도 지역의 탄광노동자는 태백시가 개청하던 1981년에 함태탄광 1,774명, 동해탄광 1,445명의 노동자가 있었으니 소도 지역의 탄광촌 규모와 탄광의 영향을 짐작할 수 있다.

소도 지역은 함태광업소 하나로 밥을 먹었는데, 종업원이 2,500명에 달했다. 한 방에 5~6명이 함께 지내던 시절이니 작은 방 하나라도 있으면 세를 줄 만큼 사람들로 북적거렸다. 함태광업소 직번만 가져가면 황지 어디에 가도 술을 주고, 밥을

38) 『태백시지』, 태백시, 1998, 1074쪽.

주는 등 끗발이 좋았다.[39]

태백시 소도동 주민들에게 있어 음력 5월 5일에 맞이하는 단오가 연중 최고의 명절이었다. 지역사회의 중심체인 함태광업소는 개광기념일과 연계하여 단오 행사를 열면서 노동자와 가족 전체가 참여하도록 유도했다. 또 노동자 가족뿐만 아니라 마을 주민까지 모두 참여하고 어울리는 진정한 마을축제의 장으로 승화시킨 것이다. 개광기념일인 단오를 큰 축제로 발전시킨 전통이 '함태단오'라는 별칭까지 만들어냈다.

석탄 증산이 중요해서 일요일에도 공휴가 잘 나지 않을 때인데, 단옷날은 함태광업소 생일이라고 하여 제일 큰 명절로 쳤다. 추석보다도 더 큰 행사였고, 설날보다도 더 큰 행사였다. 단오에는 3~4일씩 회사 공휴가 나면서까지 운동장에서는 사나흘 내내 단오축제가 열렸다. 소도농악이 흥을 돋웠고, 방앗간에서는 떡을 하기 위해 기다리는 손님들이 몇 시간씩 긴 줄로 늘어섰다. 단오 행사는 회사가 진행했는데, 이때 함태광업소 공로자들에게 상을 많이 줬다. 일 잘하고, 만근 잘하면 상을 받았다. 상품은 장롱 · 캐비닛 · 리어카 · 광목 · 자전거 · 삽 등이었다.[40]

단오는 "머슴도 하루 쉬게 하고 친한 사람들끼리 술과 안주 등을 장만해서, 마을 근처의 경치 좋은 곳에 단오회치를 갔다"[41]던 날이다. 일반적 단오가 농경사회의 전통을 안고 전승하던 풍습이라면 '함태단오'는 탄광사회의 새로운 질서를 모색하면서 전통을 계승하고 있었다. 바쁜 농번기 중에서도 하루를 축제현장 속에서 휴식할 수

39) 조안선(남, 72, 소도동)

40) 조안선

41) 김수업 외, 『현대사회 속의 전통적 민속문화』, 경남문화연구소, 1999, 62쪽.

있었던 단오의 지혜를 탄광이 받아들인 것이다. 석탄 증산이 시급하여 휴일도 없던 탄광노동자들의 육체적 피로를 씻어 주는 시간으로 받아들인 것이다. 유입 인구로 도시를 구성한 태백탄광촌 주민들은 각자의 고향에서 지내던 단오 풍속을 공유하면서 태백 고유의 단오 문화를 형성했다.

함태단오제는 제례의식, 단오 풍습 체험, 마을축제, 노동자 체육대회 등으로 진행했다. 먼저 함백갱 갱구 위(현재 태백산 주유소 건너편)에서 서낭고사부터 지냈다. 제물은 함태광업소 갱 단위별로 차렸다. 소도 성황당에서 고사를 지낼 때는 주민들이 함께 참여했다.

> 제물을 차릴 때는 통돼지를 여러 마리 올렸다. 갱(坑)별로 나눠 줄 만큼 푸짐하게 차렸다. 당시 총무과, 공무과, 운송과, 태백갱, 함백갱, 고목갱, 삼신갱, 거두갱(철광)에 한 마리씩 나눠 줬다. 그때가 좋았었는데…. 지금은 힘없는 늙은이만 남아서 경로당에서 이렇게 시간을 보내고 있어. 자식들은 공부를 마치고 다 나가 있고.[42]

고사가 끝나면 함태초등학교(소도동 9통, 현재 삼신아파트와 한솔아파트 자리) 운동장에서 그네타기, 씨름, 소도농악 같은 풍물놀이, 축구 야구 등의 각종 체육대회가 풍성하게 펼쳐져 단오의 흥을 돋웠다.

함태단오의 모습은 산업사회로 접어들면서 농경사회의 단오 전통이 탄광산업문화와 융합되는 모습을 보여 준다. 또한, 광업소 개광 기념행사와 전통 명절이 융합되는 모습을 보여 준다. 임동권은 "공시성(共時性) 속에서의 세시풍속의 농도 차이는 사회의식에 의해서 작용되는 수가 많다. 사회는 살아 움직이는 것과 같아서 생활현상인

42) 장실(남, 74세, 소도동)

세시풍속의 변용에는 많은 영향을 주고받고 하여 왔다."[43]고 밝힌 바 있다. 함태단오 역시 소도 지역의 산업 변천에 따라 흥망성쇠의 흐름을 함께했다.

함태탄광이 1993년 6월 30일 폐광하면서 소도 지역은 몰락의 길로 접어든다. 소도 지역에 있던 동해탄광은 앞선 1990년 8월 16일에 폐광되었으며, 동해탄광의 조광업체들도 1990년을 전후하여 폐광되었다. 함태광업소 폐광으로 함태단오제는 멈추었지만, 소롯골의 함백산성황제, 소도성황제는 전승을 계속하고 있다. 함태광업소 폐광 20년이 지나도록 소도 주민들은 단오를 함태광업소 생일이라고 생생하게 기억하고 있다. 스물여섯 살에 태백으로 시집와서 소도동에서 51년째 거주하고 있다는 한 주민의 증언은 시사하는 바가 크다.

> 단오는 함태광업소 생일로 큰 축제였어. 강릉 단오는 류도(아무것도) 아니었다.[44]

또 다른 탄광촌인 삼척시 도계읍의 경우도 탄광이 호황을 이룰 때 단오제가 성황을 이루었다. 다음은 도계 주민의 증언이다.

> 5월 단옷날에는 이 나무(도계 느티나무, 천연기념물 95호 지정)에 그네를 매 놓고 그네 뛰고. 그때는 강릉단오가 없었다고. 도계단오란 말야. 그게 어떻게 강릉으로 갔는지 말야. 여기다 황소 한 마리 놓고 씨름하고. 저쪽에 전주대 크게 두 개 세워 놓고 그네 타고, 이 나무에는 작은 그네 매고 애들이 타고. 그때는 강릉단오가 없었단 말야. 그때 단오 때는 강릉농고 축구부 애들이 석공 도계광업소 축구부하고 축구대회하고 이랬다고. 단오 행사가. 여기서는 황소 한 마리 놓고 씨름하고. 장원이 상 타

43) 임동권, 『한국세시풍속연구』, 집문당, 1989, 14쪽.

44) 안경희(여, 77, 소도동)

가지고 가고.[45)]

유네스코 문화유산으로 지정된 강릉단오제보다 더 융성하던 태백의 함태단오, 도계의 단오는 탄광촌의 흥망성쇠와 운명을 함께했다. 현재 소도 지역은 태백산, 태백석탄박물관, 태백체험공원 등을 중심으로 관광지로 변모했다. 하지만 아직도 소도동 주민들과 태백시민들이 더 절실히 바라는 것은 함태탄광 재개발이다. 태백시의회와 태백상공회의소 등 지역 기관단체에서는 「지역경제 활성화를 위한 함태탄광 재개발 건의서」를 수차례 정부에 제출한 바 있다. 현재 운영 중인 석탄공사 장성광업소도 함태탄광 재개발을 위해 노력한 바 있다. 장성광업소에서 함태광업소까지 지하 직선거리는 불과 700m가량 떨어져 있는 데다 심부화되지 않고 탄질이 뛰어나 재개발 가치가 높기 때문이다.

함태탄광 재개발이 거론될 때마다 소도 주민들은 옛 영화를 기대하고 있다. 소도 지역의 세시풍속 답사를 위해 단오에 대한 질문을 던질 때도 주민들은 "함태광업소를 다시 개광하려고 조사하는가?" 하고 기대 반 호기심 반으로 되물었다. 소도 주민들은 함태단오가 다시 떠들썩하게 열리는 것을 기대하고 있다. 폐광촌으로 몰락한 소도 지역에서 탄광 개광을 통해 옛 번영을 희망하는 주민들의 마음을 '함태단오'의 화려한 대동제를 통해 확인할 수 있었다.

45) 이희탁 · 윤동환, 「탄광촌의 주변문화」, 『탄광촌 사람들의 삶과 문화』, 삼척시립박물관, 2005, 325쪽 재인용.

5. 단오 산신제 · 위령제 · 성황제

1) 단오 산신제 · 위령제

태백시에서 석탄산업이 호황을 이루던 1960~1980년대의 단오절에는 광업소가 중심이 되어 노사 합동으로 산신제, 위령제, 단오제, 체육대회 등을 진행했다. 이 중 산신제와 위령제는 가장 오래된 행사로 매년 단오절 행사로 거행되었다. 탄광은 산을 이용해 개발하고 있으므로 산의 수호신인 산신령에게 올리는 산신제는 중요한 의식이었다. 산신제를 통해 순조로운 석탄 생산과 개발에 종사하는 탄광노동자의 안전을 기원했다. 탄광촌에서 산신제를 중요하게 여긴 것은 산신제를 통해 복을 바라는 탄광노동자의 믿음 외에도 위험한 탄광막장 공간에서 느끼던 생명의 위협을 벗어나 안전을 희구하는 마음이 컸기 때문이다. 탄광 개발 초기에는 안전작업을 기원하는 산신제가 주를 이루었지만 탄광재해가 늘어나면서 위령제를 추가했다. 순직 탄광노동자의 명복을 기원하는 위령제와 산신제를 함께 진행한 것이다.

"문화의 생성과 변화는 개인적인 것이 아니라 집단적인 것이자 사회적인 것"[46] 이라고 했다. 산업의 발전에 따른 세시풍속의 변화가 눈에 띄게 나타나기 시작한 것은 1980년대 들어서의 일이다. 개광기념일이 단오절과 겹쳐진 함태광업소를 제외한 태백 지역의 다른 광업소에서는 단오제 행사를 축소하기 시작한다. 시청이 들어서면서 광업소 중심의 마을 분위기에서 시 단위의 도시화가 진행된 것도 광업소의 단오축제 축소 원인으로 꼽을 수 있다. 광업소의 단오제는 노사 대표와 그 유족들이 참여하는 산신제와 위령제의 제례 행사만으로 축소되었다. 제례행사라도 계속 남아 있는 것은 단오가 탄광촌의 중요하고도 경건한 의식을 지닌 풍습이라는 것을 확인시켜 준다.

속신을 미신이라 치부하는 이들이 나타날 때도 광업소가 구심이 되어 광부와 탄광촌 주민들이 믿는 속신을 지켜 주었다. 갱구를 새로 파기 전에는 고사를 지냈으며, 갱구가 다 되면 성대하게 제사를 지냈다. 또 탄광 채굴을 위한 큰 장비가 들어오거나 큰 시설물을 세울 때마다 건립 전과 건립 후에는 각각 고사를 지냈다. 광부들은 지하갱도의 열악한 작업환경에서 상시 위험에 노출되어 있었으므로 안전을 기원하는 의식이 진지했다.

광업소에서는 탄광노동자들을 위해 교회 · 절 · 산제당을 세우기도 했다. 함태광업소는 소도 당골 지역에 청원사라는 사찰을 세웠다. 탄광사고로 숨진 사람들의 위패를 봉안하기 위해 건립한 청원사는 소도동 당골 입구에서 태백산도립공원 방향 300m 지점의 우측에 있다. 청원사 경내에 있는 용담은 태백산 산정에서 흘러내린 계곡물이 지하로 스며들었다가 석회암층을 뚫고 다시 솟아올라 형성한 연못이다. 황지연못과 함께 낙동강의 발원지로 불리며, 한국의 명수 100선으로 선정된 바 있다. 이 사찰에서는 매년 사월초파일에 등을 달아서 광업소와 종업원들의 안전과 발전을 기원하는 기원제와 위령제를 함께 지냈다.

46) 임재해, 「민속문화의 지속과 변화양상의 재인식」, 『실천민속문학연구』 3호, 실천민속학회, 2001, 33쪽.

함태광업소에서는 죽은 탄광노동자의 위령을 모시고, 탄광무사고를 빌기 위해 청원사를 지었다. 이 절에는 죽은 노동자들을 위로하는 위패가 법당에 모셔져 있다. 용담 옆에는 절을 건립한 김세영 사장의 공덕비도 서 있다. 이 절은 지금도 함태광업소 창업주 김세영 사장 소유이다.[47)]

1983년 경동탄광의 손도익 명예회장은 도계읍 황조리 소재 도덕정사를 건립한 뒤 조계종에 증여했다. 경동탄광은 도덕정사에다 순직 노동자의 명단을 모셔 놓고 사월초파일에 위령제를 지낸다. 도덕정사에서는 경동탄광에서 순직한 200여 영령의 천도를 기원하는 한편 노동자의 안전을 기원하는 천도재를 매월 음력 18일 지장보살 제일에 맞추어 지내고 있다. 순직자 위패가 너무 많아지자 사찰에서는 '경동탄광 순직자 각 열위영가' 동참 위패를 크게 만들었다. 매월 열리는 천도재에는 경동탄광 소장과 노조임원, 관리자, 도급업체 임원 등 20~30명이 참석한다.[48)]

함태광업소와 경동탄광은 사월초파일에 위령제를 지내는데, 장성동의 장성광업소와 도계읍의 도계광업소는 단오절에 산신제와 위령제를 지낸다.

장성광업소(2003년)

장성광업소는 매년 단오절(음력 5월 5일) 무재해 안전을 기원하는 산신제를 본관 뒷산 산신당에서 새벽 4시에 지냈다. 산신제는 경건한 마음으로 초헌, 아헌, 종헌, 제문낭독에 이어 소지를 올리며 무재해와 안전을 기원한다. 오전 10시에는 장명사 명부전에 모셔져 있는 장성 · 영월 · 함백에서 순직한 사우들에 대한 위령제가 유가족들이 참석한 가운데 범종 타종으로 시작됐다. 장명사 주지 스님 독경으로 제를 시작, 축원과 소장의 제문 낭독에 이어 노사 간부와 순직한 유가족 등은 분향 제배

47) 조안선

48) 유미애(여, 56, 도계읍)

를 하며 고인의 명복을 빌었다.[49)]

장성광업소(2004년)

2004년 단옷날 새벽 4시 장성본관 위쪽 산신당에서 3천여 사우들의 안전작업과 무재해를 기원하는 산신제를 올렸다. 장성의 전간부, 노조집행부, 각 생산부를 대표하는 모범 사우들이 몸과 마음을 정갈하게 갖추고 안전작업과 무재해를 기원했다. 이어 오전 11시 장명사 명부전에서 먼저 가신 순직 사우들의 넋을 기리는 위령제가 경건하게 개최됐다.[50)]

장성광업소(2005년)

무재해와 안전을 기원하는 산신제와 위령제가 거행되었다. 산신제는 단오절인 6월 11일 새벽 4시 본관 뒷산에 위치한 산신당에서 소장을 비롯한 노조위원장, 장성 전간부 및 노조집행부, 각 생산부를 대표하는 모범직원과 외주용역 사장 등이 참석한 가운데 경건하게 치러졌다. 또한 오전 10시 장명사 명부전에 안치된 장성 순직 사우, 영월 · 함백에서 순직한 사우들에 대한 위령제가 서른세 번의 범종 타종으로 시작됐다. 장명사 주지 스님의 독경을 시작으로 삼귀의례, 축원, 청혼 묵도에 이어 소장의 제문낭독과 위원장의 추도사 등으로 순직 사우들의 넋을 위로하였다.[51)]

도계광업소(2003년)

순직한 사우들에 대한 위령제가 대계사 주지 스님의 독경으로 시작하여 노사 간부들과 순직 유가족들의 재배를 하고 고인의 명복 빌기, 유가족들에 대한 위로 등

49) 《석공》, 대한석탄공사, 2003, 5 · 6월호, 9쪽.

50) 《석공》, 대한석탄공사, 2004, 5 · 6월호.

51) 《석공》, 대한석탄공사, 2005, 5 · 6월호, 13쪽.

의 순서로 식이 진행됐다.[52)]

도계광업소(2004년)

단옷날 안전작업과 무재해를 기원하는 산신제와 위령제가 도계읍 대계사에서 소장과 노조지부장 관계직원 등이 참석하여 엄숙하게 거행되었다. 순직 사우들을 추모하며 고인들의 넋을 위로했다.[53)]

2) 단오성황제

① 단오고사를 지내는 태백의 성황당

태백시에서는 광업소 중심의 산신제와 위령제 외에도 마을 단위의 단오성황제가 전통을 이어가고 있다. 태백 지역 50여 개 중 30%에 해당하는 성황당이 단오고사를 지낸다. 장성동은 금천동 성황당(5월 4일 작은 단오), 소도동은 소롯골의 함백산 성황당 · 혈리 사냇골 성황당 · 소도동 성황당 · 소도동 수구매기 성황당 · 혈리 굴어구 성황당 · 혈리 성황당 · 혈리 재피골 성황당, 화전동은 화전1동 성황당, 원동은 평지말 성황당, 상사미동은 상사미동 성황당, 동점동은 동점동 성황당 등에서 단오고사를 지내고 있다. 소도동의 어평 성황당(단종대왕당)은 정월대보름만 지내고 있지만, 옛날에는

52) 《석공》, 대한석탄공사, 2003, 5 · 6월호, 9쪽.

53) 《석공》, 대한석탄공사, 2004, 5 · 6월호.

단옷날에도 고사를 지냈다.[54)]

소도동 당골 입구의 소도 성황당은 단오고사 전통을 고수하고 있다. 소도 성황당에서는 함태광업소가 생기기 전부터 마을 주민들이 단오고사를 지내 왔다. 함태광업소 개광으로 광업소와 주민들이 함께 단오고사를 지내면서 규모가 커졌다.[55)] 함태단오가 열리던 광장에서 소도 성황당까지가 1.5km, 소도 성황당에서 소롯골의 함백산 성황당까지가 1.5km로 서로 가까운 위치에 자리하고 있었으므로 단오제에 영향을 주고받았다.

구문소동에서도 단오제사를 지내는데 "보통 제사 지낼 때와 마찬가지로 음식을 장만해서 5대 조상까지 밥 제사"[56)]를 지내고 있다. 고랭지 배추 재배를 생업으로 하는 삼수동 안창죽 지역에서는 마을 주민뿐만 아니라 지역 상인들과 함께 단오제사를 지내는 특색을 보인다.

> 황지동 상인들과 태백시에서 비용을 보조받고 정월에 쓰고 남은 비용을 보태서 제사 준비를 한다. 이날은 태백시장이 제사에 참여하며, 비용을 보조해 준 상인들의 소지까지 모두 올려준다. 이렇게 성황제를 지내면 배추가 잘 팔린다. 이 마을의 주요 수입원이 고랭지 배추 생산이기 때문에 성황제에 들이는 정성이 각별하다.[57)]

상사미마을에서는 정월에 지내던 성황제를 1990년대 초반부터 단옷날로 옮겨서 성황제를 지낸다. 다음은 그 내용이다.

---

54) 성황제는 『태백시지』, 태백시, 1998, 415~417쪽 및 임동권 외, 앞의 책, 45~110쪽 참조.

55) 정태선

56) 국립문화재연구소 편, 앞의 책, 202쪽.

57) 위의 책, 216쪽.

성황제를 지내기 위해 제관을 따로 뽑지 않고 각 집에서 한 사람씩 가서 지내고, 제사 지낼 음식을 장만할 집만 뽑는다. 책을 보고 그해 일진이 좋고 생기복덕(生氣福德)한 집을 고르는데, 부부가 복덕이 들어 있으면 그 집을 뽑는다. 그리고 성황제를 지낼 때 그 사람들이 제일 먼저 잔을 올린다.

뽑힌 사람은 짐승을 잡는 것도 보지 말고, 뱀 같은 것을 봐도 잡지 말아야 하고 개고기도 먹지 말아야 한다. 그래야 동네가 무사하고 태평하다고 한다. 성황당과 음식을 장만하는 집에 제사 일주일 전부터 금줄을 치고, 제사가 끝나면 금줄을 거두어 두었다가 다음 해에 다시 쓴다.

제사 비용은 옛날부터 계(契)를 하듯이 상사미 4반 동네 사람들이 돈을 모아서 통장에 넣어 놓고 이자를 찾아서 충당하고 있다. 음식은 일반 제사 지내듯이 포·과일·소고기·돼지고기·조기 등을 준비한다. 제사를 지낼 때는 10~15호 되는 동네 모든 집의 소지를 올려 주기 때문에 각 집에서 남자들이 제사에 참여한다. 집집이 소지를 올리고 나면 농사 잘되라고 '농사소지'를 올리고, 재수 좋으라고 '재수소지'를 올리고 몇 개 더 올린다. 집집마다 호주가 가서 소지를 올릴 때 절하고 빈다. 성황제가 끝나면 큰 종이를 한 장 당집 안에 걸어 놓는다.[58)]

주민들은 성황당의 단오고사를 통해 집안의 평안을 빌고, 오곡풍년이 들기를 기원한다. 또 자손이 번성하고 마을이 평화롭기를 빈다. 단오고사는 기복신앙의 발현이라 하겠다.

58) 위의 책, 227~228쪽.

② 함백산 성황제

태백시 소도동 7통 지역인 소롯골 주민들의 경우 해마다 함백산 성황당에서 단오성황제를 지내고 있다. 소롯골의 지명 유래에 대해서는 여러 이견이 있다. "조그만 길로 가기 때문"에 "원래 소로(小路)였다"[59]고 보는 견해가 있다. 다른 한쪽에서는 "소도골이 변하여 소로"가 되었거나, "소로골 안쪽에 있는 심원사라는 오래된 절의 구조가 소로수장(小櫓修粧) 집으로 되어 있어서 소로장(小櫓粧) 절골이었던 것이 소로(小櫓 또는 小魯)골"[60]로 되었을 것으로 보기도 한다.

소롯골 주민들은 함백산 성황당이라고 부르는데 다른 동네 주민들은 소롯골 성황당이라고 불렀다. 성황당 정면에는 '함백산 성황당(咸白山城隍堂)'이라는 현판이 걸려 있다. 매년 정월보름고사와 단오고사를 각각 지내는데 마을 사람들이 추렴하여 제물을 마련한다. 2007년을 예로 들면 1가구당 15,000원을 걷어서 제비로 사용했다.

성황제가 다가오면 제주와 제관을 미리 선정한다. 태백 지역의 다른 성황당에서는 제관을 따로 뽑지 않는 경우도 있는데, 함백산성황당은 해마다 제관과 제주를 선정한다. 단오고사를 지내기 5일 전에 한 해 동안 액이 없고 부정한 일이 없는 사람들의 생년월일을 가져가서 그해 단오와 생기를 맞추어 제관과 제주를 뽑는다. 제관과 제주로 선정되면 항상 몸을 정갈하게 하고 마음을 바르게 해야 한다. 제관의 집에는 왼새끼로 꼰 새끼로 금줄이 쳐지며 이때부터 제관은 바깥출입을 삼간다. 또 바깥 사람들도 금줄이 쳐진 제관의 집 출입을 삼갔다. 금줄은 단옷날 밤이나 다음 날에 걷는다.

성황제에 앞서 마을 주민 모두가 근신했다. 송아지를 낳았을 때는, 그 집 사람들 모두가 성황제 지내는 날에 당집으로 못 갔다. 또 단오고사에 참가하는 남자들은 천궁물로 목욕재계를 했다. 2007년 함백산 성황당 단오고사 때 동생 정태인 씨가 제관

59) 임동권 외, 앞의 책, 1997, 39쪽.
60) 『태백시지』, 태백시, 1998, 572쪽.

을 맡았고, 제관을 도와 심부름을 하는 제주는 형 정태종 씨가 맡는 일도 생겼다. 제주는 집집이 회비를 걷으러 다니고, 제물상을 준비하는 등의 심부름을 하는 역할을 한다. 다음은 제주의 동생이자 제관의 형인 정태선 씨의 말이다.

> 제관은 고사 지낼 때 제일 먼저 지내고 뭐든지 최고이므로 제관으로 뽑히면 오이고땡이다. 최고다, 기분 좋다, 그거지 뭐. 제관은 부정 탄 것을 볼까 봐 밖에를 돌아다니지 않았다. 제관으로 선정되어도 농사일은 해야 하니 그저 오랍드리만 왔다 갔다 할 뿐이다.[61)]

> 제관과 제주는 해마다, 돌아가면서 마을 주민 중에서 뽑는다. 액운이 없었던 사람 여럿의 생기를 들고 날짜를 보는 사람에게 가서 누가 제관을 하고 제주를 하면 좋은지를 받아 온다. 올해(2007년) 제관은 내가, 제주는 형(정태종)이 했다. 제물 준비는 제주가 하는데 돈육, 돼지머리, 삼색과실(三色果實) 밤 · 대추 · 곶감, 배, 사과, 떡(백설기), 수박, 술(막걸리와 소주), 포 등을 차렸다. 소지를 올릴 때는 비는 대상의 이름과 생년월일을 부른다. 고사 지내러 오지 못한 사람들 것까지 소지를 올려 준다.[62)]

고사를 지낼 때는 시간을 받아서 지내는데 대체로 정월보름고사는 보름 전날(음력 14일) 저녁에 지내며, 단오고사는 오전 중에 지낸다. 2007년의 단오고사를 오전 10시에 지낸 것처럼, 해마다 대체로 그 시각에 지낸다. 제물상을 차려 놓고 함백산 성황님께 절을 한 뒤 제를 지낸 상을 옮겨 산신제도 지낸다. 이 고사를 '당고사 지낸다'고 부른다. 『태백산 민속지』 49~51쪽에서 소개하고 있는 '함백산 서낭당'의 신위에 대한 기록은 오류로 보인다. 신상에 "단군과 단종을 모신다"는 내용이라든가, 제의 목적을

61) 정태선
62) 정태인

"주인은 단군이고 부주인은 단종인데 단군과 단종을 모신다"라고 한 것은 사실과 다르다. 주민 모두가 "함백산 성황당은 '함백산 성황님'을 모시고 있을 뿐, 단군이나 단종과는 관련이 없는 성황당"이라고 강조했다.

> 성황님 다음에 산신님께 제사를 바쳐 농사가 잘되고, 집안일 잘되게 해달라고 빈다. 또 잡귀 안 물리고 하면 얼마나 좋나. 지금 내 나이 70이 다 돼 가지만 함백산 성황당의 보름고사와 단오고사는 내력도 모를 만큼 오래전부터 내려온 전통이다. 내 할아버지 이전부터 있었다.[63]

성황제에는 여자들이 참가하지 못하고 남자들만 지낸다. 음식을 들고 나르는 여자들만 성황당으로 모일 뿐이다. 성황제가 끝난 뒤에 마을 여자들이 함께 참석하여 음복하고, 음복주를 마시며 여흥을 즐긴다. 이때에는 마을 행사에 관한 이야기를 주고받기도 하는데, 주된 목적은 하루를 즐겁게 보내는 데 있다. 단오고사 뒤에는 성황당 옆에 마련한 그네를 타면서 단오를 즐긴다. 단오고사에는 노동에 지친 몸을 하루 쉬게 하여 건강을 돌보는 선조들의 지혜가 담겨 있다.

계(契)의 성격을 지닌 소롯골 촌락 공동신앙체가 주관하는 함백산 성황제의 참가 대상은 총 50여 명으로 매번 30여 명이 참가하고 있다. 성황고사를 지낼 때는 황지나 통리 등 외지에 나가 살던 함백산 성황님을 모시던 소롯골 사람들이 모두 찾아오는 날이다. 울산이나 서울 등 멀리 나가 살던 사람들이 찾아오기도 한다.

> 소롯골에서는 풍전광업소가 개발을 먼저 시작했다. 풍전광업소는 김 대령으로 불리던 사람이 1950년대 개발을 했는데, 1960년대 말에 우성환 사장이 인수하면

63) 정태선

서 동해광업소로 명칭이 바뀌었다.[64)]

탄광 개발이 호황을 이루던 때만 해도 소롯골은 동해광업소를 중심으로 큰 마을을 이루었다. 동해광업소에서 사택을 지었는데 1개 동에 10~12가구가 사는 사택 600동이 들어섰다. 동해초등학교와 풍전초등학교 등 초등학교만도 두 개가 들어설 만큼 큰 촌락을 이루었다. 한때 2,000여 주민이 살던 소롯골은 1989년 석탄합리화정책 시행 이후 쇠퇴의 길을 걷는다. 1990년 동해광업소 폐광, 1993년 함태광업소 폐광 이후 주민이 급감한 소롯골은 2007년 기준 30가구에 60여 명이 살아가고 있을 뿐이다. 젊은이들이 도회지로 떠나간 뒤에도 남은 주민들은 마을을 지키고, 성황제 전통을 지켜 가며 살고 있다. 소롯골의 토박이들은 탄광 개발이 한창일 때도 농사일과 탄광일을 병행하였다. 소롯골 주민들의 주요 재배 농산물로는 옥수수와 감자가 주를 이루다가 최근 들어서는 배추를 주로 경작하고 있다.

소도동을 떠들썩하게 하던 함태단오가 역사의 뒤안길로 사라진 지금, 단오고사를 지내는 성황당조차 몇 남지 않았다. 소롯골의 함백산 성황당은 단오고사의 전통을 수백 년에 걸쳐 계승하고 있는 대표적 성황당이다. 당고사를 위해 외지에 나갔던 이들이 찾아오는 도시와 농촌 간의 소통이라든가, 먼 곳에서 생활하느라 오지 못하는 옛 이웃을 위해서 소지를 올려 주는 인정의 구조에서 소롯골의 함백산 성황제가 지닌 삶의 진실을 만날 수 있다. 함백산 성황당은 태백 지역에 존재하는 촌락신앙을 살펴볼 수 있고, 태백 지역 토박이 주민들의 삶을 확인할 수 있는 귀중한 문화자원이다. 태백시는 단오 세시풍속을 통한 전통문화의 계승을 실천하고 동민의 화합과 축제의 장으로 기능해 온 함백산 성황당과 성황제에 깊은 관심을 기울여야 한다. 태백 지역에 산재한 성황당에 대한 체계적인 조사를 통해 지역의 단오 전통문화를 발전적으로 계승할 필요가 있다.

---

64) 박영희

6. 글을 맺으면서: 단오와 문화 계승

"강릉단오는 류도 아니다"라는 말이 나돌 정도로 '함태단오'는 성대한 축제의 장이었다. 소도 지역 모든 주민이 참가하여 사나흘씩 즐기던 함태단오는 태백시의 문화를 보여 주는 세시풍속이자 마을의 전통축제였다. 함태단오는 함태탄광의 개광기념일과 겹쳐지면서 더 성대할 수 있었으니 전통과 현대 산업의 융합을 보여 주는 사례이기도 하다.

함태단오를 살펴보면서 태백 지역의 단오가 지닌 독특한 특성도 확인할 수 있었다. 창포 대신 '천궁과 궁궁이'가 단오에 등장했다는 사실이다. 이러한 태백 주민의 삶은 잘 알려지지 않은 단오 문화의 속살이기도 하다. 소도를 비롯해 태백 지역 주민들은 단오 때마다 너도나도 천궁물에 머리를 감았고, 천궁을 머리에 꽂았다. 또 궁궁이를 머리에 꽂기도 했다. 단오에 천궁과 궁궁이가 등장한 풍속은 태백 지역의 고유한 특색을 드러낸 문화인 것이다. 태백농협의 천궁 판매 사업은 태백 지역의 천궁이 특산품으로 기능하고 있다는 것을 증명하는 셈이다. 태백농협에서는 천궁을 약초음료로 가공하거나, 약재식물로 보급했다.

함태단오와 천궁은 태백 지역의 문화적 전통을 담고 있다. 천궁물을 태백산 천제단의 하늘물 이미지, 그리고 3대강(한강 · 낙동강 · 오십천)의 발원물 이미지와 접목하는 문화콘텐츠 개발에도 시선을 돌려야 할 것이다. 천궁물로 머리 감기, 천궁물로 목욕하기 등의 시도는 전통을 계승하는 일이다.

지역의 전통문화를 계승하는 것이 쉬운 일은 아니다. 1974년부터 단오축제를 시작한 충남 천안시가 병천면 아우내 장터에서 열리던 '아우내 단오절 민속축제'를 2003년 21회를 끝으로 중단했다. 이는 민속문화의 현대적 계승이 얼마나 어려운가를 보여 준다. 반면 강릉단오는 중요무형문화재 13호로 지정되어 오다 2005년 유네스코에 인류 구전 및 무형유산 걸작으로 선정되어 세계적 축제로 자리매김했다. 전국 곳곳에서 열리던 단오가 '강릉단오'로 정착될 수 있었던 것은 단오에 대한 강릉 주민들의 계승 정신과 문화에 대한 애정이 있었기에 가능했다. 강원도 곳곳에서 불리던 아리랑이 「정선 아리랑」으로 대표되는 것 역시 정선 주민들의 전통 계승 정신과 아리랑 사랑이 있었기에 가능했다.

석탄산업 사양화로 탄광이 문을 닫고 주민들이 떠나는 변화에도 불구하고 태백지역에서는 단오 때마다 성황제를 지내는 전통을 지키고 있다. 소롯골 단오성황제가 그렇고 장성광업소의 단오산신제와 단오위령제가 그렇다. 단오성황제를 위해 마을 공동체가 화합을 이루고 있으며, 단오위령제를 통해 탄광노동자의 안전을 기원하며 순직자를 추모하고 있다. 단오 세시풍속의 전통은 태백 주민의 삶 속에서 여전히 계승되고 있으며, 마을의 친목과 안녕을 도모하고 있다.

강릉단오보다 컸다던 함태단오는 태백의 고유문화를 보여 주는 좋은 자료이다. 함태광업소를 비롯하여 광업소 단위별로 고유한 단오 풍속을 지내던 모습도 태백의 고유문화를 보여 준다. 민중들이 지속하려는 문화 속에는 삶의 지혜가 숨어 있다. 태백시는 일회용의 이벤트성 행사를 급조하여 자꾸 만들기보다는 지역이 지닌 웅숭깊은 문화를 반영한 전통 계승에 더 관심을 기울여야 한다. 지금까지 살펴본 태백시의 단오 풍속은 탄광촌 주민들이 지닌 정체성을 보여 주는 창구가 될 것이다. 단오성황제는 촌락축제로 잘 전승되고 있는 만큼 태백 지역의 단오 전통문화로 계승 · 발전시켜 나가야 할 것이다.

7장

탄광촌 문화를 계승한 탄광축제 현장

1. 탄광축제: 지역산업의 축제화
2. 사라진 축제: 광공제, 태백 광공제
3. 성공한 축제: 사북석탄문화제, 강원도 탄광촌문화제
4. 미완의 축제: 진폐환자 및 가족을 위한 거리축제, 철암 Coal 페스티벌, 탄광학술제
5. 글을 맺으면서: 탄광축제와 문화 계승

1.
탄광축제: 지역산업의 축제화

축제는 주민의 화합과 단결을 추구하고 공동체의 안녕과 발전을 기원하는 역할을 한다. 탄광축제는 탄광지역이 지닌 고유의 문화 특성과 산업 특성을 살려 탄광촌 지역을 대표하고 지역의 정체성을 확인하는 문화축제로 자리하고 있다. 축제가 지방자치단체의 중요한 관광산업으로 인식되면서 축제를 활성화하는 것은 지역의 경제 발전과 궤를 같이한다. 최근 들어 전통적으로 내려오던 축제 외에도 특산품, 향토음식, 자연경관 등의 자원을 활용하여 문화와 산업이 복합된 축제가 증가하는 추세에 있다. 지역의 산업을 축제화한 것으로는 한산 모시문화제, 통영 나전칠기축제, 전주 종이축제, 원주 한지문화제, 인제 빙어축제, 인제 황태축제, 부산 자갈치문화관광축제, 금산 인삼제와 풍기 인삼축제, 고성 명태축제, 지리산 고로쇠약수제, 정선 화암약수제, 봉화산 나물축제, 치악산 산나물축제, 정선 황기축제, 봉화 은어축제, 강릉 초당두부축제, 정선 임계감자축제, 음성 고추축제, 창원 단감축제 등을 들 수 있다.[1)]

우리나라 대표적 탄광촌인 태백시 · 삼척시 · 정선군 · 영월군에서 개최한 '광공

1) 이원태, 「문화관광 및 경제효과에 편향된 추세」,『문예연감』, 2002 참조.

제', '진폐환자 및 가족을 위한 사랑의 거리 축제', '철암 석탄과 불의 축제', '사북석탄문화제', '강원도 탄광촌문화제' 등은 지역의 산업과 문화를 접목한 축제이다. 탄광축제는 역사가 짧은 데다 규모가 작아 인지도가 낮은 실정이다. 하지만 탄광이라는 단일 산업으로 도시를 형성한 탄광촌의 독특한 문화와 석탄산업의 역사를 담고 있어 축제가 발전할 수 있는 잠재적 가능성을 지니고 있다. 특히 2016년 기준, 22회의 전통을 지닌 사북석탄문화제는 성공한 축제라 할 수 있다. 탄광축제의 특색을 살펴보면서 탄광도시의 고유한 문화 발전의 가능성을 모색해 보고자 한다.

2.
사라진 축제: 광공제, 태백 광공제

태백시 모든 지역은 1981년 이전만 해도 삼척군 행정 관할이었다. 태백과 도계 지역을 포함한 삼척군은 탄광 숫자 · 석탄 생산량 · 탄광노동자 숫자 등 모든 면에서 우리나라 최대를 기록하면서 석탄산업을 이끌어 갔다. 1960~1970년대에 열리던 '광공제(鑛工祭)'는 탄광을 중심으로 마련한 삼척 · 태백 지역의 축제였다.

> 광공업도시인 삼척의 산업 발전과 산업전사들의 안녕을 기원하는 축제로서, 전국에서 보기 힘든 향토 문화제로 계승 발전케 할 목적으로 1968년 8월 3일에서 4일까지 2일간 제1회 광공제를 개최하였다. 전야제의 화려한 폭죽놀이와 제등행렬을 시작으로 광공기원제를 올리고 줄다리기, 씨름, 농악, 궁도, 그네, 한시백일장, 한글백일장, 가무 경연, 가요제, 시화전, 직장인의 배구대회 등의 행사가 거행되었다.
>
> -『삼척시지』

광업을 공업보다 앞세워 광공제라는 축제의 명칭을 정했다. 탄광을 중시하는 삼척 · 태백 지역의 현실을 행사명을 통해서도 확인할 수 있다. 광공제는 광공업의 발전을 통한 지역발전과 광공업에 종사하는 노동자들의 사기를 북돋우려고 마련된 행사이다. 전야제의 중심 행사인 광공기원제라든가, 본 행사장에서의 모범 광공업체 노동자 표창 등의 행사는 축제의 성격을 분명히 보여 준다.

1회 광공제는 1968년 8월 3일부터 2일간 죽서루 광장에서 개최했다.

2회 광공제(1969. 8. 1~3)부터 3일간 개최하는 것으로 행사 규모를 키웠으며, 삼척읍 사대광장으로 장소를 옮겼다. 축제 기간 동안 관내에서 운영되는 70여 기업체의 공장기(工場旗)가 행사장에 게양되면서 광공제 분위기를 돋웠다.

3회 광공제(1970. 1. 23, 사대광장)에는 삼척군 관내 30여 개의 광업소에서 버스를 대절하여 탄광노동자들을 각종 행사에 적극 참가시켰다. 관 주도의 행사가 노동자들이 참가하는 축제로 발전하기 시작했다.

4회 광공제(1971. 10. 8, 사대광장)가 열린 뒤에는 한 해를 건너뛴다.

5회 광공제(1973. 7. 1)는 삼척군 장성읍 황지리에서 황지읍으로 승격한 것을 기념하기 위해서 장소를 황지읍으로 옮겨 개최했다. 순직광부 위령제를 비롯하여 17개 종목이 진행되었으며, 12만 명이 행사장을 찾을 만큼 성황을 이루었다. 황지읍의 승격은 탄광 발전을 통해 도시가 발전하는 탄광촌의 면모를 입증하고 있다.

6회 광공제(1975. 11. 7, 죽서루 광장) 이후 행사가 잠시 중단된다. 광공제 축제의 중단 위기설이 계속 나돌았는데, 2년을 중단했다.

7회 광공제(1978. 10. 17~18)부터 삼척군 황지읍 지역에서 열린다. 이때부터 행사명도 '태백광공제'로 개명하였다. 태백광공제를 주관한 태백광공제 추진위원회는 축제 참가 범위를 확대하는 한편 광공업 중심에서 탄광업 중심으로 전환한다. 행사 참가 범위도 삼척 관내 업체에서 정선과 영월 등 인근 탄광지역까지 확대한다. 강원 도내 탄광업체 종사자의 축제로 발전시켜 간 것이다.[2)]

태백광공제는 탄광에서 순직한 광부의 영령을 기리는 산업전사 위령제를 가장

2) 『태백시지』, 태백시, 1998, 186쪽 참조.

먼저 올리는 것으로 시작했다. 이어서 광부들의 동발 조립 경기, 동발 시공 시범 경기, 연탄 이고 달리기, 동발 지고 달리기 대회, 수타식 연탄 만들기, 광업소 대항 줄다리기 등의 탄광촌 특색이 담긴 행사로 가득했다.

태백의 산업전사 위령제는 1975년 산업전사 위령탑 제막과 함께 시작하여 태백광공제 기간에 열렸다. 광공제가 폐지된 이후에는 태백제 기간에 위령제를 올리고 있다. 산업전사 위령탑에는 2015년 기준 4,086위의 위패가 봉안되어 있다.

태백광공제는 1981년 태백시 승격 이후 명칭이 사라진다. 태백시는 '태백제'로 이름을 바꾸었으며, 탄광촌 특색을 지닌 프로그램도 없앴다. 그나마 1980년대까지만 해도 해마다 10월에 열리는 태백제 행사에서 '동발 조립 경기'가 있었다. 각 광업소에서 선발된 기능이 뛰어난 광부들이 동발 조립을 선보이며 경연을 벌였으며, 심사 때는 안전 · 신속 · 정확도를 측정했다. 그러다가 1989년 석탄산업 합리화 이후 폐광이 진행되면서부터는 동발을 세우는 경기마저 태백제의 축제현장에서 사라졌다. 축제 주최 측에서는 참가 광업소가 적다는 이유를 들고 있지만, 광부들의 참가를 유도할 수 있는 프로그램이 없다는 데 더 큰 원인이 있다. 태백시민의 축제인 태백제조차 탄광노동자들은 소외되고 있었던 셈이다. 태백시정이 탄광노동자를 외면하는 현실을 여실히 보여 주는 셈이다. 이에 비해 장성광업소 노동조합이 주관하는 노동절 행사는 갱별 입장식 퍼포먼스를 통해 탄광 고유의 특색을 띠고 있다. 장성광업소의 노동절 축제가 탄광축제의 전통을 이어 가기를 기대한다.

3.
성공한 축제:
사북석탄문화제, 강원도 탄광촌문화제

1) 사북석탄문화제

정선군 사북읍은 석탄산업의 발달에 따라 인구가 증가하면서 1973년 읍으로 승격한 전형적인 탄광촌이다. 1985년에는 사북읍 고한리를 고한읍으로 분리 승격하는 발전까지 거둔다. 사북읍의 중심에는 1980년대 4,500명의 근로자를 거느린 우리나라 최대 규모의 민영탄광인 동원탄좌 사북광업소가 있었다. 2004년 10월 폐광한 (주)동원 사북광업소는 정선군 관내에서 가장 마지막으로 문을 닫은 광업소이기도 하다. 사북광업소는 노동환경 개선, 어용노조 개혁, 임금 개선 등 부조리한 사회적 모순과 싸우기 위해 탄광노동자 스스로가 일어선 1980년 4월의 사북항쟁으로 전국적인 지명도를 얻은 바 있다. 사북 4월 항쟁은 후에 인천제철, 일신제강, 동국제강, 원진레이온 등 대형 사업장 파업에 도화선 역할을 했을 뿐 아니라, 한 달 뒤 전개된 5 · 18 광주 민주화 항쟁의 불씨가 되었다.

1989년 석탄산업 합리화정책으로 대규모 폐광이 이루어지면서 탄광촌은 급격한 인구 감소 및 지역 경기 침체의 위기를 맞는다. 생존권 찾기 투쟁에 나선 사북 탄광촌 주민들은 1995년 폐광지역 개발지원에 관한 특별법의 제정을 통해 국내 유일의 내국인 출입카지노인 강원랜드 카지노를 개장한다. 또 사북 탄광촌 주민들은 탄광지역의 실상 바로 알리기, 탄광촌 문화 계승, 폐광지역의 경기 활성화, 카지노와 연계한 사북 관광지 홍보 등을 위해 석탄을 테마로 하는 사북석탄문화제(舍北石炭文化祭)를 기획했다.

'사북석탄문화제'의 출발은 1995년 5월 사북 지역의 청년단체인 사북청년협의회에서 '석탄문화위령제'라는 이름으로 시작한다. 제2회는 1996년 6월에 사북읍민의 날 기념행사의 하나로 석탄문화위령제와 산나물 뜯기 행사를 진행한다. 2회 석탄문화제는 이전까지 각각 열리던 정선그린랜드의 '전국 철쭉등반 및 산나물 뜯기 대회'와 사북석탄문화제추진위원회의 사북석탄문화제를 하나로 합쳐서 열린 행사이다.

3회(1997) 행사 때부터 석탄문화위령제와 읍민의 날 체육대회를 통합하여 사북석탄문화제로 명칭을 새롭게 바꾸었으며, 탄광축제의 기틀을 잡는다. IMF의 영향으로 행사가 대폭 축소된 4회(1998) 석탄문화제는 읍민의 날 기념행사가 제외된 속에서도 "화합의 축제, 희망의 땅, 고원관광도시 건설"이라는 슬로건을 내세우며 사북의 전통문화 행사를 만들어 간다.

사북석탄문화제 일정

1회	1995년 5월	8회	2002년 5월 25일~26일	15회	2009년 7월 31일~8월 3일
2회	1996년 6월 8일~9일	9회	2003년 5월 31일~6월 1일	16회	2010년 7월 30일~8월 2일
3회	1997년 6월 27일~29일	10회	2004년 6월 4일~5일	17회	2011년 7월 30일~8월 1일
4회	1998년 7월 4일~5일	11회	2005년 6월 4일~5일	18회	2012년 8월 3일~5일
5회	1999년 6월 12일~13일	12회	2006년 6월 3일~4일	19회	2013년 9월 6일~8일
6회	2000년 6월 10일~11일	13회	2007년 6월 2일~3일	20회	2014년 8월 1일~3일
7회	2001년 6월 2일~3일	14회	2008년 8월 1일~3일	21회	2015년 7월 24일~26일

석탄문화제는 순직 광부 추모, 광부 노동 재연, 연탄에 대한 추억의 행사들이 주를 이룬다. 축제 기간에 열리는 '산업전사 위령제(진혼굿)'는 채탄막장에서 사고로 숨진 광부와 직업병인 진폐증을 얻어 순직한 광부들의 영혼을 위로하는 자리이다. 굿판을 지나가던 주민도 관광객도 모두 신발을 벗어 놓고 광부들의 영혼을 비는 의식 속에는 숨진 탄광노동자를 위로하고 기리는 석탄문화제의 취지가 잘 나타난다.

사북석탄문화제가 열리면 사북 지역 전체가 옛 탄광촌의 모습을 되찾는다. 식전 행사인 가장행렬에서는 채탄, 굴진, 보갱 광부들이 작업 도구와 함께 대열을 이룬다. 또 시공을 끝낸 동발, 연탄 제작 등을 재연한다. 철제 동발로 대형갱도가 세워진 주 행사장에는 축전차인 탄차를 비롯해 탄광 장비가 전시된다. 동발을 세워 만든 탄광 갱구에는 "아빠 오늘도 무사히", "안전제일", "탄질 향상" 등의 푯말이 탄광촌의 향수를 불러일으킨다. 이러한 구호는 사고가 잦은 탄광을 대변하듯 1980년대 후반까지만 해도 갱구뿐만 아니라 탄광사택 곳곳에 붙어 있었다. "탄질 향상" 구호는 석탄 증산에 급급하던 정부와 탄광의 중요 경영목표를 반영하고 있다.

초기의 석탄문화제는 석탄산업 사양화로 사라져 가는 석탄 채굴 모습과 탄광촌 생활 문화를 재연하는 데 초점을 맞추고 있다. 동발을 세우는 지주 시공 시범에서는 광부의 작업복과 작업모, 안전등을 완벽하게 갖춘 광부들이 진지한 표정 속에 나무동발 시공과 채탄 · 굴진 작업 시범을 선보인다. 지하갱도에서 목숨을 걸고 동발을 세우던 광부의 노동이 축제를 통해 지상에서 공개된다. '지주 세우기 대회'는 수백 미터 지하갱도에서 열악한 작업환경과 강도 높은 탄광노동에 종사하는 광부들의 채탄 작업과 굴진 작업을 실감 나게 보여 준다. 또 갱내에서 갱목을 메고 작업하는 모습을 게임으로 만든 '작업복 빨리 입고 달리기' 행사는 관람객의 웃음을 자아낸다. 동네별 대항 행사인 '19공탄 빨리 잘 만들기 대회'에는 늘 응원단과 구경꾼들로 붐빈다.

석탄문화제는 이제는 거의 찾아보기 힘든 연탄 제조와 석탄 캐는 과정, 연탄 나르기 등 옛 탄광촌의 다양한 모습을 재현함으로써 어려웠던 시절의 추억을 되살린다. 1980년대 중반까지만 해도 우리나라 대다수 사람이 난방 에너지원으로 연탄을 사용했다. 이에 대한 추억을 되살리는 의미에서 연탄 새끼줄 끼워 들고 달리기, 연탄 옮기기, 연탄 쌓기 등의 행사를 진행한다. 난로에 사용하기 위해 무연탄 가루에 흙을 섞어 땔감으로 사용했던 조개탄의 제작 시범은 경제난으로 고생하던 시절의 연탄에 대한 향수를 불러일으킨다.

연탄 찍기나 조개탄 제조 같은 체험 위주의 프로그램이 참가 주민들과 외지 관광객들의 동참을 끌어내고 있다. 1980년대 초반까지만 해도 탄광촌 사택가에서는 연탄이 깨어진 것을 모아서 수타식 연탄제조기로 재활용하는 모습을 쉽게 찾아볼 수 있었다. 연탄 찍기 대회는 옛 풍습의 재현 외에도 연탄 한 장이라도 소중히 여기던 에너지 절약 정신을 되새기게 한다.

한편 기존의 놀이와 석탄이 합쳐진 놀이 프로그램도 눈길을 끈다. 대형 장기판 위에 연탄과 연탄재가 장기알로 등장해 한판 대결을 벌이면서 연탄집게로 장기알을 이동하는 이색적인 모습은 구경꾼들의 웃음을 절로 자아낸다. 축제에서 아이디어가 얼마나 중요한가를 보여 주는 대목이다.

7회 석탄문화제에서는 다른 축제현장에서는 흉내 낼 수 없는 탄광 체험 프로그램을 첨가해 인기를 끌었다. 운행되고 있는 동원탄좌 사북광업소 보안실에 참가 접수를 하면 광업소 직원의 안내를 받아 10여 분간 동원탄좌 수직갱 개방 시설을 관람할 수 있다.

지역의 특산품인 석탄과 탄광촌이 지닌 고유의 문화를 활용해 지역의 관광자원을 넓힌 사북석탄문화제는 탄광촌에서 폐광촌으로 몰락하는 과정에서도 희망을 잃지 않고 카지노 개장과 함께 새로운 관광도시를 만들어 내려는 사북 주민들의 의지가 담겨 있다. 다음에 인용한 지역신문의 사설은 석탄문화제의 성격을 잘 대변한다.

석탄문화제는 석탄산업과 지역경제의 활성화를 위한 주민의 의지를 표출하고 있다는 것에 평가할 만한 대목이 있다. 폐광지의 장래를 정부에만 맡길 것이 아니라 지역 스스로가 앞장선다는 것은 평가할 만한 사실이 아닐 수 없다. 많은 사람의 향수를 불러일으키면서 함께 즐기며 축제를 벌인 것은 지역 주민의 화합을 다지는 가운데 희망을 갖게 한 이벤트라 할 것이다. 관광객을 불러들여 과소(過疎)와 과밀(過密)을 연결한 것은 상호 교류 속에서 발전을 촉진하는 유력한 수단이기도 하다.[3)]

사북석탄문화제는 긍정적 가치를 인정받으면서도 축제 폐지 혹은 명칭 변경이라는 도마에 자주 오르내렸다. 정선군 관내에만 10여 개 이상의 마을축제가 열리면서 수천만 원의 경비 마련 및 관광객 유치 홍보에 어려움을 겪는다는 이유에서이다. 화암약수제(4월), 석탄문화제(6월), 두위봉 철쭉제(6월), 함백산 등반대회(6월), 아우라지 뗏목축제(7월), 감자축제(8월), 조양강변축제(8월), 정선 아리랑제(10월), 민둥산억새꽃축제(10월) 외에도 북평 숙암계곡 철쭉제마을 축제 등이 더 있다. 군의원은 군정 질의를 통해 "읍 · 면별 축제가 지역경제 활성화에 큰 도움을 주지 못한다"면서 "축제를 계절별로 통 · 폐합해 내실을 기해야 한다"[4)]고 목소리를 높였다.

석탄문화제의 명칭 변경 논란은 2005년부터 불거졌다. 동원탄좌 폐광 이후 사북지역에서 운영하는 탄광이 없어지자 체험행사 마련에 어려움을 겪던 터였다. 광부들의 석탄 채굴 모습과 연탄 및 조개탄 제조 등 체험 프로그램을 재연할 광부들이 사라졌다는 것이 가장 큰 이유였다. 또 다른 중요 이유로는 사북 지역에 석탄을 상징하는 탄광이 하나도 없는 현실에다가 탄광촌이 아니라 카지노를 중심으로 하는 관광도시로 변화하는 지역 실정을 생각하면 석탄문화제라는 명칭이 어울리지 않는다는 주장이었다.

사북광업소가 문을 닫으면서 탄광현장 체험은 불가능해졌다. 하지만 사북역 주

---

3) 《강원일보》 사설, 2000. 5. 28.

4) 김광희, 《강원일보》, 2005. 11. 17 참조.

변에는 기차를 이용해 사북의 석탄을 서울, 경기 등 대도시로 운반하던 저탄 수송 시설들은 남아 있었다. 규모가 큰 역두저탄장에 있는 수송 시설을 보면 사북 탄광촌을 확인하는 것이 어렵지 않다. 또한, 사북광업소의 폐광으로 사북읍의 석탄산업이 막을 내렸다 해도 탄광의 인연이 완전히 끝난 것은 아니다. 아직도 폐광된 갱도에서 흘러나오는 지하수 정화 시설이 가동되고 있기 때문이다.

사북석탄문화제가 탄광촌의 문화를 계속 이어 나갈 것인가, 아니면 새로운 지역 현실을 반영하는 관광축제로 희석될 것인가에 대한 논란은 쉽게 잠재울 수 없을 것이다. 석탄문화제에 대한 많은 변화가 예견되는 가운데 정선군은 군비 보조가 없는 자생적인 축제로 전환해 경쟁력이 없는 축제를 도태되도록 하는 방안을 추진했다. 다행스럽게도 "아우라지 뗏목축제와 사북석탄문화제 등이 경쟁력 있는 축제"[5]라는 여론이 모이면서 석탄문화제는 중단 위기를 모면했다.

14회(2008) 사북석탄문화제의 경우 시민들의 아이디를 공모하면서까지 행사 종목을 다양화했다. 순직 탄광노동자를 위한 산업전사 위령제를 시작으로 (구) 동원탄좌 본관 광장에서 막이 오른 사북석탄문화제는 "삶의 애환, 희망의 빛!"을 테마로 내세우면서 축제 곳곳에 석탄역사의 발자취와 탄광문화를 배치했다.

탄광 체험행사로는 연탄 왕장기두기, 연탄 역도대회, 연탄 높이 쌓기, 연탄을 이어 전달하는 릴레이, 연탄 오래 들고 있기, 광부 복장 빨리 갖춰 입기, 갱목 자르기, 동발 모형 시공 등 다양한 행사를 마련했다. 사북광업소 650갱구 지하막장 채탄현장까지 광부들을 태워 나르는 인차 탑승은 주목을 받았다. 입갱 체험, 역두사갱 도보 입갱을 통한 냉풍 체험은 관람객들에게 탄광현장의 체험 기회를 제공했다. 모의갱도 체험, 조개탄 만들기, 연탄 및 미니연탄 만들기, 나무연탄 만들기, 분탄 폐탄으로 그림 그리기 등 석탄과 탄광을 주제로 한 다양한 체험행사들을 마련했다. 볼거리로서는 탄광지역 아이들이 쓴 시로 작품을 만든 〈아버지 월급 콩알만 하네〉 뮤지컬 공연이라든

5) 강병로, 《강원도민일보》, 2005. 8. 17.

가 석탄역사유물 및 석탄화석전, 추억의 광산사진전, 석탄예술전 등이 있었다.

15회(2009) 사북석탄문화제에서는 "사북항쟁, 그 길을 묻다"는 주제를 내세우고 '프로메테우스의 후예, 진폐환자 위문 탄광시 낭송회'가 열렸다. 탄광시를 쓰던 시인들이 참석하여 직접 시 낭송을 하며 옛 광부들과 가족들의 심금을 울렸다. 맹문재의 「프로메테우스의 후예들」, 박무봉의 「하늘에서 불을 훔쳤다」, 성희직의 「또다시 혈서를 쓰며」, 이기애의 「석탄 박물관에서」, 정연수의 「탄광 아리랑」, 최종천의 「막장」, 최승익의 「규폐병동에서 8」 등이 낭송되었다.

16회(2010) 사북석탄문화제는 석탄광부 추모 위령제를 시작으로, 광부 아리랑 창극 공연이 있었다. 탄광 민속경기로는 갱목 자르기, 광부 복장 빨리 꾸미기, 왕연탄 빨리 꾸리기, 연탄을 이고 빨리 나르기, 연탄 쌓기, 연탄 오래 들기, 연탄 장기대회, 연탄 역도대회 등이 있었다.

17회(2011) 사북석탄문화제의 탄광 관련 행사로는 산업전사 위령제, 석탄유물 종합전시전, 추억의 탄광사진전, 탄광미술전, 광산풍속 · 생활언어전, 탄광화석전이 열렸다. 문화 체험행사로 광부 인차 탑승 및 갱도 입갱 체험, 연탄 만들기, 갱목 자르기 및 나무연탄 만들기, 경석 그림 그리기, 광부와 추억의 사진 찍기, 탄광영상물 관람 등이 있었다.

18회(2012) 사북석탄문화제가 열리는 사북석탄유물전시관 앞마당에는 2011년 건국대학교 건축팀이 탄광 경석을 모아 설치한 두 개의 담장이 포토존으로 인기를 끌었다. 탄광현장성을 반영한 경석 담장은 볼거리 면에서도 풍성한 느낌이었다. 18회 석탄문화제의 체험행사로는 사북석탄유물전시관 뒷마당에서 갱도 입갱 체험과 연탄 만들기가, 앞마당에서는 화석 모형 만들기, 지역 화가와 함께하는 경석에 그림 그리기, 연탄 모양의 천연비누 만들기 등의 행사가 진행되었다. 한국청소년연맹이 주관한 천연비누 만들기 체험장에서는 연탄비누가 가장 눈길을 끌었다. 참숯가루, 글리세린, 라벤더향을 사용해 검은 연탄 모양의 천연비누를 만들었다. 연탄 모형 틀에다 에탄올을 뿌려 잘 떨어지도록 했다. 비누가 응고되기까지 1시간 소요가 되므로 관광객이 만든 연탄비누에다 이름을 써 놓은 뒤, 다른 체험장을 돌아보고 와서는 찾아가곤 했다.

18회 사북석탄문화제부터 광부와 추억의 사진 찍기, 연탄 빨리 나르기 대회, 연탄 역도대회, 연탄 쌓기 등 탄광 특색의 체험행사가 사라졌다. 이에 대한 아쉬움의 목소리도 커졌다. 성희직 정선진폐상담소장은 "사북석탄문화제가 다른 지역에 다 있는 일반적 공연에만 치우치지 말고 광부 · 탄광 · 탄광촌의 생활을 테마로 하는 예전 프로그램을 유지해야 한다"고 주장하면서 동발 세우기 시연과 광부 복장 도우미 배치 등을 주문했다. 광산진폐권익연대 회원 3명은 자발적으로 행사에 참여하면서 동발 나르기 시연을 통해 광부들의 갱내 작업의 고충을 보여 주기도 했다.

경기도에서 왔다는 이효린 양(6세) 가족 4명은 하이원리조트에 숙박했다가 사북석탄문화제가 열린다는 소식을 듣고는 행사장으로 찾아왔다. 이효린 양 가족들은 "가족들이 함께 즐기기에는 하이원리조트 부대시설보다 석탄문화제 행사가 더 재미있다"면서 다양한 체험행사에 참여했다. 사북석탄문화제의 프로그램이 고급 리조트의 부대시설보다 더 주목받을 가능성을 보여 주었다. 축제준비위 측은 탄광의 특색, 사북 지역의 특색을 온몸으로 체험하는 축제 프로그램을 더 개발해야 할 것이다.

사북석탄문화제가 열리는 동안 사북 시내 상권은 활기를 띠었다. 석탄문화제 관람객을 비롯해 강원랜드 고객, 계곡 피서객 등이 몰리면서 많은 사람이 북적거렸다. 석탄산업이 호황일 때 "강아지도 만 원짜리 물고 다닌다"는 말이, "사북 주민은 5만 원짜리 들고 다닌다"는 말로 바뀌었다. 강원랜드 후광으로 사북이 새로운 번성기를 누리는 모습을 단적으로 보여 주는 말인 셈이다. 사북석탄문화제는 번영하는 사북에 새로운 문화적 힘을 실어 주고, 지역적 정체성을 찾아 주는 힘으로 작용하고 있다.

사북석탄문화제 1~21회 기간에 등장한 탄광 관련 행사

종목	행사 내용
제례행사	산업전사 위령제(굿당), 석탄광부 추모 위령제
시범 경기	동발(지주) 시공 시범 대회, 석탄 채굴 모습 재연, 나무 썰기, 쐐기 깎기, 광부 가장행렬, 채탄 굴진 작업의 갱목 운반 과정 재연,
탄광 주제 공연	탄광시 낭송, 광부아리랑 창극 공연
탄광 민속경기	갱목 자르기 및 나무연탄 만들기, 연탄 빨리 나르기, 연탄을 이고 빨리 달리기, 연탄 쌓기, 연탄 오래 들기, 연탄 역도 대회, 작업복 빨리 입고 달리기, 광부 복장 빨리 꾸미기, 연탄 새끼줄 끼워 들고 달리기, 왕연탄 빨리 꾸미기, 연탄장기 대회, 연탄 대 연탄재의 장기 대결
체험행사	광부 인차 탑승 및 갱도 입갱 체험, 동원탄좌 수직갱(550m) 개방시설 관람, 연탄 만들기, 수타식 연탄 찍기, 조개탄 만들기, 광부와 추억의 사진 찍기, 경석 그림 그리기
전시회 및 영상물 관람	탄광 기록 영상물 상영, 석탄역사 기록물 전시회, 석탄채탄 장비 전시회, 석탄유물 종합전시전, 추억의 탄광사진전, 탄광미술전, 광산풍속전, 탄광촌 생활언어전, 석탄화석전, 탄광화석전

행사 기간을 지나서도 운영되고 있는 '사북광업소 650갱 입갱 체험'은 사북석탄문화제 행사의 백미이다. 해발 650m 구간에 세워진 갱구라 하여 650갱이라는 명칭이 붙었다. 매시 정각에 갱내로 운행되는 인차를 타기 위해 관광객은 30분 전부터 줄지어 서서 기다렸다. 13°의 시원한 갱내 기온을 접한 관광객들은 "시원하다"면서 환호했다. 총길이 7,200m의 갱도 중 수평갱도 500m 구간까지 인차가 운행하는 동안 철제 동발이 세워진 천장에서 석간수가 떨어져 시원함을 더했다. 또 인차가 지나가는 레일 옆에는 석간수 고인 물들이 강물을 이루어 탄광 갱도의 이색 풍경을 보여 주었다. 인차가 도착한 갱내 종점 지점에서는 세 개의 대형 스크린에서 탄광 역사 관련 영상물이 8분간 상영되었다. 시원한 갱내에서 감상하는 영상물은 그 자체로 묘미가 있다. 영상이 끝난 뒤에는 클래식이 잔잔하게 흐르는 가운데 광부 복장의 광부 출신 해설사가 나와서 채탄현장과 탄광촌의 삶에 관해 설명했다. 입갱 체험은 무료이며, 총 17분 소요된다.

사북석탄문화제는 석탄과 탄광으로 형성된 사북읍의 정체성을 드러내는 축제이

자, 탄광지역이 지닌 산업의 역사와 전통을 문화로 승화시킨 축제이다. 축제는 특색을 생명력으로 한다. "향토축제는 무엇보다 그 지역의 역사성이 반영되어야 하며, 지역민의 삶이 구체화하는 생활축제가 되어야 한다"[6]는 주문에서 보듯 사북석탄문화제는 석탄산업이라는 지역의 역사성과 탄광 주민의 삶을 가장 잘 반영한 향토축제이다. "국가 기간산업에 이바지한 광원들의 애환과 지하막장에서의 근로현장을 생생하게 재현한 석탄문화제는 이 행사에 참가한 관광객들로부터 유일한 석탄축제의 가치를 인정"[7]받았다는 평가를 되새길 필요가 있다. 탄광촌의 역사와 문화를 보존하는 차원에서라도 사북석탄문화제를 계승하고 발전시켜 나갈 때 사북읍은 카지노 못지않은 산업문화가 있는 관광도시의 경쟁력을 갖출 것이다.

2) 강원도 탄광촌문화제

'강원도 탄광촌문화제'는 영월군 북면번영회가 주관한 탄광축제로 강원도 · 영월군 · 광해방지사업단 · 강원랜드 등의 후원을 받아 2011년부터 열리고 있다. 강원도탄광촌문화제라는 거창한 축제 명칭은 북면 마차리에 소재한 영월탄광이 강원도에서 최초로 개광(1936년)[8]한 사실에 기반을 두고 있다. 축제는 마차6리에 소재한 '강원도 탄광문화촌'에서 열린다.

6) 장정룡, 『강원도 민속연구』, 국학자료원, 2002, 531쪽.
7) 최재혁, 「지역특색을 축제로 승화시킨 사북석탄문화제」,『문화도시 문화복지』18, 한국문화정책개발원, 1997.
8) 대한석탄공사 편, 『대한석탄공사 50년사』, 2001, 49쪽.

강원도 탄광촌문화제 일정

1회	2011년 10월 29일	3회	2013년 10월 26일	5회	2015년 10월 3일
2회	2012년 10월 14일	4회	2014년 10월 4일	6회	2016년 10월 1일

강원도 탄광촌문화제는 순직 근로자 위령제를 시작으로 막이 오른다. 산업전사 위령탑을 찾아서 석탄산업 역군으로 종사하다가 순직한 영령을 위로하고 추모하는 것이다. 이때는 광부의 직업병인 진폐로 인한 순직자의 영혼도 함께 위로한다. 위령제는 사고 순직자 및 진폐 순직자 제막식, 산업전사 위령탑 앞의 헌화와 분향, 진혼무와 헌화무의 살풀이 공연 등이 행사의 핵심을 이룬다.

탄광촌문화제에서 탄광 특색을 지닌 주요 행사로는 광부복을 입고 동발(지주) 세우기 시연, 광부 복장(안전모와 안전등 등 착용)을 갖춘 뒤 동발 메고 달리기 등의 경기를 꼽을 수 있다. 통나무동발 빠르게 자르기 경진대회도 빼놓을 수 없다. 1회 때는 남녀 팀당 3인 1조로 통나무동발 빨리 자르기 경진대회를 토너먼트 방식으로 진행했는데, 3회 때부터는 2인 1조로 진행했다. 관람객 체험행사로는 광부복을 입고 사진을 찍는 포토존, 연탄불 통돼지구이와 소머리국밥 시식 등이 준비되어 있다.

강원도 탄광촌문화제는 6회를 개최했으니 이제 출발 단계에 있다. 탄광축제로 성장하기 위해서는 탄광 특색을 지닌 더 다양한 프로그램을 개발해야 한다. 강원도 탄광문화촌에서 열리는 만큼 강원 지역 탄광 전체의 풍속을 반영하는 형태로 기획한다면 성공 가능성이 크다.

4.
미완의 축제: 진폐환자 및 가족을 위한 거리축제, 철암 Coal 페스티벌, 탄광학술제

1) 진폐환자 및 가족을 위한 거리축제

'진폐환자 및 가족을 위한 사랑의 거리축제'는 진폐환자 및 가족에게 희망을 주려는 취지에서 마련했다. 국가산업 발전의 원동력이 된 석탄 에너지원 공급의 공로자인 광부를 소중히 여기고, 탄광노동현장에서 일하다가 직업병을 얻거나 숨진 광원들의 넋을 기리는 의미가 포함되어 있다. 탄광촌 문화를 반영한 축제를 통해 광부 가족을 위로하려는 의도를 담고 있다.

태백사회발전연구소(소장 박무봉)는 "이 땅의 주인은 광부이다"라는 슬로건을 내걸고 2001년 축제를 시작했다. 1회 때는 음식 대접이나 야유회 등의 진폐환자와 가족 중심의 위안잔치로 진행하다가 2004년부터 주민들과 함께하는 거리축제로 확대했다.

2004년 7월 23일 장성광업소 노동조합 앞마당에서 열린 제4회 진폐환자 및 가족을 위한 사랑의 거리축제에는 관내 몇 개 단체들이 공동 주관으로 참여했다. 태백사회연구소는 진폐환자와 가족 노래자랑을 주관했으며, 탄전문화연구소(소장 정연수)는 탄광을 배경으로 한 시인들의 작품 모음집인 『석탄, 그 불꽃 같은 인생』을 배부하면서 탄광시 낭송 대회를 열었다. 또 홍춘봉《노동일보》 기자는 『탄광촌 공화국』 팬사인회를, 김재영 사진작가는 탄광사진전을 열었다.

행사장에는 모형 갱구가 세워졌으며, 동발목 사이에서는 광부들이 직업병에 걸리지 않기 위해 마신다는 막걸리가 관람객들에게 제공되었다. 관람객은 재래식 연탄 찍고 막걸리 한 사발 마시기, 동발 만들고 물 한 사발 마시기 등의 체험이벤트에 참가했다.

주최 측이 축제현장의 접근성이 떨어지는 부담을 안으면서도 장성에서 행사를 연 것은 소외된 지역의 측면을 고려한 것이다. 태백시는 황지읍과 장성읍(철암리 포함)이 통합되어 시로 승격하였으면서도 산업 · 경제 · 문화 등 모든 분야가 황지에 편중되어 왔다. 탄광노동자가 가장 많이 사는 장성 지역에서 행사를 개최함으로써 광부가 공경받고 대접받는 거리축제를 만들겠다는 의지를 담았다.

제5회 진폐환자 및 가족을 위한 사랑의 거리축제는 2005년 10월 황지농협 삼거리에서 도로를 차단하고 개최했다. 진폐환자 및 가족들의 노래자랑, 강원랜드 전속예술단 위문 공연이 펼쳐졌다. 축제현장에는 모형 동발이 세워져 탄광촌 분위기를 내는 가운데 "이 땅의 주인은 광부다"라는 주제의 탄광사진전, 탄광촌 음식 축제 등의 행사가 마련되었다. 탄전문화연구소의 프로그램인 탄광문학 강연회, 탄광시 낭송회, 시와 무용이 어우러지는 퍼포먼스 등도 선보였다.

진폐환자 및 가족을 위한 사랑의 거리축제는 진폐환자와 가족들을 위안하는 축제라는 특색을 지닌다. 탄광을 중심으로 도시가 발전한 만큼 탄광노동자들을 위로하는 축제가 있어야 한다. 그러나 안타깝게도 진폐환자 및 가족을 위한 사랑의 거리축제는 5회로 중단하고 말았다. 열악한 작업환경을 극복하지 못하고 순직한 산업전사,

직업병으로 고생하는 진폐환자들을 위로하는 축제를 활성화하는 몫은 탄광도시에 사는 모든 시민의 부채이다.

2) 철암 Coal 페스티벌

1989년의 석탄 합리화정책이 시행되면서 태백시는 1989년부터 1995년까지 42개 광업소가 폐광되었다. 1986년 18,508명이던 광업 종사자 상당수가 실직하고 2003년 1,800명이 광업에 종사하고 있다. 석탄산업의 위축은 1987년 12만 명을 넘던 인구가 1990년 89,000명, 2005년에는 52,000명으로 급속하게 감소하여 전국에서 가장 작은 시를 기록하고 있다. 시 외곽 지역인 철암 지역의 피해는 더 크다. 철암 지역(철암동, 동점동)은 1987년에 22,000명에 이르던 인구가 2005년에 3,600명으로 급감하면서 정주 기반을 위협받았다. 1993년에 강원탄광의 폐광과 계속된 석탄감산정책으로 장성광업소마저 노동자를 감소하면서 생긴 현상이다. 태백시 전 지역이 폐광으로 폐허가 될 때 태백시는 고원관광도시라는 슬로건을 내세우면서 황지동과 상장동 일대를 중심으로 개발 사업을 전개했다. 도시 중심부로부터 가장 먼 외곽에 위치한 철암은 탄광촌 환경개선 사업의 손길이 미치지 못했고 탄광촌의 옛 모습을 흉물스럽게 간직한 폐광촌으로 전락했다.

폐허가 된 철암이 문화와 만난 것은 서울에서 활동하던 건축가와 미술가를 중심으로 '철암 회생 프로젝트'를 추진하면서부터이다. 철암 탄광촌의 모습을 보전하고 지역 전체를 살아 있는 문화공간으로 꾸미기 위해 철암역을 활용한 갤러리, 철암역두 저탄 수송시설을 활용한 조명 이벤트 등의 사업을 추진했다. 이러한 움직임은 중앙 언론의 조명을 받았고 철암 주민들에게는 문화의 힘을 인식하는 계기가 된다.

'철암 Coal 페스티벌'은 지역이 폐광촌으로 전락한 데 따른 회생의 일환으로 시작한 축제이다. 지역 주민 단체인 영우회가 주축이 된 철암축제위원회, KBS 태백방송국, 철암 지역 건축도시 작업팀 등이 공동 주관하여 2002년 7월 30일부터 31일까지 제1회 철암 Coal 페스티벌을 개최했다. 대한석탄공사 장성광업소 무연탄 출하기지이면서 강원탄광 폐광의 흔적을 담고 있는 철암역 일대와 철암동 복개천 주차장에 특설무대를 마련한 Coal 페스티벌은 탄광에서 순직한 광부들의 영혼을 달래는 진혼제로 막이 올랐다. 철암역 갤러리의 철암그리기전, 철암 스케치와 철암 낙서장, 국내외 탄광사진전, 환경조각전, 탄광 주제 영화 상영, 선탄장 조명쇼 등을 통해 태백 지역 석탄산업의 과거와 현재를 집중 조명했다. 또한, 장성광업소 철암갱에서는 갱도 체험, 선탄장 답사 등의 특별한 체험행사를 마련해 산업전사로 불리면서 조국 근대화의 선봉에 섰던 탄광노동자들의 노고를 체험하도록 했다.

제1회 Coal 페스티벌은 10일 간격으로 열리는 철암 장날(30일)에 맞추어 개막하여 토속적인 재래장터와 함께 탄광촌의 정취를 느끼도록 했다. '탄광 음식 축제'라는 이색적인 안내판을 붙인 천막에서는 산채비빔밥과 부침 등 탄광노동자들이 즐겨 먹던 먹거리를 선보였다. Coal 페스티벌은 탄광촌의 특색 있는 축제라는 점에서 주목을 받았다. 한 언론은 "예산도 홍보도, 행사 내용도 옹색함을 떨쳐 내기 힘들지만, 강원도 어느 대도시도 하지 못한 주민 주최의 축제가, 침체된 탄광지역에서도 가장 소외되고 낙후한 철암에서 열린 것"으로도 의미 있다고 평가했다.[9] 첫 행사 개최를 전후하여 주관 단체에서는 "탄광촌의 특색을 담은 축제를 기획하고 진행하면서도 지방자치단체의 문화에 대한 인식의 부족으로 태백시의 지원을 끌어내지 못한 점은 아쉽다"고 토로했다.

제2회(2003년 6월) Coal 페스티벌은 행사를 주관하는 철암 지역 건축도시 작업팀이 한국문화예술진흥원으로부터 1,200만 원의 사업비에다 KBS와 태백시의 지원까

9) 김은형, 「저문 폐광촌이 문화의 기지로」, 『한겨레21』 제421호, 2002. 8. 8.

지 끌어내면서 풍족한 예산을 확보했다. 하지만 2회까지의 축제를 지켜보던 철암 지역 주민들이 반발하면서 축제 주관 측과 불협화음을 빚는다. 축제를 내세워 조성한 기금 사용에 대한 불신, 주민들의 기대와 동떨어진 축제 진행 등이 주요인이었다. 애써 기획하여 성공한 축제가 2회 만에 위기에 처한 것을 볼 때, 축제의 성패는 예산이 아니라 주민 구성원의 화합이라는 점을 되새기게 한다.

결국, 3회 행사부터는 철암 Coal 페스티벌을 기획한 외지인 도시건축 작업팀이 제외되었다. 또 주관 단체도 바뀌는데, 철암살리기 추진위원회와 철암총동문회(철암 지역 초 · 중 · 고등학교 동문회 연합회)가 참여하여 축제위원회를 새로 구성한다. 축제 명칭도 '철암 석탄과 불의 축제'로 변경한다. 영어식 축제 명칭인 'Coal'을 '석탄과 불'로, '페스티벌'을 '축제'로 변경한다. 축제명 변경에는 태백시가 주최하는 '쿨 시네마 페스티벌'과 비슷하여 홍보의 어려움을 겪는다는 사유도 있었다.

제3회(2004. 10. 9~10) 철암 석탄과 불의 축제는 '하늘과 땅 불 그리고 단풍'이란 주제를 내세워 장성광업소 철암갱 광장과 철암동 일대에서 열렸다. 축제 첫날인 9일에는 철암갱 광장에 설치된 특별무대에서 전야제와 함께 비빔밥 시식, 연탄구이, 횃불 이어 가기, 카지노 시연, 각설이타령 등이 이어졌다. 연탄구이에서는 탄광촌 주부들이 나와서 탄광 주민들이 평소에 연탄불로 즐겨 요리하는 구이 · 찜 · 전 등의 음식을 선보이며 시식을 도왔다. 행사 기간에는 철암장터 개설, 탄광 갱도 체험행사, 단풍놀이 등도 함께 진행했다.

축제의 백미는 현재 채탄이 이루어지는 장성광업소 철암갱을 방문해 광차를 타고 지하 100여 미터까지 내려가는 탄광 갱도 체험행사이다. 입갱 전에 보안감독 요원으로부터 안전교육을 받은 뒤 작업복과 안전모 · 안전등 · 안전장화 등의 복장을 갖추고 입갱한다. 입갱 체험은 어느 축제현장에서도 찾아볼 수 없는 탄광축제만이 지닌 특색이다.

철암 주민들은 석탄의 최대 생산지에서 폐광촌으로 몰락한 철암동을 전국에 알리는 축제를 통해 지역 경기 회복을 기대하고 있다. 축제로 지역경제 활성화의 숨통을 트려는 시도는 전국의 모든 행정단위에서 진행되는 축제의 관광상품화 전략이기도 하다. 철암의 축제는 잘살기 전략이 아니라 '그저 최소한의 생계를 보장받을 수만 있다면 원이 없다'는 점에서 폐광촌 철암 지역이 안고 있는 현실을 시사한다. 그동안 태백시에서 개최된 문화 행사는 모두 황지 지역에 집중되면서 상대적으로 장성과 철암은 소외되었다. 철암에서 개최한 Coal 페스티벌(석탄과 불의 축제)은 폐광과 인구 감소로 위축된 철암 지역 주민에게 문화의 향기를 불어넣고, 지역 회생의 기대를 안겨 주었다. 하지만 Coal 페스티벌(석탄과 불의 축제)은 2005년부터 열리지 못했다. 철암 재래시장의 보존과 보상을 둘러싼 주민들의 이견이 정리되지 않아 중단한 것이다.

철암 Coal 페스티벌(석탄과 불의 축제)이 열린 철암역 일대에는 1백여만 톤의 무연탄이 저장된 철암역두 저탄장이 있으며, 장성광업소가 개광한 이래 저탄장과 수송시설을 활용하던 철암역이 있다. 석탄 더미 속에서 살아 온 철암 주민 2,000여 명은 역두저탄장에서 발생하는 분진 때문에 50년간 손해를 입어 왔다면서 지난 1996년 피해액 1조 7,700억 원이라는 천문학적인 보상금을 석탄공사 측에 요구한 바 있다. 탄광노동자뿐만 아니라 철암 지역 주민 전체가 석탄과 함께 생활해 온 삶을 입증하는 실례이다.

철암동은 역 주변의 저탄 시설, 선탄 시설, 저탄수송 시설, 탄광사택, 철암천에 줄지어 선 독특한 건축구조 등을 통해 외지 관광객의 눈길을 끌어 왔다. 또한, 폐광의 여파로 철암역 주변에 줄지어 선 상가가 모두 폐업한 모습은 폐광촌의 영화 세트장을 방불케 했다. 철암 지역이 지닌 모습을 하나의 살아 있는 도시박물관으로 가꾸려는 운동이 주목받는 것은 그 때문이다. 철암역 뒤 우금산 기슭 일대 4,075평에 세워진 철암역두 선탄 시설은 1950년대 초 건설된 국내 최초의 무연탄 선탄 시설로, 근대 산업시설의 귀중한 유산으로 주목받아 왔으며 2002년에 근대 산업문화유산 등록문화재 제21호로 지정되어 있다.

철암탄광생활문화 보존복원추진위원회는 "태백의 생존과 도덕적 주인은 전 · 현직 광부!"라면서 "태백의 존재 기반은 탄광문화"라고 주장했다. 또 "탄광문화 없이는 태백이 없으며, 태백의 관광과 대체산업의 차별성은 우리 태백 지역만이 가지고 있는 탄광문화와 연계될 때 태백의 미래가 보장된다"면서 석탄산업의 가치와 공로를 외면하는 태백시 시정 방향에 일침을 가했다.[10)]

3) 탄광학술제

탄전문화연구소(소장 정연수)는 2006년 탄광학술세미나 개최, 2007년『한국탄광시전집』발간을 기념한 탄광문학 세미나 등을 개최한 바 있다. 탄전문화연구소는 탄광지역의 문화를 담기 위한 탄광학술제의 개최가 필요하다고 제안하고 있다. 탄광학술제는 탄광문학 세미나, 탄광민속 세미나, 탄광시 낭송, 광부들의 현장담 경연, 광부와 그 가족들의 생활체험수기 공모 및 발표회, 탄광촌 주민의 구술집 발간, 광부의 생애담 연구 등을 다룰 수 있다. 탄광문화를 콘텐츠로 하는 탄광학술제가 열린다면 탄광촌 고유의 역사에 문화스토리를 가미함으로써 도시의 재장소화에 기여할 것이다.

---

10) 정부에서는 철암탄광생활문화 보존복원 사업을 위한 예산 지원을 약속한 바 있는데 이 사업이 추진될 경우 △ 태백의 살아 있는 탄광문화의 활성화, △ 탄광문화를 활용한 주민소득사업 증대, △ 영화 세트장, CF 광고 촬영지, 탄광문화 체험장 활용, △ 철암 지역 급격한 공동화 방지 및 주거안정 등의 효과가 기대된다. 철암탄광생활문화 보존복원추진위원회 성명서,「철암탄광생활문화 보존복원사업은 꼭 이루어져야 한다!」, 2006. 5. 12.

5. 글을 맺으면서: 탄광축제와 문화 계승

정선군 사북읍 · 태백시 · 삼척시 · 영월군에서 열린 광공제, 사북석탄문화제, 진폐환자 및 가족을 위한 사랑의 거리 축제, 철암 Coal 페스티벌, 탄광촌문화제 등은 지역의 문화와 정체성을 대변하는 동시에 다른 지역과 차별을 지닌 축제이다. 탄광축제는 태백시 · 삼척시 · 정선군 · 영월군 지역의 중심문화가 탄광촌 문화라는 것을 확인시켜 주고 있다. 축제를 통해 고유의 특색 있는 문화를 대외에 알리는 효과 외에도 폐광으로 지역경제 공동화에 신음하는 지역 주민들에게 위로를 준다. 탄광축제는 한국사회의 소외계층인 광부, 탄광촌의 주인인 광부, 직업병에 고생하고 있는 진폐환자와 가족, 탄광촌 주민들의 공동체를 확인하는 효과를 얻고 있다.

광공제를 제외한 모든 탄광축제는 폐광 이후에 시작했다. 이는 폐광촌의 절망과 소외된 지역의 한계를 극복하려는 작업이었다. 탄광도시 구성의 원동력인 탄광을 상징하는 동시에 폐광 이후에도 지역이 탄광문화를 껴안고 가야 할 것을 주문하는 문화적 요구였다.

아쉽게도 예전의 탄광축제 중에서 사북석탄문화제를 제외한 나머지 행사들은 2007년 이후부터 모두 막을 내렸다. 그 와중에 영월군에서 2011년부터 새로 시작한 강원도 탄광촌문화제는 환영할 만한 일이다. 탄광촌의 특색을 내세운 문화 행사는 앞으로 더 늘어나야 한다. 지역 고유의 특색을 지닌 문화 프로그램이 있을 때 축제는 발전할 수 있다. 공터나 특설무대에서의 행사 외에도 빈 광부 사택이나 폐광 광업소를 활용한 대형 설치전이나 탄광음악회, 탄광 관련 연극, 탄광시화전, 탄광문학 심포지엄, 탄광 벽화 그리기 대회 등의 다양한 예술 장르와의 접목도 시도해야 한다.

삼척군 도계읍에서는 도계 주민투쟁인 10 · 10 투쟁을 기념하여 10월에 블랙다이아몬드 페스티벌을 개최하고 있다. 2016년까지 12회 행사를 진행했으나, 탄광문화를 반영한 특색이 없다는 점에서 아쉬움이 크다. 2005년 4월 21일 도계종합회관에서 열린 '석탄과 산촌문화'를 주제로 한 축제로 만들자던 기획 당시의 공청회를 되새길 필요가 있다. 공청회에서는 블랙다이아몬드 축제의 주요 내용으로 다음을 제시한 바 있다. 자연광물 전시전과 탄광자료 전시전, 야생화 전시전 등 전시행사를 비롯해 탄광영화 시사회, 검열 삭제영화 시사회, 배짱매력 패션쇼, 석탄의 색깔인 블랙의 의미를 담고 있는 특색 있는 공연행사가 제안되었다. 또 참여 행사로는 목차 밀기와 광부 대형 모자이크 만들기, 방독면 가스체험, 육백산 꽃밥 먹기, 너와집 미니어처 · 코쿨 만들기 등 탄광과 산촌 문화가 한데 어우러진 도계 지역의 문화콘텐츠를 활용한 축제 개최가 제안됐다.[11)]

태백시와 정선군은 탄광지역 주민들이 특별법을 통해 이룬 강원랜드 카지노, 스키장, 골프장 등을 중심으로 관광도시화에 매달렸다. 그 과정에 탄광에서 빚은 문화는 퇴색했다. 관광과 지역 특색의 문화는 양분할 수 없다는 사실을 간과한 것이다. 탄광도시는 탄광의 역사와 폐허의 흔적을 부끄러워할 일이 아니다. 있는 그대로 드러내고 재현하는 역사체험의 장으로 만들어야 한다. 탄광촌을 테마로 하는 축제는 석탄 에너지의 중요성을 모르고 자라는 청소년들에게 중요한 산업교육의 현장이자, 탄광촌에 거주하다 떠난 이들에게는 추억의 장이며, 폐광촌에서 살아가고 있는 주민들

---

11) 전제훈,《강원도민일보》, 2005. 4. 22.

에게는 화합과 위로의 장이 될 것이다. 탄광촌의 고유 문화를 반영한 탄광축제를 지원하여 육성 발전시키는 방안을 모색할 때 지역의 관광산업은 시너지 효과를 얻을 것이다.

예산을 지원하는 지방자치단체의 의지에 따라 탄광축제의 존속 여부가 일방적으로 결정되기도 했다. 축제에 따라 관광산업의 측면에서 지나치게 집착하거나 관람객 숫자라는 이해득실의 계산에만 매달린 이유도 있다. 탄광축제는 지역의 문화적 전통을 살리고 지역의 정체성을 확인하는 것만으로도 가치 있는 행사이다. 탄광축제는 석탄산업의 사양화로 사라져 가는 탄광문화와 탄광촌 문화를 재현하고, 석탄 관련 자료를 보존하는 의미를 지니기 때문이다. 석탄의 역사는 현대 한국 산업사와 긴밀한 관련을 맺는 만큼, 탄광축제는 교육과 문화의 장으로 기능하는 경쟁력을 갖추고 있다. 탄광축제가 탄광 주민의 공동체를 확인하고 탄광지역의 특성을 보존하는 것만으로도 존재가치가 있다는 것을 잊지 말아야겠다.

부록:
탄광용어 사전

ㄱ

가가미 차량쉬의 한쪽을 받치는 지주. 경쉬(傾淬).

가고 짊어지고 나르는 질통.

가공삭도(架空索道) 험준한 산악지대에서 도로 개통이 어려울 경우에 지주탑을 설치하여 공중에 케이블 선로를 만든 운반 수단. 버킷(bucket)을 일정한 간격으로 여러 개 매달아 석탄을 운반하는 설비. 일명 삭도, 소리개차, 소리개, 공중바가지.

가다 갑방, 을방, 병방 3교대로 나누어진 작업 조(組). 갑방 근무를 갑방 가다라고 부름.

가다방 채탄 작업을 할 때 탄차에 탄을 받는(싣는) 노동자. 한때 가다방이 검탄, 틴플러공과 협상해 탄량을 실제 생산량보다 올려 기록해 일당을 많이 받도록 하는 역할도 함. 그 당시에는 가다방의 위세가 대단했으나 도급제가 사라지고 일당으로 급여 계산이 바뀌면서 위세가 약해짐. 위세가 떨어지면서 '탄돌이'로 불림.

가다가오리 가다오리.

가다오리 탄광노동자는 일주일마다 갑방, 병방, 을방의 순서로 주기적으로 바뀌는데, 일요일에 공휴가 나지 않으면 같은 날 연속으로 일을 하는 것을 말함. 예를 들면 교대 변경이 있는 일요일 아침 8시에 병방 퇴근을 하고서는 그날 낮 4시에 다시 을방 출근을 하는 경우. 일명 가다가오리.

가도 탄을 캐낸 자리. 탄을 캐낸 길로서 천장이 내려앉기 쉽고 갑작스레 하중을 받을 수 있는 위험한 곳.

가라 가짜를 뜻함. 빈 광차의 의미로도 쓰임.

가라공수 일을 하지 않고도 하루 일한 것처럼 꾸며 놓은 상태.

가리 갈아 놓은 것. 替.

가베 동발이 세워진 벽면. 側壁.

가베마끼 측벽을 채우는 것.

가쇼 작업 개조.

가스 검정기 갱내의 가스를 측정하는 기기. 크게는 가스의 농도를 연속적으로 측정하는 방식과 단시간에 농도 또는 오랫동안 적산농도를 측정하는 방식으로 나눔. 탄광에서는 메탄가스용 검정기와 일산화탄소용 검정기가 주로 쓰임. 가스검지기(檢知器).

가스폭발 탄광 내의 가연성 가스가 폭발하는 것으로 주로 메탄가스폭발을 말하며, 메탄가스가 공기 중에 9.5%일 때 폭발이 가장 심하게 일어남.

가연성 가스 탄광 갱내에는 메탄가스와 수소 등의 가연성 가스가 발생함. 채탄 작업을 할 때 석탄가루가 공기 중에 떠올라 섞이면서 불꽃과 접촉하면 탄진 폭발을 일으킴.

가행탄광(稼行炭鑛) 현재 채광작업이 이루어지고 있는 탄광.

각주 벽면에 세우는 동발목. 일본식 표현으로는 아시.

간드레(candela 혹은 hand lamp) 탄광의 구덩이 안에서 불을 켜 들고 다니는 등. 쇠붙이로 만들고 카바이드를 연료로 함. 신주 간드레와 깡통 간드레가 있음.

간드레 등(carbide lamp) 카바이드를 원료로 하는 등으로 탄광 개발 초기에 주로 사용하던 안전등.

간접부(間接夫) 직접부를 지원 또는 보조하는 작업원으로 기계, 전기, 운반 등에 종사하는 작업원.

간조(勘定, かんじょう) '계산'의 일본말. 간조를 사용하면서 노임(勞賃)이 나오는 것을 '간조 나온다'고 함. 간주라고도 발음.

간조날 노임이 나오는 날. 발음에 따라서는 간주날.

갈탄(褐炭) 석탄 형성 과정에 의해 분류할 때 이탄과 아역청탄 사이에 해당되며, 탄소의 양이 적고 갈색을 띠고 있어 갈탄이라 부름. 경상북도 영일 지역 제3기 지층에는 약간의 갈탄이 부존되어 있으나 생산은 하지 않고 있음. 탈 때 냄새가 심하고 연기가 많이 나며 주로 연료용으로 사용.

감독 갱내에서 선산부와 후산부들에게 작업지시를 하는 사람. 탄광에 따라 계원 또는 기사라고 부름.

갑방(甲方) 오전 8시에서 오후 4시까지 일하는 작업조.

갑종탄광(甲種炭鑛) 광산은 일반 광산과 석탄 광산으로 구분하며, 석탄광산은 갑종탄광과 을종탄광으로 구분. 갑종탄광은 주요 배기 정도의 기류 중에 가스 함유물이 0.25%이상, 채탄 작업의 기류중에 가연성 가스 함유물이 1%이상인 작업장, 통기 시설의 운전을 1시간 정지할 경우 함유율이 3% 이상의 가연성 가스가 통행 갱도 또는 채탄 작업장에서 검출된 탄광을 말함.

개구멍 작은 갱도라는 뜻의 속어.

개스이 물도랑.

개집 광부들이 살고 있는 사택이 열악한 주거환경을 보이고 있어서 비하해서 쓰는 말. 일명 '닭장'.

개청부 광업소의 하청 소속 탄광노동자들을 얕잡아 부르거나, 하청 탄광노동자 스스로를 자조적으로 지칭할 때 쓰는 말.

객실 광업소를 찾아온 외부 손님을 거처하게 하거나 접대할 수 있도록 지어 놓은 집. 시설이 탄광촌의 다른 건물들보다 월등히 좋아 탄광촌에서는 상징적 의미를 지님.

갠노 망치.

갠노질 착암기 같은 기계 장비 없이 갠노(망치)만 가지고 암벽을 치는 작업.

갱(坑) 갱도(坑道)의 준말. 탄광 초기에는 '항'이라고 불렀으나 일본식 용어라고 하여 1980년대 들어 갱으로 변경.

갱구(坑口) 지표에서 갱도로 들어가는 입구. 갱도가 수평갱(水平坑)이면 통동(通洞)갱구, 사갱(斜坑)이면 사(斜)갱구, 수갱(竪坑)이면 수(竪)갱구. 갱구는 갱내에서 채굴된 광석·석탄을 반출하거나 갱내에 항상 신선한 공기를 공급하는 통로가 되는데 한쪽 갱구는 입기(入氣)갱구, 다른 쪽은 배기(排氣)갱구의 역할을 함.

갱내 공기 갱내에서의 석탄, 광석, 갱목 등의 산화 혹은 특수지층에 의한 산소 흡수로 산소 감소 또는 석탄, 광석 및 지층에서 발생하는 가스에 의해 조직이 변화한 공기.

갱내부(坑內夫) 갱내 작업에 종사하는 작업자. 일명 갱내공. 갱내 작업에는 직접채광 또는 채탄 작업을 하는 채광(채탄)부, 광석 · 석탄 · 폐석(廢石) 등을 운반하는 운반부, 갱도(坑道)의 굴진 · 수리 등을 하는 굴진부, 지보 작업(支保作業)을 하는 지주부(支柱夫), 기계류 · 전기계통의 보수유지를 담당하는 기계공 · 전기공, 배수공 등의 직종이 있음. 갱내 작업은 갱외 작업에 비하여 육체적 · 정신적으로 중노동이기 때문에 근로기준법 제70조에는 여자와 18세 미만인 자의 갱내 작업을 금지시킴.

갱내분진(坑內粉塵) 탄광의 갱내에서 작업할 때 발생하는 분진. 갱내분진은 주로 탄진(炭塵)과 암석분진이 발생. 탄진은 주로 석탄의 채굴, 연층갱도(沿層坑道)의 굴진, 석탄의 적재 · 운반 도중에 바꾸어 싣기 등에서 발생.

갱내수(坑內水) 갱 안에서 생기는 물. 갱내수가 생기는 원인은 지하수가 단층이나 균열을 따라 갱 안으로 출수되는 경우와, 지표의 하천수나 빗물이 지하 채굴로 인하여 생긴 암반의 균열이나 채굴적을 따라 갱 안으로 침수되는 경우, 폐갱도나 채굴된 공동에 고여 있던 물이 하부 채굴 때에 갑자기 출수되는 경우 등. 갱내수가 그냥 밖으로 배출되면 옐로보이 현상이나 하상의 백화현상을 일으켜 하천 오염의 원인이 됨.

갱내운반(坑內運搬) 탄광의 막장이나 기타 작업장에서 광석, 폐석, 필요 자재 등을 갱구 또는 반대 방향으로 운반하는 작업. 넓은 뜻으로는 갱내외로의 승강을 위한 인원의 수송도 포함. 수평갱도의 기관차 운반, 엔드리스 운반, 사갱의 권양운반(捲揚運搬), 수갱(竪坑)의 스킵 및 케이지 운반 등이 있음.

갱내조명(坑內照明) 휴대용에는 아세틸렌등과 전기 안전등이 사용되고 고정용으로는 전등이 사용됨. 아세틸렌등은 값이 싸기 때문에 비금속광산에서 많이 사용하고 있지만 석탄광에서는 갱내의 폭발성 가스 때문에 이의 사용을 금지.

갱내채굴(坑內採掘) 갱도를 뚫고 들어가 지하의 광상 · 탄층에 도달하여 광석 · 석탄을 채굴하는 일. 자원이 풍부하고 입지조건이 좋은 오스트레일리아와 같은 나라에는 작업하기 쉽고 비용이 적게 드는 노천채굴(露天採掘) 탄광이 많지만 한국에서는 석회석 · 쇄석(碎石) 채굴의 경우를 제외하고 노천채굴에 적합한 탄층이 거의 없어 대부분이 갱내채굴 방식을 채택.

갱내화재(坑內火災) 갱내에서의 인화물질, 흡연, 용접, 발파, 기기의 파열 및 마찰, 전기, 자연발화, 가스 및 탄진 폭발 등의 화원으로 인하여 발생하는 화재.

갱도(坑道) 탄광에서 지하에 뚫어 놓은 길. 지하에 부존하는 광상(鑛床) · 탄층에 이르러 그것을 채취하기 위해서는 갱도가 필요함. 수직으로 파 내려간 것을 수직갱 또는 수갱(竪坑)이라 하고, 경사지게 파 내려간 것을 사갱(斜坑), 수평적인 것을 수평갱이라 함. 갱도의 목적에 따라서는 탐광(探鑛)갱도 · 탐탄(探炭)갱도 · 채굴갱도 · 운반사갱, 위치나 지명에 따라서 중앙수갱 · 350m 갱도 등, 크기에 따라서는 대수갱(大竪坑) · 복선갱도 등이 있음.

갱도발파 갱도를 굴진하여 그 내부에 많은 양의 폭약을 집중적으로 화약을 재어 한꺼번에 폭파하는 방법.

갱도탐사(坑道探査) 갱도로 굴진하는 탐사에 대하여 시추가 경제적이고 신속하기 때문에 흔히 시추 작업으로 땅속의 광석이나 암석

상태를 알아보는 작업.

갱모(坑帽) 갱내에서 쓰는 안전모. 일명 화이바(fiber).

갱목(坑木) 갱내 동발 작업에서 활용되는 나무.

갱부(坑夫) 탄광 등에서 관리직과 사무직원 등을 제외한 일반 노무자. 갱부는 갱내부와 갱외부로 구분.

갱사무실 갱도의 모든 업무를 총괄하는 주 사무실.

갱외부 갱외(坑外) 작업자로 운반부 · 선광(선탄)부, 기계공장에서 일하는 기계공 · 전기공 등.

갱외운반(坑外運搬) 갱 밖에서 광차나 벨트, 트럭 등으로 석탄을 운반하는 작업. 삼척 도계, 영월 마차 지역처럼 도로 가설이 힘든 산간에서는 가공삭도를 설치하기도 함.

갱장(坑長) 몇 개의 막장이 있는 갱 전체를 감독하는 사람. 갱을 일본식으로 항이라고 부를 때는 갱장을 항장이라고 호칭.

갸꾸 반대 방향.

건식(乾式) 착암기로 천공할 때 공기를 불어 넣어 구멍 속에 생긴 돌가루를 배출시키는 방법. 구멍 속에 물을 보내 주는 방법은 습식으로 대형의 천공기가 이에 해당.

건탄(乾炭) 마른탄.

검수 막장 작업자의 작업실적을 기록하고 보고하는 사람. 갱도 측량을 하는 사람을 나타내기도 함. 검수를 거쳐 감독이 됨.

검수제도 도급하여 생산한 것을 측정하여 매기는 제도. 검수에 의해서 하루의 실적이 매겨지는데 사북항쟁의 원인 중 검수제도의 불만도 포함되어 있을 만큼 노동자의 불신을 삼. 당시 신민당의 조사에 의하면 동원탄좌 측에서 임금인상을 해 놓고도 해마다 도급단가를 조작하여 임금인상을 하나 마나 한 상태로 만들었다고 함.

검탄 석탄의 질과 양을 검사하는 사람.

경석(硬石) 채탄이나 선탄의 과정에서 선별의 결과 유용광물인 석탄이 아닌 파쇄된 암괴, 암편이나 슬라임 또는 산물을 말함. 일명 미광(尾鑛), 버력, 폐석(廢石). 일본식 용어로는 보다.

경석장 경석을 모아 두는 곳. 폐석장. 일본식 발음으로는 보다장.

계단식채굴법(階段式採掘法) 내부를 계단 모양으로 파 들어가는 갱내채굴법. 상향식 계단채굴법과 하향식 계단채굴법이 있음. 상향식은 갱도보다 위쪽을 향해 파 올라가는 채굴법으로 채굴장 천장이 계단 모양이 됨. 채굴할 때는 운반갱도 바로 위에 일부 광석상(鑛石床)을 남겨 놓고 그보다 위를 채굴하는 경우와 광석상을 남겨 놓지 않고 곧바로 막장을 만드는 경우가 있음. 후자에서는 지주(支柱)를 짜고 그 위에 버력을 쌓아 올려 채굴할 때 발판을 삼음. 하향식은 갱도보다 아래쪽을 향해서 파 내려가는 채굴법으로 이때는 채굴장이 계단 모양으로 됨.

고구찌 갱도 입구.

고마이외꾸 목재 5매로 세우는 지주.

고무줄 임금 회사 측에서 임금을 인상시켜 놓고도 까다로운 임금 계산으로 임금인상이 반영되지 않아 줄어드는 것을 두고 하는 말.

고속 굴진 석탄 증산이 시급하던 시절에 하루 4교대 작업반을 투입해 막장교대를 하며 일하는 굴진 작업.

고야 작업 들어가기 전에 대기하는 대기실. 창고. 작은 건물.

곡괭이 선산부 선산부 직번이 없어 임시로 선산부 일을 대행하는 작업자.

곱돌 석탄을 캘 때 나오는 희고 부드러운 암석. 치밀한 비결정질(非結晶質)의 표면은 석랍(石蠟) 같은 촉감이 있는 납석(蠟石). 탄광에서는 곱돌이라고 부르며 분필 대용으로 활용. 일명 활석(滑石).

공기압축기(空氣壓縮機) 갱내채굴용 기계의 동력원으로 사용되는 압축공기를 제조하는 기계. 탄광에서는 주로 영어식 발음으로 '에어 콤프레샤(air compressor)'라고 부름.

공 떨어지다 임시부의 직번 0 단위 대신 정식부로 발령나는 것. 이날에는 '공 떨어졌다'면서 함께 일하던 선배들에게 축하 턱을 내는 것이 관습.

공상자 업무상 재해를 당한 산재 환자.

공수 하루 출근해서 일한 것. 하루 작업량.

공차(空車) 비어 있는 상태의 탄차(광차).

공휴 일을 하지 않는 휴일. 석탄 증산이 국가 에너지산업의 목표이던 1950년부터 1980년대 중반까지의 경우 탄광에서는 한 달에 4회 있는 일요일에도 공휴가 나지 않음. 탄광에서는 정부의 지정 공휴일과는 상관없이 장비 수리를 위해 막장 작업을 멈추는 날이 공휴 날.

관광노보리 국가의 고위 관리나 언론사 등에서 갱내 견학을 할 때 보여 주는 가장 작업환경이 좋은 막장.

관리직 탄광의 관리직으로는 채탄계원 및 주임, 굴진계원 및 주임, 보갱계원 및 주임, 측량계원 및 주임, 화약계원 및 주임, 보안계원 및 주임으로 구분됨.

관목 'ㄇ' 모양의 갱목 중에서 양쪽 각주를 연결하며 천장에 대는 것. 서까래. 일본식 용어로 '하리'라고 함.

광량(鑛量) 지하에 매장되어 있는 광물의 총량.

광미 쓸모있는 광물을 골라내고 회수한 나머지로 버리게 되는 것. 정광에 대응되는 말로 정광을 채취하고 남은 것.

광부(鑛夫) 탄광에서 석탄을 캐는 일에 종사하는 작업자. 탄광업체 종사자의 직종은 크게 관리직과 노무직으로 구분되며 탄광노동자라고 하면 노무직에 해당. 탄광노동자는 작업장에 따라 갱 안에서 작업하는 갱내부와 갱 밖에서 일하는 갱외부로 구분. 탄광노동자의 직종에 따른 분류로는 채탄 및 굴진 등의 직접 생산에 종사하는 직접부와 기술직종이나 지원 부서에 종사하는 간접부로 구분. '광부'란 탄광에서 석탄을 캐는 일에 종사하는 작업자를 가리키는 말로 넓은 의미에서는 모든 탄광노동자를 포함. 하지만 좁은 의미에서 '광부'란 갱내 막장에서 일하는 갱내부이면서 채탄과 굴진이라는 직접 생산에 종사하는 노동자를 말함. 통상적으로 '광부'는 채탄부와 굴진부를 뜻하며, 모든 탄광 종사자를 포괄적으로 지칭할 때는 '탄광노동자'를 씀. 갱부. 탄부.

광부 스카우트 1970~1980년대 석탄 증산이 시급하던 시절, 숙련공의 부족 현상을 해결하기 위해 다른 광업소의 노동자를 데려오는 경쟁.

광산(鑛山) 광물자원을 개발하는 작업이 실행되는 장소. 광산은 채굴되는 광물의 성질에 따라 크게 금속광산과 비금속광산으로 구분. 석탄이 생산되는 곳을 분명하게 나타낼 경우에는 탄광이라고 함. 광산은 지상의 일반적인 생산공장과는 달리 다음과 같은 몇 가지 특수성을 지님. ① 대상으로 하는 광물자원이 유한성을 지니고 있으므로 채굴 때 가능한 한 채취율(採取率)을 높여야 함. ② 광산의 경영에 있어서 장기간에 걸쳐 가행이 가능한지의 여부를 판단하기 곤란하고, 투자자본의 회수 기간이 길고 폐광 후 시설물을 재활용할 수 없기 때문에 기업으로서의 위험성이 높음. ③ 지하의 협소한 공간에서 작업이 진행되므로 낙반 · 출수 · 가스폭발 등의 재해율이 높음. ④ 규폐(硅肺) 등의 직업병 이환율(罹患率)이 높고, 노동강도가 다른 산업에 비하여 큼.

광산구호대(鑛山救護隊) 탄광노동자의 안전을 도모하고 재해 발생 시의 구호 조치를 위해 조직된 작업팀. 광산보안은 사람에 대한 위해(危害), 지하자원의 보호, 광업 시설의 보존 및 광해의 방지를 목적으로 하고 있으나 가장 중요한 것은 탄광노동자에 대한 재해의 방지. 대한광업진흥공사는 1968년부터 광산구호대 훈련 및 재해 시 구호활동 업무를 지원.

광산미 탄광에서 월급 대신 공급하던 쌀. 탄광 측이 주산지에 가서 값싼 쌀만 구하려 들자 쌀 생산지에서는 질이 떨어지는 값싼 쌀을 광산미라고 부름.

광산보안(鑛山保安) 광산재해를 방지하고 광산노동자에 대한 안전 · 위생 수준을 높여서 광산 작업을 합리적이고도 경제적으로 수행하기 위한 공학적 기술. 탄광에서는 메탄가스 및 탄진(炭塵)의 폭발 방지, 자연발화 방지기술 갱내화재 방지기술, 낙반(落盤) 방지 및 화약 발파 기술 등이 보안 문제에 해당함.

광산보안관(鑛山保安官) 산업자원부 장관과 법규에 의하여 위임된 광산보안 감독 기구의 구성원. 광산보안관은 광산현장 조사권, 사법경찰권 및 보안사고 신고 수리 등의 업무를 담당. 관장 업무는 ① 광산에서 사람에 대한 위해의 방지(위생에 관한 통기 및 재해 시에 있어서 구호 포함), ② 광물자원의 보호, ③ 광산 시설의 보존, ④ 광해의 방지, ⑤ 광산에서 보안 기술의 개선, ⑥ 광산보안법에 관한 교육 등. 영동 지구(황지 지구)에 영동 광산보안 출장소, 영서 지구(고한 · 정선 · 영월 지구)에 영서 광산보안 출장소, 중부 지구(점촌 · 단양 · 충주 · 대구 지구)에 중부 광산보안 출장소, 서부 지구(서울 · 경기 · 충남 지구)에 서부 광산보안 출장소, 남부 지구(제주 · 전남 · 전북 · 경남 일원)에 남부 광산보안 출장소 등 5개 광산보안 출장소가 있음.

광산보안 위원회(鑛山保安委員會) 광산보안에 관한 산업자원부 장관의 자문 기구로 산업자원부에 광산보안 위원회를 둠. 이 위원회의 업무와 구성 및 기타 필요한 사항은 대통령령인 광산보안법 시행령에 규정됨.

광원(鑛員) 탄광에 종사하는 사람들을 포괄적으로 가리킬 때 쓰는 말. 국어사전에는 나타나지 않는 조어로, 광부라는 용어가 비하의 요소를 담고 있다 하여 대신 만들어짐.

광주(鑛主) 광업권을 가진 사람.

광차(鑛車) 광석, 석탄, 폐석 등을 운반하는 데 사용하는 용기. 광차의 종류는 철제와 목제가 있으며 큰 광산에서는 대개 철제 광차를 사용. 철제 광차의 용량은 1톤에서 5톤까지 여러 종류가 있으나 국내 광산은 주로 1톤과 3톤 용량의 광차를 사용. 2대 이상의 광차를 연결할 때에는 광차에 장치된 링에 핀을 꽂아 연결시키게 되어 있으며 만일 사갱에서 링이나 핀이 파손될 경우에는 큰 사고가 일어남. 탄차(炭車).

괴탄(塊炭) 덩어리로 된 석탄.

구공탄 연탄의 다른 이름으로, 공기구멍이 뚫려 있기 때문에 구공탄이라고 함. 구멍탄.

구덩이 탄광의 광구를 지칭하는 말로 "새 구덩이를 열었다" 하면 새로운 광구가 개발된 것을 뜻함. 사투리 발음으로는 구뎅이.

구루마 석탄이나 경석을 싣는 차. 광차. 탄차.

구멍탄 연탄, 구공탄.

구사택 오래된 사택. 이와 대비되는 말로는 신사택.

구호대(救護隊) 갱내사고 발생 시의 구조대.

굴진 석탄을 캐내기 위해 암석갱도를 파 들어가는 작업.

굴진공(掘進工) 갱도를 굴착하는 것이 주 임무인 기능공. 땅거죽으로부터 땅속의 탄층까지 위, 아래, 오른쪽, 왼쪽으로 연결되는 채탄, 운반, 배수, 통기 등에 이용되는 갱도를 굴착하는 작업자. 굴진부.

굴진 능률(掘進能率) 굴진기능원 1인이 1교대(8시간) 작업 기준 중 암석을 절취하여 진행시킨 굴진 진행 거리(M/공).

굴진부 掘進夫 굴진공.

굴진 증구(掘進增口) 광업권자가 굴진하고 있는 광상이 인접한 타인의 광구에 연속되었을 때 그 광상의 완전하고 합리적인 개발을 위하여 인접 광구의 광업권자의 승낙을 얻어 일정한 광구의 증가를 출원하는 것.

굴착(掘鑿) 채광의 근본이 되는 작업으로서 광상의 채굴 및 그에 따른 토사, 암석을 채굴하는 것.

굴착용 권양기(掘鑿用捲揚機) 수직으로 굴착해 내려가기 위해 설치된 권양기.

굴하 갱도 개발에서 파 내려가는 작업.

권립 사갱을 오가는 운반 광차를 안전하게 탈 수 있도록 만들어 놓은 정거장 같은 장소.

권양공 권양기 운전공. 일본식 발음으로 마끼공.

권양기(捲揚機, Hoist) 밧줄이나 쇠사슬을 감았다 풀었다 함으로써 물건을 위아래로 옮기는 기계. 사갱이나 수갱에서 광차나 케이지 또는 스킵을 운반할 때 권양기를 사용.

권양기 로프 가는 소선(wire), 즉 철사를 꼬아서 자승(strand)을 만들고 다시 이 자승을 여러 개 꼬아서 만든 로프. 철사의 수를 본 수로 표시하고 자승의 수를 연으로 나타냄.

권양기탑(捲揚機塔) 수직갱(垂直坑)의 로프 감기에서 윈치를 직접 그 위에 설치한 탑. 설치장소를 크게 나누면, 케이지에 출입하는 탄차(炭車)의 진행 방향에 대해 ① 권양대의 뒤쪽 지상(地上), ② 권양대의 옆쪽 지상, ③ 권양대의 탑두(塔頭) 등인데, ③의 경우에 사용되는 것이 이른바 권양탑. 갱구 부근이 좁거나 지질이 약하여 권양기를 설치할 수 없는 경우 또는 다강권양(多綱捲揚)을 할 경우 등에 이용.

궤도 노반 또는 길 위에 일정한 간격으로 침목을 나열하여 레일을 부설한 것.

궤도공(軌道工) 궤도 작업을 담당하는 노동자.

궤도반 궤도 작업을 담당하는 부서. 선로반.

기계공 탄광 내 기계를 담당하는 노동자.

기계배수(機械背水) 하천보다 낮은 곳에 있는 갱도에서는 갱내수를 갱 안의 일정한 장소에 모아 펌프로써 갱 밖으로 배출시키는 일.

기계통기법(機械通氣法) 갱내의 통기 방법 중 하나로서 작업 장소가 깊어지고 갱내 규모가 커지면 자연 통기법으로는 통기시킬 수 없게 되므로 기계력, 즉 선풍기를 달아서 갱내 공기를 뽑아내는 일. 선풍기의 종류는 원심형 선풍기와 프로펠러형 선풍기가 있으나 주로 원심형 선풍기를 많이 사용.

기꾸(木積, Close) 갱목을 우물 정(井) 모양으로 쌓아 막은 폐갱도의 일본식 발음. 이곳에서는 가스가 자주 발생하여 출입을 금하고 있는데 이곳에 들어갔다가 중독사고가 발생하기도 함.

기도 궤도를 설비, 수리하는 사람. 궤도공.

기리바리 앞동발(지주)과 뒷동발(지주)을 고정시켜 주는 버팀목. 절장.

기리야 작업장.

까치집 짓다 동발을 세울 때 나무동발의 위치를 잡아 쐐기를 박는 '바킹 치는 것'을 대충 하거나, 동발틀을 대충 세워 넣는 등의 날림 시공을 '까치집을 짓는다'고 부름.

껄렁방우리 막장 작업이 아닌 잡다한 뒤치다꺼리 작업을 배치받아 하는 것.

ㄴ

나래기 아시와 하리를 세운 후 벽면과의 공간에 채우는 납작한 송판. 발음에 따라서는 나르끼, 나르기, 나루기.

낙반(落盤) 갱도 · 막장 등에서 천장의 암반 부분인 천반(天盤)의 암석이 떨어지는 현상. 작은 규모의 것은 낙석(落石) 또는 낙탄(落炭)이라 하고, 갱내 공간의 주벽이 낙하하는 것을 붕락(崩落)이라고 하며 이를 총칭하여 낙반이라고 함. 탄광은 암석층이 약하여 낙반재해가 잦으며 갱도 굴진보다도 채탄막장 작업 시에 많이 발생.

낙반재해(落磐災害) 막장에서 지주를 하지 않은 채 작업을 하거나 발파 후 부석 처리를 잘못하였을 때 일어나는 사고, 그 밖에 위험한 갱도의 지보를 보수하지 않을 경우 붕락되어 나는 사고.

낙석 갱도 작업 중 위에서 떨어져 내리는 돌.

낙탄(落炭) 석탄 운송 차량에서 석탄을 운반할 때 바닥에 흘린 석탄.

난장 갱 바깥. 막장의 반대말로도 쓰임.

난장일 갱 밖에서 일하는 것으로 기계실, 선탄장, 경비실 등에서 일하는 것을 뜻함.

난장화 난장에서 일하는 노동자들이 신는 작업화. 광업소에서는 갱 밖에서 일하는 노동자들에게 안전장화 대신 작은 군화 모양의 작업화를 지급함.

날림 작업을 하면서 아무렇게나 날려서 하는 일, 또는 그 물건.

날림 시공 동발 작업, 보수 작업 등 각종 작업에 있어 꼼꼼하게 마무리하지 않고 날림으로 하는 작업.

노동부 직원 작업은 하지 않지만 노동부로부터 매달 산재 요양비가 나오고 있다 하여 산업재해자를 가리키는 은어.

노두(露頭) 지층이나 광상(鑛床) 따위가 지표에 노출되어 있는 곳. 탐광(探鑛)을 하는 데 중요한 실마리가 됨.

노란 바가지 대한석탄공사 탄광노동자들이 노란색 안전모를 착용했던 데서 나온 말로 노동자들을 지칭하는 말.

노란 직번 선산부 직번.

노루바시 한 개 막장 작업을 감독하는 사람. 대개 탄광 경력이 많은 사람으로 채용됨. 발음에 따라서는 노리바시.

노무직 노무직은 채탄부, 굴진부, 보갱부, 선탄부, 경비원, 기계수리공, 배관공, 전공, 전기수리공, 충전공, 토건공, 보선공, 기관차운전공, 고정기계운전공, 시추공, 운반기계운전공, 운반부, 검탄원, 화약수, 조차공, 분석공, 공작공, 기관수리공, 제재공, 중기운전공, 자동차운전공, 갱목공, 고용원, 잡역부 등으로 구분함.

노미 정(비트)을 가리키는 말. 끝이 - 자 모양은 노미, + 자 모양으로 된 것은 사쿠라노미라고 부름. 일명 로드.

노미질 소리 홀노미질을 할 때 소리를 내어 박자를 맞추며 부르는 소리.

노보리 경사진 면을 올라가면서 채탄 작업하는 막장갱도. 상승사갱도. 일명 개구멍. '올라감', '오르막길'을 뜻하는 일본어 '노보리(のぼり)'에서 나온 말.

노천채굴(露天採掘) 광상(鑛床)이나 탄층(炭層)이 지표 가까이에 있을 때 겉흙을 걷어 내고 광석 따위를 바로 캐내는 일. 노굴. 노천굴.

농땡이 일을 하지 않으려고 요리조리 꾀를 부리며 게으름을 피우는 상태를 속되게 이르는 말.

뇌관 화약에 불을 붙일 때 쓰는 기구.

니구리 석탄과 경석 등을 삽으로 옮기는 일.

니비꾸 경석 탄이 적재된 차.

님교와꾸 3매쉬의 한쪽 각쉬를 깎아 세움.

ㄷ

다가네 앞이 끌처럼 납작하게 생긴 연장. 쇠를 자르거나 너트가 잘 안 풀릴 때 찍어내는 데 사용.

다까우찌 천반이 높이 빠지는 것.

다다마에 각주의 위치.

다대꾸 막장갱도의 동발을 우물 정(井) 자 모양으로 만들어 수직으로 동발을 세우는 작업. 발음에 따라서는 다데꼬.

다마이시 탄층 속에 있는 둥근 암석.

다이 다이너마이트의 준말. 폭약.

다이너마이트 폭약.

다이샤 함이 없는 평광차.

단도리 보수 작업이나 마무리 작업을 뜻하는 일본식 용어.

대기실 작업을 들어가기 전에 대기하는 간이 건물. 탄광에서는 주로 '고야'라고 부름.

대부리 굴진 착암기가 귀하던 탄광 개발 초기에 정과 망치를 이용하여 암석을 뚫던 수굴(手堀) 방식의 굴진 및 채탄 작업.

대빵 석탄이나 경석을 광차에 쉽게 싣기 위해 바닥에 펼치는 철판. 일본어 데빵(鉄板, てっぱん)에서 나옴.

덕대 광주(鑛主)와 계약을 맺고 채광하는 사람.

덕대제(德大制) 광주는 계약된 광구 내의 광물 채굴권을 덕대에게 부여하고 덕대는 광주에게 보증금 및 분철(分鐵 광산물의 일부 배당)을 납부하거나 이에 상당하는 대가를 치른 뒤 경영하는 방식. 덕대제는 한국 특유의 탄광 경영 방식으로 일반 산업계에 있어서 민법에 규정된 임대차제도와 같은 것이며 귀속광산 개발에 이 제도를 채택.

덧다이 오야다이 다음에 넣는 폭약.

데라찐 다이너마이트 대용으로 사용하는 떡이나 비누를 뭉친 모양의 화약. 앰포에 비해 값이 비쌈.

데빵 대빵.

덴바 천반(天盤) 쪽.

덴바시메 천반을 채우고 메우는 것.

도계탄 도계광업소나 도계 지역에서 생산된 탄.

도계호 도계탄을 실어 나르던 선박. 1953년 석탄공사가 구입하여 운영하다가 1992년 8월 매각 처리.

도급 일정한 기일 안에 완성해야 할 일의 양이나 비용을 미리 정하고 그 일을 도거리로 맡거나 맡기는 일. 청부(請負).

도급제 일정한 시간 내에 달성한 작업능률에 따라 임금을 지불하는 방식. 이로 인해 노동자들은 많은 임금을 받기 위해 스스로 시간을 아껴 가면서 육체를 혹사시킴. 일제강점기에 한국 노동력을 착취하기 위해 시행된 것이 해방 후에도 그대로 이어졌으며 회사 측이 임금을 줄이는 것에 악용하면서 노동자들로부터 원성을 삼. 3~5명이 한 조를 이루는 막장도급제, 출근조별로 작업량을 계산하는 방도급제, 막장이 여러 개 있는 대규모 광산에서 생산량을 갱 작업자에게 나눠 주는 갱도급제 등이 있음. 주로 영세탄광이나 조광업체에서는 막장도급제를, 시설 규모가 크고 매장량이 풍부한 모광에서는 갱도급제나 방도급제를 적용. 태백시 소재 함태광업소가 폐광 직전에 도급제를 폐지한 바 있음. 일명 돈내기.

도라후 슈트를 일컫는 일본식 용어.

도리까이 바꾸는 작업.

도수율(度數率) 전 노동자가 근무하는 동안 백만 시간당 발생한 재해 건수. 도수율=재해 건수/가동연시간×106.

도시공동화 폐광 이후 인구가 줄고 지역경제가 침체되는 탄광촌의 몰락 현상.

도탄(盜炭) 허가 나지 않은 탄맥에 손을 대 탄을 캐는 것.

도화선(導火線) 흑색화약이나 뇌관을 점화(점폭)시킬 목적에 쓰이는 것으로 폭발물이 터지도록 불을 댕기는 심지. 3가닥의 심지와 흑색화약을 작은 구멍으로 뽑아내면서 그 둘레를 실과 종이로 감아 놓음. 탄광에서는 1종 도화선을 많이 사용.

독일병정 돈을 벌기 위해 악착같이 일하거나 융통성 없이 타협을 모르는 노동자를 일컫는 말.

돈내기 도급제.

돈부 레일에서 광차 바퀴가 선로를 벗어나는 상태를 뜻함. '돈부(돈뿌) 지다'라고 표현함. 일명 돈뿌. 발음에 따라서는 돔부 또는 동보.

돌림동발 탄맥의 방향을 따라 구불구불하게 세워진 동발.

돌방치기 갱내에서 싣고 나온 석탄을 역두까지 싣고 갈 때 앞뒤 광차가 부딪히면서 탄이 제자리를 잡아 내려가는 현상. '돌방친다'고 부름.

동바리 구덩이 양쪽에 세우는 기둥 지주. 목동발이 많이 쓰였으나 기계화채탄 작업이 시작되면서 쇠동발(철제 동바리)이 쓰이게 됨. 동발.

동발 동바리의 준말.

동발 깎아 먹기 앞 작업조가 동발 작업한 표식을 깎아 내고 뒤조가 일한 것처럼 속이는 일.

동시발파(同時發破) 인접한 발파공들이 서로 보강 작용을 하여 발파 효과를 거두기 위하여 두 자유면에 평행한 여러 개의 발파공을 구멍의 간격, 지름, 그리고 깊이를 동일하게 한 발파. 제발발파.

딱따구리 탄광에서 갱내 관리자들이 들고 다니는 휴대용 망치를 지칭함. 때로는 관리자를 지칭하는 뜻으로도 쓰임.

딸딸이 중단에 사용하는 목제 광차.

똥가라 낡아서 잘 구르지 않는 광차.

ㄹ

로커쇼벨(rockre shovel) 석탄이나 광석을 퍼 담는 대형 기계삽.

루핑(roofing) 섬유 제품에 아스팔트 가공을 한 기름 먹인 천. 탄광촌에서는 지붕을 이을 때 루핑을 사용.

루핑집 루핑으로 지붕을 엮은 초기 탄광촌의 전형적인 주택. 지붕 위에는 루핑이 바람에 날리지 않도록 돌이 얹어져 있음.

ㅁ

마구리 각 작업조가 맡은 채탄막장.

마끼 권양기(air hoist)의 일본식 발음.

마끼공 권양기 운전공.

마끼다데 사갱과 수평갱의 분기점.

마끼바 권양기실.

마루다 통나무. 마루타.

마른 공상 크게 다치지 않았거나 완치가 되었는데도 병을 핑계로 산재 보상을 받기 위해 꾀병으로 병원에서 머무는 일.

마른 공수 작업을 하지 않고 작도에 오른 공수. 출근을 하지 않고도 출근한 것으로 쳐주는 것.

마와구 지주와 지주 사이 시공 지주.

막장 탄광에서 석탄을 채굴하거나 갱도 굴진을 하고 있는 작업현장. 석탄을 채굴하는 곳은 채굴(채탄)막장, 갱도를 만들기 위해 암석 · 석탄 속을 굴진하고 있는 곳은 굴진막장.

막장교대 갱내 작업현장에서 앞뒤 근무자가 서로 얼굴을 보면서 맞교대하는 일. 생산이 시급하여 4교대가 이루어질 때 주로 막장교대를 함.

막장 반압 막장 지층 내에 만들어진 공동에서 천장의 암반이 가하는 압력. 암석 갱도보다 광석이나 석탄을 채굴하는 막장에 더욱 심하게 작용.

막장인생 가장 힘든 고비로 막바지에 이른 삶의 모습을 가리키는 말로 탄광에서 일하게 된 처지를 이름.

만근(滿勤) 근무해야 하는 날수를 하루도 빼지 않고 일을 함.

만근자(滿勤者) 한 달 동안 결근하지 않는 노동자.

맘보 탄을 수송해서 나갈 때 탄을 실은 광차 위에 나뭇가지를 꽂아 어느 막장에서 캔 탄인지 표시하는 탄차의 생산지 표식. 충청도 보령에서 사용되던 용어.

매쉬 동발 한 개를 뜻함. 세 개의 동발을 쓰는 것은 3매쉬이며, 두 개로 만든 동발은 2매쉬라고 부름.

멜빵 짐을 어깨에 걸어 멜 때 사용하는 줄.

모광 조광업체를 거느린 탄광.

모노레일(monorail) 단궤조(單軌條) 위를 달리는 운송 장비.

모도리 갱구 방향.

모작 조광보다 작은 규모로 광부 2~3명이 구덩이 하나를 맡아 캐는 것.

모작주 모작을 맡은 대표.

모작패 모작을 맡아 하는 조원들을 일컬음.

목구루마 나무로 만든 광차. 일명 목차.

목동발 나무를 사용한 지주.

목쉬 나무동발.

목차(木車) 목구루마.

몰 볼트 너트 등의 레일 연결 용구.

무동발 동발 지주를 사용하지 않고 굴진하는 것.

무연탄(無煙炭) 석탄화도가 높은 석탄의 일종으로 대부분 검은색이고 탄소의 양은 많으나 불이 늦게 붙으며 탈 때 연기가 나지 않는 탄. 연료비가 4.0보다 높으며 우리나라에서 생산되는 석탄의 대부분은 무연탄임. 주로 연료용과 발전용으로 쓰이며 연소 시 일산화탄소(CO)가스가 발생되고 연탄가스사고의 원인이 됨. 석탄의 분류는 무연탄, 유연탄, 갈탄, 토탄 등이 있으며, 생성 순서는 토탄 → 갈탄 → 역청탄 → 무연탄.

무지지 상향계단식 채굴법 작업 개소를 많이 만들기 위하여 채굴면을 계단식으로 만들어 상부로 채굴을 진행시키는 채굴법. 광맥의 경사가 급경사이고 폭이 별로 넓지 않은 작업장에서 사용하는데 동시에 많은 작업장을 만들어 다수의 착암기를 사용할 수 있고, 채굴 도중 필요하면 언제든지 다른 채광법으로 바꿀 수 있는 장점이 있음.

물통 지층 속에 지하수가 괴어 있는 것.

물통 사고 출수 사고.

미스와리 배수 작업.

밑다이 오야다이(화약)보다 더 먼저 넣는 다이너마이트.

ㅂ

바가지 안전모를 뜻함.

바가지질 채탄 발파 이후 에어호이스트(air hoist) 같은 장비를 활용해 탄을 꺼내는 작업을 뜻함. 영어식 표기로는 스크래핑.

바움직 갱에서 캐낸 석탄을 물에 집어넣은 뒤 석탄과 돌의 비중을 이용해 돌을 골라내는 기계. 비중선탄기.

바킹 쐐기.

바킹 치다 동발을 세울 때 나무동발의 위치를 잡아 쐐기를 박는 일 또는 광차가 밀려 내려가지 않도록 바퀴 밑에 쐐기를 박는 일.

반도급제 탄광의 도급은 완전 도급제라기보다 기본급이 있고 생산량, 작업량에 따라 임금을 조절하는 반도급제가 주를 이룸.

반타 지압에 의해 갱도 바닥이 상승할 때 반타기로 깎아 내 원상회복시키는 작업.

반타기 소형 굴삭기.

반팽창 갱도 바닥이 중압에 못 이겨 부풀어 오르는 현상.

반활목 통나무를 반 정도 얇게 켠 것.

발파 폭약을 사용하여 물체를 파괴하는 것.

발파공(發破孔) 폭약을 장전하여 발파하기 위해 뚫는 구멍.

발파채탄(發破採炭) 탄층에 착암기나 오거(auger)드릴로 발파구멍을 뚫고, 여기에 폭약을 장전하여 발파하는 석탄 채굴. 폭약은 일반적으로 질산암모늄 폭약이 사용되며 가스가 없는 곳에서는 도화선 점화도 이루어지지만 가스가 많은 곳에서는 전기뇌관을 사용.

밧데리 배터리. 전차공을 지칭하는 은어로 쓰임.

밧데리카 배터리로 운행하는 축전차.

방부꾸로 바닥이 팽창되는 것.

방우리 감독이 작업지시를 통해 작업 배치하는 일. 방우리는 감독이 칠판에다 도면을 그려 막장 상황을 설명하며 그날의 작업지시를 하는데 이때 기존에 일해 오던 막장 작업장을 바꾸기도 함. 주로 입갱 직전에 하지만 탄광에 따라 막장에 도착해서 하기도 함. 방우리의 '우리'는 '할(割)'이라는 한자에서 일본식으로 '하리'라고 부르다가 '우리'라고 불러짐.

방우찌 지반이 약화되어 갱목이 내려앉으면 흙과 함께 레일이 위로 부풀어 오르는데, 부풀어 오른 바닥을 파내 레일을 낮추는 작업. 일명 방우치.

방이 야물다 돌이 야물다는 뜻.

방진망 석탄가루가 날아가는 것을 방지하기 위하여 저탄장에 치는 그물.

방진마스크 석탄가루 등 해로운 분진의 흡입을 방지하기 위하여 착용하는 공기여과식 개인 보호 기구. 탄광 초기에는 광목천으로 입을 가려 방진마스크를 대신함.

배관 통기 바람과 압축기 바람 등을 갱내로 보내기 위하여 관을 부설하는 일 또는 그 부설물.

배관공 배관 작업을 하는 기능공.

배기 갱내 작업장에서 갱 바깥으로 향하는 공기.

배밀이 노보리의 동발 상층부가 울퉁불퉁하거나 낮아서 갱목을 지고 갈 수 없을 때 갱목을 등이 아닌 배에 붙여 끌고 가는 작업.

배사(背斜) 지층이 횡압력에 밀려 형성된 습곡에서 산 모양으로 솟은 부분.

백바가지 대한석탄공사 관리직은 흰색 안전모를 착용하고 있는 데서 나온 말로 관리자를 뜻함. 관리자들의 노동자 차별에 항의하는 뜻에서 1987년 대한석공 산하 광업소에서 대규모 노동 파업 때 백바가지 추방운동을 전개했으며 그 후 관리자들도 노란색 안전모를 쓰게됨.

백암탄광(白岩炭鑛) 양강도 백암 일대에 있는 유연탄광. 지층은 신생대 제3기 지층이며 주로 현무암 · 응회암 · 사암 · 이암 등이 분포.

버력 갱도 굴진 · 채광 · 채탄 · 선광 · 선탄 과정에서 선별되는 무가치한 암석 덩어리 · 암석 조각 · 슬라임(암석 등의 미세 입자) 등의 총칭. 일명 폐석(廢石). 콘크리트 골재 · 기와의 원료로도 이용. 일본식 용어로는 '보다'.

버켓 삭도에 매달린 석탄을 싣는 도구로 쇠로 된 통. 일본식 용어인 '바게쓰'로 많이 불림.

베시 레일 연결 용구.

벨트컨베이어 운반물을 순환 벨트 위에 올려놓고 이동하는 운송 기구.

병방(丙方) 0시부터 오전 8시까지의 작업조.

보갱 갱내에서는 붕괴를 방지하기 위해 동발을 사용하는데, 이 동발에 대한 유지 보수.

보갱공 보갱부.

보갱능률(保坑能率) 보갱기능원 1인이 1교대(8시간) 작업 기간 중 기존 갱도에 시공되어 있는 변형된 지주를 새로운 지주로 재시공한 작업량.

보갱부(保坑夫) 갱도 내 동발이 파손되거나 새로 붕락될 위험이 있는 곳이나 지압으로 인해 갱도 규격이 협소해졌을 때 이를 보수하는 노동자. 일명 보갱공, 보갱패, 보항부, 보항패.

보다 탄광에서 채굴할 때 가치 없는 폐석. 일명 경석. 우리말로는 버력.

보다기리 석탄 채탄 중에 나오는 암반층을 착암기로 뚫는 작업.

보다까시 폐석을 처리하는 작업자. 18세 미만인 자는 갱내 작업이 법으로 금지되어 있기 때문에 미성년자가 탄광에 취직할 경우 주로 이 일부터 시작하여 탄광일을 익힘.

보다장 폐석장. 경석장.

보다탄 폐석을 체로 쳐서 선별한 것으로 열량은 2,000~3,000칼로리 정도로 낮은 탄. 보다탄은 발전소나 연탄공장으로 공급되어 원탄과 섞여 사용.

보수 급여.

보수 작업 중압으로 찌그러지거나 부러진 갱목을 새로 교체하는 작업.

보수턱 보수 작업을 해내려 가는 곳.

보안거리 화약류 취급에 있어 저장소 외벽으로부터 보안 물건까지의 거리. 저장량에 따른 보안 거리는 대체로 70~340m 사이.

보안교육(保安教育) 작업에 익숙하지 못하여 발생하는 재해를 방지하기 위하여 탄광노동자에게 시키는 교육. 광산보안에 필요한 교육은 대통령령으로 규정하고 있으며 신규 채용자에 대한 보안 교육은 총 24시간 이상, 작업 내용이 바뀐 자에 대한 보안교육은 총 8시간 이상 실시해야 함. 위험한 작업에 종사하는 자에 대한 보안교육은 6개월마다 8시간 이상 실시.

보항 보갱.

보항부 보갱부. 일명 보갱패, 보항패.

부비끼(ぶびき) 감소량. 막장에서 광차에 실린 석탄은 갱외에 나오기까지 진동으로 부피가 줄어드는데 회사 측에서는 광차에 탄이 가득하지 않았다는 이유로 삭감함. 10대 광차 중 1대의 광차 정도를 빼거나 1톤 광차를 0.8~0.9톤으로 계산하는 등 생산량을 빼는 것을 말함.

부존자원(賦存資源) 경제적 목적에 이용될 수 있는 모든 천연자원.

분광(分鑛) 광주(鑛主)에게 돈을 내고 얼마 동안 자유롭게 광석을 캐내는 광업. 또는 그런 광산.

분연층 탄도(炭道)가 갈라지는 곳. 갱도가 본선에서 갈라지는 곳을 말함.

분진(粉塵) 갱내에 떠도는 미세한 탄가루. 부유분진 중의 규산질(硅酸質) 분진은 호흡기관을 침범하여 규폐증(硅肺症)의 원인이 되므로 탄진 발생 방지를 위해서는 분수막(噴水幕) 만들기, 물 뿌리기, 채탄에 들어가기 전에 탄층 내에 압력수를 주입하여 석탄을 적시는 탄벽주수법 등의 방법이 이용됨. 암석 분진 방지책은 착암기에 물을 통하게 하여 발생한 분진을 적셔서 부유하지 못하게 하거나 그대로 흘려보내는 습식착암법이 일반적으로 이용됨. 그 외에 발파 작업 중에 발생하는 분진을 막기 위해 분진이 날아가는 방향에 분수막 치기, 집진기(集塵器)로 분진을 흡수하기, 작업자의 분진마스크 착용 등의 방법이 있음.

분철(分鐵) 분광업자가 계약에 따라 생산물의 일부를 광주(鑛主)에게 줌. 또는 그 광석이나 돈. 오분철(伍分鐵)이라 하면 광석의 5분의 1을 광주에게 주는 일을 이름.

붕락(崩落) 탄이 빠지거나 쏟아져서 갱도가 무너져 내림.

붕락법(崩落法) 광체나 상하반이 연약하고 급경사로 매장되어 있을 때 적용되는 채광법. 이 채광법에는 톱 슬라이싱법, 블록 케이빙법, 서브레벨 케이빙법 등이 있음.

브라자 마스크 농촌에서 농약을 칠 때 쓰던 것과 유사한 마스크로 브래지어를 닮았다 하여 붙인 이름.

비트 보링에 사용하는 송곳 같은 것으로 칼끝에는 다이아몬드, 아주 단단한 팁, 경질 합금 등을 사용. 일본식 발음으로는 노미.

비행기 탄다 사갱에서 권양기 줄이 끊어져 인차나 탄차가 내리막길로 그대로 치닫는 것을 뜻함.

빔 쇠동발을 뜻함. 빔에는 I빔과 H빔이 있음.

빠루 못을 빼는 지렛대.

빼치기 갱내 여러 갱도로 갈라진 철로에서 석탄이 실린 탄차들을 빼내 빈 탄차를 밀어 넣는 작업.

빵빵이 작업환경이 나쁘고 일이 힘든 곳으로 작업 배치하는 것.

뽕끼(轉轍器, point switch) 광차를 한 궤도에서 다른 궤도로 연결시키기 위하여 설치한 분기기의 전방에 설치하여 방향을 유도하는 설비.

뽕끼 찢는다 선로를 늘려 갈림길을 만드는 작업.

삐스 뇌관을 말하는 것으로 화약의 점화, 폭약을 기폭시키는 데 쓰이는 발화구.

ㅅ

사갱(斜坑) 경사로 이루어진 갱도. 일명 오로시. 경사가 17~22°정도인 사갱에서는 광차나 벨트 컨베이어에 의하여 광석, 사람, 재료 등을 운반하고, 경사가 급경사인 사갱에서는 스킵에 의하여 운반.

사기대 선산부 밑에서 보조하는 작업자.

사끼야마 숙련공인 선산부를 일컫는 일본식 용어.

사시바리 분기점의 지주.

사양화(斜陽化) 석탄산업이 시세의 변천으로 몰락해 가는 현상.

사외도급 일정한 기일 안에 완성해야 할 일의 양이나 비용을 미리 정하고 그 일을 회사 외부 사람이 맡는 일.

사쿠라노미 +(십자) 모양으로 된 노미(정).

삭도 가공삭도의 준말.

산마이와꾸(三梅淬) 목재 3매로 세우는 지주.

산성 광산폐수 광산에서 발생하는 산성 광산폐수로서 Fe, Al 등 많은 중금속을 함유한 광산의 폐수.

산승구찌(三寸口) 나래기와 더불어 동발과 벽면 사이를 받쳐 주는 가는 통나무. 일명 삼승구찌.

산원저탄장 석탄의 산출지에 만들어 놓은 저탄장. 일명 산지저탄장.

살장법 붕괴성 지층을 굴착할 때 살장(쏠장)을 수직 또는 경사진 방향으로 지층 중에 박아 수갱 안으로 흘러들어 오는 토사를 방지하면서 굴착하는 방법.

상갑방 매일 갑방 근무(08:00~04:00)만 하는 상태. 일명 조갑방. '상갑방 근무', '상갑방 근무자'라고 표현.

상반 탄을 캐고 난 공동에 천장 같은 형태로 나타나는 암반.

상차부 적재부.

생동 광맥 중에 아직 채굴하지 않은 곳.

생산성 OMS 1교대의 1공당 작업량.

샤링 광차 바퀴. 차륜.

서브레벨 중단갱도 작업장.

서브레벨 케이빙법 블록 케이빙법의 승갱도가 너무 길어져서 작업이 곤란하고 채취율이 나쁠 때 상하 운반갱도 사이에 중단갱도를 만들어 광맥 중의 승갱도 길이를 줄이도록 한 채굴법.

석공(石公) 대한석탄공사의 약칭.

석탄 지질 시대의 식물 유체가 퇴적하여 생화학적 과정을 거쳐 지압과 지열 등에 의해 변화되어 생긴 가열성 탄질물.

석탄기(石炭紀) 고생대를 6기(紀)로 나누었을 때 다섯 번째 기로서 데본기와 페름기 사이의 시대. 약 3억 4,500만 년 전부터 2억 8,000만 년 전까지 약 8,000만 년간 계속된 시대. 석탄기라는 이름은 1822년 영국의 지질학자 W. D. 코니베어가 붙인 것으로 영국의 지층 중 석탄층을 많이 포함한 지층이라 하여 명명. 영국에는 석탄기의 지층에만 석탄층이 있으나 다른 나라에는 중생대(中生代) 또는 신생대(新生代)의 지층에 석탄층이 많음. 한반도에는 석탄기에 쌓인 석탄층이 아주 빈약하여 가행(稼行)이 불가능하며 페름기의 지층에서 가행되는 무연탄층이 들어 있어 영국과는 가행이 가능한 석탄층의 생성 시대가 다름.

석탄 생산 감축지원금(石炭生産減縮支援金) 정부에서 석탄 수급을 조절하고 과잉 생산에 따른 정부 재정부담을 경감하기 위하여 일정 규모 이상 생산 감축 시 감축에 따른 고정부담 일부를 석탄광업자에게 지원하는 금액.

석탄탐사(石炭探査) 시추 작업으로 석탄의 매장량을 확인하는 작업.

선로반 궤도반.

선산부 굴진, 채탄, 보항 등의 작업에서 가장 노련한 기술을 지닌 숙련공. 일본식 용어로는 사끼야마.

선 생산 후 안전 에너지원 확보를 위해 석탄 증산이 다급하던 시절에 탄광측의 무모한 생산 독려 행태를 두고 '선 생산 후 안전', '선 생산 후 안보'로 부름.

선탄(選炭) 원탄 가운데에 함유되어 있는 불순물(버력)을 제거하고 좋은 품질의 정탄을 생산하는 작업.

선탄법(選炭法) 비중 선별법, 중액 선별법, 부유 선별법 등이 있음.

선탄부 캐낸 원탄(석탄)에서 보다를 골라내는 작업자. 대체로 여성 작업자가 맡았으며 탄광에서 남편을 잃거나 남편이 부상당해 생계 능력을 잃어버렸을 때 부녀자들이 선탄부가 되기도 함.

선탄장(選炭場) 파쇄, 분쇄 및 선탄 작업을 하는 작업장.

세루 석탄과 암반 사이에 있는 암석으로 석탄도

돌도 아닌 까맣고 납작한 돌. 다른 표현으로 경석, 보다, 버력이라고도 함.

세일 세루.

섹사이바꼬 짐 싣는 적재함.

소수갱도 갱도의 경사가 낮은 갱도.

소운반 갱내에서 운반 직종을 일컫는 말.

쇠동발 철제로 된 동발로 I빔과 H빔이 활용됨.

쇼벨 로커쇼벨(rocker shovel)을 지칭.

수갱(垂直坑道) 수직으로 이루어진 갱도. 수직갱도의 준말. 일본식 발음으로 '다대꾸'. 갱도의 심도가 깊어짐에 따라 사갱 운반으로는 운반 거리가 길어져 인원, 자재, 석탄 등의 권양에 요하는 시간이 오래 걸리므로 운반 속도를 높여 운반 능률을 향상시키기 위하여 수직갱을 설치함. 수갱은 광석 · 자재, 인원, 동력, 공기의 공급로로 활용되는데 태백시 소재 장성광업소에는 공기를 공급하는 통기수갱까지 설치됨.

수갱굴착(竪坑掘鑿) 수직으로 갱을 설치하여 내려가는 굴착.

수갱설비(竪坑設備) 수갱용 권양기와 관련된 설비.

수갱 운반장치(竪坑運搬裝置) 수갱 운반법에는 케이지에 의한 운반법과 스킵에 의한 운반법이 있음. 케이지 운반법은 엘리베이터와 같이 생긴 케이지에 광차를 실어 운반하는 장치로서 갱내에서 광석이 실린 광차를 케이지에 싣고 올라와서 갱구에서 실린 광차는 밀어내고 공차를 실어 갱내로 들어가게 하는 장치.

수굴(手屈) 착암기가 귀하던 탄광 개발 초기에 정과 망치를 이용하여 암석을 뚫어 나가던 방식.

수굴 방식 수굴로 작업하는 방식.

수력채탄법(水力採炭法) 고압 펌프로 탄벽을 향하여 압력수를 분사하여 석탄이 붕괴되면 경사진 갱도에 깔린 홈통으로 석탄이 물과 함께 흘러내려 오도록 작업하는 방식.

수타기 연탄을 수동 작업으로 찍을 때 쓰는 주조물로 나무수타기와 철제수타기로 구별함.

슈트(chute) 막장에서 채굴한 석탄이 경사를 이용해 자연스럽게 내려가도록 철판으로 만든 통로. 막장의 슈트에서 광차가 있는 갱도까지 연결되어 석탄을 운반.

스데바 난장에서 잡일을 하는 역할. 탄광 업무를 보면 막장의 선산부와 후산부, 굴 밖으로 탄차를 끌어가는 조차공, 굴 밖에서 차에 싣는 곳까지 이동하는 스데바, 차에 석탄을 싣는 선탄부가 있음.

스립파(sleeper) 침목. 레일 밑에 까는 나무.

스킵(skip) 사갱 및 수갱 권양 장치로 광석, 석탄, 자재 등을 실어서 운반하는 상자. 엘리베이터 같은 기능으로 갱내에서 자재를 운반하는 장치.

스파이크(spike) 레일과 침목을 고정시키는 큰 못.

승 경사면에서 윗방향으로 올라가는 사갱을 '승'이라고 함.

승갱도 약 20~25°로 경사지게 시공된 재래식 갱도. 노보리.

승채탄 노보리 채탄.

승회원 석탄 수송, 자재 운반 등을 담당하는 운반기능공. 승회부.

시구리 보갱 작업.

시누끼 심발공.

시추(試錐) 지질 탐사를 위하여 지하로 원통형의 구멍을 깊게 뚫어서 석탄을 탐사하거나 채취하는 작업. 일명 보링.

시추기(試錐機) 시추하는 데 필요한 장비나 기계. 케이싱 파이프, 샌드펌프, 각종 비트, 코어 배럴 등.

신주 간드레 황동의 일종인 신주로 만든 간드레. 탄광 개발 초기에는 깡통 간드레를 쓰다가 나중에 신주 간드레가 등장함.

심부 탄층의 경사를 따라 지하 작업장으로 내려가는 정도나 하부 공간.

심부화 석탄 채굴 현장이 지하 깊숙이 내려가는 과정의 심화.

심지 폭탄이나 남포 따위를 폭발시키기 위해 불을 붙이게 되어 있는 줄.

쎄루 탄은 아니지만 시커멓게 생긴 것이 탄처럼 보이는 가루. 탄이 나오기 직전에 쎄루가 보임.

쏠장 앞쪽 끝을 뾰족하게 깎은 통나무나 판재를 말함. 이 쏠장은 앞 동발에서는 아래로 들어가게 하고 뒤 동발은 위로 올라가는 방식으로 어긋나게 넣어 낙석이나 낙반을 방지하는 역할.

쏠장질 붕괴성 토사 또는 암석에 대하여 사용하는 지주 방법으로, 쏠장이라는 앞쪽 끝을 깎은 통나무 또는 판재를 들보 위에서 앞쪽에 박아 넣어 순차로 지주를 진행해 가는 방법. 일명 살장법.

쓰나기 지주와 지주를 받쳐 주는 판자.

쓰리 4매쉬 바닥에 끼우는 나무.

ㅇ

아구대 대부리 굴진에서 노미를 3종으로 사용하는데 그중 가장 작은 노미를 말함. 아구대<단대<장대.

아다무끼 미숙련공인 후산부를 일컫는 일본식 용어. 발음에 따라서는 아도무끼.

아세틸렌 등(acetylene 燈) 아세틸렌가스를 이용하여 불을 켜는 등. 전기 안전등에 비하면 조도와 광도도 나쁘고 사용상 불편하지만 값이 싸서 탄광 개발 초기에는 아세틸렌등으로 갱내 작업을 함. 탄광 개발이 심부화되면서 갱내의 폭발성 가스 때문에 사용을 금지. 일명 간드레.

아시 'ㄇ' 모양의 갱목 중에서 벽면에 대는 갱목의 일본식 표현. 굴진용 아시는 길어서 갱도가 높으나 채탄용 아시는 1.8m 미만이어서 채탄갱도가 낮아짐. 각주.

아시구리 각주의 밑받침 자리를 뜻하는 일본식 표현.

아시모도 지주의 각(脚)이 설 자리.

아야부 단짝. 아주 친한 사이를 일컫는 일본식 표현.

아이가다 교대할 뒤 작업조.

아이 빔 I 자 모양의 쇠동발.

안전등(安全燈) 갱내 작업 시 착용하는 필수 용품이며 연축전지를 전원으로 사용하는 모자용 등.

안전모 머리 부분이 다치는 것을 방지하기 위하여 착용하는 작업모. 흰색, 파란색, 주황색, 검은색 등의 안전모를 직급에 따라 모자 색상을 달리함. 일명 화이바(fiber), 갱모(坑帽), 바가지.

안전장화 장화의 앞부분에 쇠붙이가 부착되어 발가락이 물체 사이에 끼었거나 물건이 떨어질 때 보호하도록 한 장화.

암석승 갱내에서 채탄이나 굴진 과정 중 바위를 지나 상승하여 있는 갱도.

압굴식 지표에서 탄층을 따라 파고 들어가는 작업 방식.

압축기(壓縮機) 압축공기를 인공적으로 만드는 기계.

앙꼬(あんこ) 다이너마이트를 남폿구멍에 넣고 그 둘레에 다져 넣은 진흙 같은 것.

앞장막이 막장의 탄이 빠지거나 밀리어 무너지는 것을 방지하기 위한 장치.

애기집 동발목을 연결하기 위해 파는 홈.

애기집 딴다 동발을 세우면서 나무와 나무끼리 서로 아귀를 맞추는 일. '애기집 딴다', '애기집 짓는다'로 표현.

앰포 비료같이 비닐에 넣어 쓰던 화약. 데라찐에 비해 값은 싸지만 화력이 약하고 연기가 많이 나는 단점이 있음.

야광띠 갱내에서 식별이 가능하도록 안전모에다가 직급이나 직종에 따라 색상이나 줄의 개수를 달리하여 야광 스티커를 붙여 놓은 띠.

약 화약, 폭약, 다이너마이트를 탄광에서는 통칭 '약'이라고 부름.

양반사택 탄광 간부들이 거주하는 사택을 지칭하는 말.

양수공 양수기를 담당하는 기능공. 펌프공.

양수기 갱내 지하수를 퍼 올리는 펌프.

에이치 빔 H 자 모양의 쇠동발.

역두 열차로 탄을 실어 가기 위해 역 한쪽에 탄을 쌓아 두고 상 · 하차 작업을 하는 곳.

역두저탄장 기차역 주변의 저탄장.

역청탄(瀝青炭) 아역청탄과 무연탄의 중간에 해당하는 석탄. 암갈색 내지 흑색을 띠며 연기를 내면서 연소됨.

연근 2개 방을 연속하여 근무하는 일. 뒷 교대 작업자가 출근하지 않을 때 퇴근하지 않고 연속으로 16시간을 일하는 것을 말함.

연질탄 부드러운 탄층의 탄.

연층 수평으로 굴진해 들어가는 갱도. 규모가 큰 탄광일수록 기계화채탄을 위해 연층 작업을 많이 함.

연층갱도(沿層坑道) 탄층을 따라서 파 들어간 갱도.

연층채탄 수평으로 채탄해 들어가는 작업 방식.

연탄 가격 안정지원금(煉炭價格安定支援金) 정부가 서민 연료의 안정적 공급을 위하여 연탄의 최고 판매가격을 동결하고, 연탄 제조업자와 연탄 수송업자에게 생산원가와 판매가격의 차액을 보전해 주는 돈. 연탄 제조비, 연탄 수송비, 해상조작비 및 해상수송비 등 연탄 생산원가의 일부를 지원하는 금액.

연탄 파동 1966년 연탄 수요 급증 때 생긴 용어로 동절기에 연탄이 모자라는 현상.

영단이 직번이 0 단위로 시작하는 임시부를 지칭하는 말.

오간노미 콜픽.

오로시 내리막으로 이루어진 강(降)막장.

오십오(55) 계단 장성광업소 정문을 지나면서 본관으로 오르는 55칸의 계단에서 나온 말로 광부의 삶을 상징함. 당시 광부의 정년이 55세이던 데에서 비롯함.

오야다이 뇌관을 묶은 다이너마이트.

오야지 하청업자. 일명 쫄딱구덩이 사장.

OMS 1인당 하루 석탄 생산량을 톤수로 표시하는 것.

오커브 원만한 커브.

옷걸이를 받다 앞 작업조에서 발파를 한 후에 경석을 다 치우지 못하여 뒤 작업조에 남겼을 때 뒤 작업조는 '옷걸이를 받았다'고 말함.

요꼬철 광차가 다니는 레일을 고정하는 핀.

욘마이와꾸(四梅淬) 목재 4매로 세우는 지주.

우물방송 탄광이나 사택 내에서 일어나는 일들이 공동우물이나 공동수도에 모인 광부 아내들의 입을 통해 빠르고 정확하게 전달되는 소식을 뜻함.

우찌바시 지주 가운데 서 있는 기둥. 타주.

운반갱 축전차로 탄이나 자재를 운반하는 수평갱도.

운반부 석탄 수송, 자재 운반 등을 담당하는 기능공. 탄광에 따라서는 승회부, 승회원으로 호칭.

원탄 채굴한 그대로의 석탄.

유끼 막장 방향.

유연탄(有煙炭) 탈 때 연기가 많은 탄. 무연탄보다 탄화가 덜되어 탄소의 양은 적으나 휘발 성분이 많아 불이 잘 붙으며 탈 때 노란 불꽃을 냄. 무연탄보다 화력이 강해 화력발전용, 시멘트 소성용, 제철소 코오크스 제조용, 화학 공업 원료용 등으로 쓰임. 남한에는 없으며 북한에서 주로 생산.

유탄 캐낸 탄을 내리는 일을 하는 작업자. 컨베이어 위로 탄이 내려가는 것을 지켜보고 수송 과정을 원활하게 함.

육칸 사택 여섯 가구가 살도록 만들어진 사택.

을방(乙方) 오후 4시부터 자정까지의 작업조.

이동사무실 막장에서 가까운 곳에 있는 임시 사무실. 일명 고야.

이삭줍기 규모가 큰 탄광에서 석탄을 캐다가 조금 남아 있는 것을 조광에게 캐도록 남겨 주는 것.

이슬 온다 공동이 터지거나 천반(天盤)이 무너지기 전에 미세한 탄가루가 떨어지는 현상.

이탄(泥炭) 이끼류 · 갈대 · 사초 등의 화본과 식물이나 소나무 · 자작나무 등의 수목질의 유체(遺體)가 분지에 두껍게 퇴적하여 물의 존재하에서 균류 등의 생물화학적인 변화를 받아 분해 · 변질된 것. 넓은 뜻으로는 석탄의 한 종류에 포함되지만 일반적으로 석탄과는 구별. 토탄(土炭).

인감 인감증명서의 약칭.

인감증 인감증명서. 탄광으로부터 소속과 직번 등이 사진과 함께 기재된 증명서로 물건을 구입하거나 신분증으로 활용.

인차(人車) 갱 입구에서 갱내로 광부들을 운반하는 데 사용하는 차량.

일산화탄소 공기 중의 0.96배의 밀도를 가지고 있으며 무색, 무미, 무취하여 물에 용해되지 않으며 파란 불꽃을 내며 연소함. 공기 중에 12.5%~75% 함유되면 폭발성이 농후하며, 강한 독성을 가지고 있어 흡입하면 생명을 잃음.

일산화탄소 검정기 일산화탄소의 농도를 재는 기계.

임금 총액 탄광마다 조금씩 다르나 대체로 직접부 임금 계산 방법은 다음과 같음.
기본급 + 입갱수당 + 야근수당(통상임금 × $\frac{1}{2}$ × 일수) + 주휴(통상임금 × 1 × 일수) + 연근(통상임금 × $\frac{1}{2}$ × 일수) + 월차(근로일수-법정휴일, 단 협상공휴일: 통상임금 × 일수) + 휴일근로(통상임금 × $\frac{1}{2}$ × 일수) + 공휴(통상임금 × 일수) + 단협(단협상 규정된 날, 휴가 및 기타 × 통상임금) + 도구손료(30원 × 회수) + 정근수당.

임시부 탄광에 입사하여 정식 발령을 받기 전 단계의 노동자.

입적 탄광에 취업하는 일. 입사.

ㅈ

자연통기법(自然通氣法) 높은 곳과 낮은 곳에 있는 두 갱도를 갱 안에서 연결하여 대기압의 차이로 기류를 형성한 통기 방법. 별로 깊지 않은 광산에서 이 방법을 많이 채택.

작도 검수 과정에서 광부의 석탄 생산량을 검탄원이 눈대중으로 계산하는 것을 말함. 도급제인 광부의 임금은 작도에 의한 생산량에 따라 좌우됨.

작도측정 작업량 측정에 따른 임금 계산 방법.

작탄 굴진 작업 중에 탄이 잡히는 것.

장공천공기 회전펌프를 통해 전달로드에 연결된 천공드릴을 회전시켜 장공을 천공시킬 수 있는 장비.

장벽식 채탄법(長壁式採炭法) 길이 수십~200m에 이르는 일직선의 막장을 만들어 채탄하는 방법. 철제 지보로 막장면을 개방하여 긴 단면을 왕복하면서 석탄을 깎는 코울커터(coal cutter)와 같은 기계로 절삭하고, 이 절삭된 석탄은 탄면 바닥에 설치된 체인 컨베이어로 운반. 석탄의 절삭과 운반 및 지보가 연속적으로 실시되므로 일명 연속 채탄법이라고 함.

장약(裝藥) 포신 내에서 포탄을 앞으로 밀어내는 역할을 하는 화약. 추진장약이라고도 함. 화약이 명주 주머니에 들어 있으며 포탄 한 발에 서로 크기가 다른 6~8개의 장약이 딸림. 1930년에 영국이 유상(紐狀) 무연화약을 개량해서 코르다이트(Cordite) 폭약을 개발한 뒤부터는 대부분의 나라가 이것을 장약으로 사용함.

재고탄(在庫炭) 생산하였으나 출하 또는 소비되지 않고 있는 석탄.

재수 보기 기존의 탄광에서 탐사해 보다가 별다른 수입이 없을 때 한번 해 보라면서 조광에게 작업을 맡기는 일.

재해(災害) 탄광에서 재앙으로 말미암아 받는 피해. 지하 깊은 곳에서 작업을 하므로 다른 산업에 비해 재해율이 높은 탄광에서는 주로 낙반, 운반, 출수, 가스폭발, 갱내 화재, 화약 사고 등이 있음.

적재부 저탄장에 운반 트럭이 도착하면 삽을 이용해 탄을 옮겨 싣는 작업자. 일명 상차부.

전 탄광에서 부르는 길이의 단위. 30전과 50전은 각각 30cm와 50cm를 가리킴.

전공 전기공의 준말.

전기공(電氣工) 전기 관계의 작업에 종사하는 기능공.

전차공 갱내에서 활용하는 축전차를 운전하는 기능공.

절장 앞동발과 뒷동발을 고정시켜 주는 버팀목. 일본식 용어로 기리바리.

점보드릴(Jumbo drill) 고속도 굴진이나 대단면 갱도 굴착을 위해 천공하는 드릴. 천공을 용이하게 하기 위하여 착암기를 대차 위의 붐에 장치하여 가동할 수 있게 한 것으로서 기계를 밀어내는 방식에 따라 수압식, 압기식, 유압식 등이 있으며 작업을 부드럽게 하고 충격을 흡수하며 고장을 막아 주는 데는 유압식이 좋음.

정식부 탄광에 입사하면 처음에는 일정 기간 임시부직을 거치는데 이 과정이 끝나 정식으로 발령이 난 노동자.

제라틴 다이너마이트.

조갑방 상갑방.

조광 덕대를 법적으로 현실화한 탄광.

조광권(粗鑛權) 타인의 광구(鑛區)에서 그 광업권의 목적으로 되어 있는 광물을 채굴(採掘) · 취득(取得)할 수 있는 권리. 조광권자가 되는 자는 산업자원부 장관의 인가를 얻어 광업권자와 거의 같은 권리와 의무를 가지고 광산을 개발할 수 있는 것을 원칙으로 함. 그러나 광업권자는 채굴한 후의 잔류 광물을 채굴하기에 부적당한 구역에 덕대나 청부를 주어 왔으므로 이에 따른 보안상 문제나 임금 체불 등의 사회적 문제가 계속 대두됨. 덕대나 청부업자는 광업권자와 일정한 계약하에 광구의 일부를 개발하면서 아무런 의무나 권리의 제한이 없었기 때문임.

조광권자(粗鑛權者) 조광권을 가진 자.

조구 탄이나 폐석을 끌어내리는 활강로. 작은 철판으로 이루어짐.

조정원 조차공.

조차공 선로 교체나 광차 운반 등을 담당하는 노동자. 사갱에서 권양공이 광차를 조작할 수 있도록 신호를 보내는 업무를 담당함. 축전차나 인차 운행에 있어 조수역을 담당하는 업무를 조차공이라고 함. 광업소에 따라서 호칭이 다른데 일명 조정원.

주나 동발을 어깻등 뒤에 메고 운반할 때, 특히 노보리를 기어오를 때 동발 나무가 미끄러지지 않도록 멜빵처럼 등 뒤로 대각선 걸이를 할 수 있는 끈. 발음에 따라 준화, 준히.

주먹탄 탄가루를 물과 섞은 뒤 손으로 뭉쳐 만든 탄.

주방식 채탄법 장벽식 채탄법에 비하여 지주재가 많이 필요하고, 막장 통기가 잘되지 않으며, 출탄량이 적은 점 등의 단점을 가지고 있음. 지표 침하를 방지하기 위하여 충전물을 구하기가 어려울 때 채택하는 채탄법. 일명 잔주식 채탄법.

죽탄 물기를 많이 머금은 탄. 묽은 탄.

죽탄을 타다 캐낸 죽탄을 깔고 앉아 온몸으로 밀어 내리는 행위.

중단 경사지게 만든 노보리에서 캐낸 탄은 곧바로 광차까지 쏟아지게 되어 있는데, 탄맥이 옆으로 퍼져 버리는 경우 갱을 수평으로 좁게 미는 것.

중단계단식 채굴법 광석과 상하반이 견고하고 경사가 급한 괴상 광상이나 매우 두꺼운 광맥에 적용되는 채굴법. 상하 운반갱도를 레이즈(raise)로 연결하여 이 레이즈에서 높이 8m의 중단갱도를 광맥 중에 굴진하여 장공으로 천공하여 채굴하는 방법.

중대사고(重大事故) 재해로 인하여 사망 또는 동시에 중상 이상의 재해자 수가 2명 이상 발생한 사고.

쥬뗑 메우는 것.

지반 땅의 바닥. 땅의 표면. 지각.

지반 침하 갱도의 공동 속으로 땅이 꺼져 내려가는 현상으로 지반 침하의 피해는 폐광 이후의 중대한 문제점으로 등장함.

지압 중량 등에 의해 지층 내에 생긴 응력.

지열 지구 안에 본디부터 가지고 있는 열. 땅거죽 밑 10m가량 아래는 일정한 온도를 가지고 있으며 일반적으로 땅속으로 100m 내려갈 때마다 1~5°씩 온도가 상승.

지주 갱도, 채굴 현장 등에 있어서 낙반이나 낙석 등을 방지하기 위하여 설치하는 구조물. 일명 동발.

지주공 갱도의 붕괴, 낙반을 방지하기 위하여 목재, 석재, 벽돌, 콘크리트, 몰탈, 철제 등을 사용하여 측벽 및 천반을 지보하는 작업.

지지 채굴법(支持採掘法) 광체를 채굴한 후에 생기는 공동에 폐석이나 모래 또는 지주로 지지시키면서 채굴을 진행해 나가는 채굴법. 지지 채굴법에는 충전식 채굴법, 지주 채굴법 등이 있음.

지질조사 어떤 지역의 암석 분포나 지층의 상태 따위 지질의 구조를 조사하는 일.

지층 퇴적암의 암체. 대부분 층상을 이룸.

지표조사 암석의 분포를 살피기에 앞서 땅의 표면을 조사하는 일.

직번 직종에 따른 고유한 번호. 예를 들어 임시부는 0 단위, 후산부는 천 단위, 선산부는 만 단위 등으로 구분.

직접부(直接夫) 막장에서 직접작업을 수행하는 인원으로 채탄부, 굴진부, 보갱부가 이에 해당.

직접부능률(直接夫能率) 당일 중 생산한 석탄의 양을 직접부(채탄+굴진+조갱) 1일 작업원의 수로 나누었을 때의 생산성(톤/공)을 말함.

진폐(塵肺) 분진의 흡인으로 폐에 장애를 일으킨 상태. 일반적으로 폐포 내에 흡입된 분진, 특히 규산의 미립자는 림프관에 들어가고 일부는 폐포상피세포나 림프구에 섭취되어 림프와 함께 기관지 림프절에 이름. 분진이 소량이면 장애가 없으나 다량인 경우는 폐 조직 내에 머물러서 폐 및 림프관에 염증을 일으키고 결절상변화나 결합직형성을 일으킴.

진폐증 유해한 분진을 장기간 흡인할 때 폐 조직 내에 분진이 침착하여 만성의 섬유증식반응(섬유증)을 일으킨 상태로, 탄광노동자에게 나타나는 직업병. 완치가 되지 않아 죽음의 직업병으로 불림. 분진의 종류에 따라 규폐증, 탄폐증, 석면폐증, 철례증, 알루미늄 폐증 등이 있음.

질통 철조각이나 나무판자로 만든 통에 멜빵을 달아서 석탄이나 버력을 짊어지고 나르는 운반 도구.

짐 갱내에서 동발이 지압 때문에 좌우상하로 하중을 받는 현상.

짐이 온다 지압으로 인해 동발이 하중을 받는 것을 일컫는 말.

집수탱크 갱내에서 지하수가 고이도록 만들어 놓은 저장 시설. 일정량이 고이면 펌프로 퍼냄.

징구로 레일을 굽힐 때 쓰는 도구.

쪽제비잡히다 시공된 갱목이 뒤틀리거나 부러지고 무너진 사이에 작업자가 치이는 사고.

쫄닥구덩이 작은 구멍이라는 뜻으로 조광이나 모작의 갱도를 말함. 영세탄광을 뜻함.

찌구덴찌 축전차.

ㅊ

착암기(鑿巖機) 갱도 내에서 굴진이나 채탄 작업 시 암석 따위에 구멍을 뚫기 위해 압축공기로 타격력을 주어 움직이는 기계. 압축공기의 동력을 이용하여 해머를 전 · 후진시키면서 삽입된 로드의 선단부인 샹크(shank)에 타격력을 가하고 이 타격력이 암반에 전달되어 파쇄 천공하거나 또는 로드를 회전시켜 로드 끝부분의 비트가 암반에 회전 삭마작용을 주어 천공하는 기계.

채굴(採掘) 땅을 파서 석탄을 파냄.

채굴 방법 막장의 채굴 방법으로 장벽식(長壁式) 채탄법, 중단(中段) 채광법, 케이빙법 등이 있음.

채준(採準) 석탄을 생산하기 위해 탄층으로 지보를 설치하여 생산을 준비하는 과정.

채진(採盡) 채탄 작업이 다 끝난 상태.

채탄능률(採炭能率) 채탄노동자 1인이 1교대(8시간) 작업 중 생산한 석탄의 양.

채탄법(採炭法) 석탄을 채굴하는 방법. 석탄 채굴은 일반 광석에 비하여 지압이 크게 작용하고 석탄의 산화열이나 폭발성 가스 제거가 필요하며, 출수나 화재 등의 재해 위험률이 높아 별도의 채탄법이 요구됨.

채탄부(採炭夫) 직접부 중 직접 탄을 생산하는 작업원. 채탄공.

천공(穿孔) 발파를 위한 전 단계로 암반에 화약을 넣을 구멍을 만들기 위해 착암기로 뚫는 작업.

천반(天盤) 갱도나 동굴 천장을 이루고 있는 암석, 또는 광체 위에 있는 암석.

철쉬 철쉬 동발을 뜻함.

철쉬 동발 철제 재질의 동발.

철재지보(鐵材支保) 철제로 만든 지보.

축전지식 전기기관차 축전지 충전으로 움직이는 기관차. 수평갱도에서만 사용할 수 있으며 교대할 때마다 충전이 된 축전지를 바꿔야 하는 불편이 있으나 폭발성 가스에 대하여 비교적 안전하고 저렴한 운행비의 장점이 있음. 축전지식 전기기관차의 무게는 3~8톤.

축전차(蓄電車) 연축전지를 동력원으로 하여 갱내에서 운행하는 축전지식 전기기관차. 일본식 표현으로 찌구덴찌.

출수 갱내에 고여 있던 지하수가 일시에 터져 나오는 현상.

출수 사고 출수로 인한 사고. '물통 사고' 혹은 '물통이 터졌다'고 표현.

취업회 막장으로 일하러 들어가기 전에 작업에 관한 지시를 받는 회의 과정.

측량공 갱내외에서 탄광에 필요한 모든 측량 작업을 하는 작업자.

ㅋ

카바이드(carbide) 탄화물(炭化物). 탄화칼슘을 달리 이르는 말. 간드레 등의 원료로 쓰임.

캐빈 탄맥이 끝난 노보리에서 갱목을 빼내면서 석탄을 캐는 것. 일명 케이빙.

캠램프(camp lamp) 안전모에 달린 안전등. 발음에 따라 개뿌, 캠프, 캐프, 갸뿌.

컨베이어 광산에서 사용되는 연속운반기로서 갱 안에서 광석이나 석탄 운반에 많이 쓰이는 운반기계. 종류로는 벨트 컨베이어, 체인 컨베이어, 팬 컨베이어, 셰이킹 컨베이어 등이 있으며 수직으로 올리는 버킷 엘리베이터도 연속운반기에 해당.

케보 케이빙 후산부를 뜻함. 케이빙 보조라는 의미에서 약칭하여 부름.

케이빙(caving) 광체를 채굴하여 천장을 덮고 있는 지층을 무너지게 하여 채굴하는 방법. 붕락법.

케이빙 작업 진행하던 막장이 막혔거나 회사의 계획에 의해 채굴을 중단할 때 뒤로 후퇴하면서 발파를 하여 탄 덩이를 무너뜨리며 탄을 캐는 작업.

케이지(Cage) 수갱 권양 장치의 하나로 사람이나 광차를 싣고 상하로 운반하는 용기. 탄광의 엘리베이터.

코스함 탄광 사갱에서 권양기로 움직이는 운반 기구.

코올렌 호벨(kohlen hobel) 막장면에 따라 이동하면서 날카로운 대팻날과 같은 것으로 석탄을 깎아 내어 컨베이어에 싣는 작업을 하는 기계. 비교적 연한 석탄에서 능률적이며 특히 얇은 층의 채굴에 가장 알맞지만, 호벨의 날을 2단 또는 3단으로 이어서 두꺼운 탄층의 채굴에 이용할 수도 있음.

콜커터(coal cutter) 로프 · 체인으로 견인하여 탄벽면을 따라 이동시켜서 채탄하는 채탄기계. 체인커터와 드럼커터의 두 종류가 있으며 장벽막장에서 사용. 체인커터는 석탄을 절삭하는 공구(bit)를 고정시킨 고리(chain)가 자전거의 구동체인과 같은 형식으로 회전하며 탄층을 절삭하고, 드럼커터는 주위에 여러 개의 비트를 고정시킨 드럼을 회전시켜 탄층을 절삭함. 일명 코울커터.

콜픽 압축공기로 작동되며 탄층 등에 타격을 주어 채탄이나 굴진 작업을 하는 도구. 일본식으로 오간노미.

쿨리카 갱내에서 레일을 따라 자재 운반을 하는 장비. 압축기 바람을 이용하는 에어호이스트로 움직이는 적재함. 발음에 따라서는 쿨링카.

큐커브 급커브.

크레오소오트 갱목 부패를 막기 위한 방부제. 일종의 약품.

크로스(Cross) 크로스커트의 준말. 광물체의 바깥에서 광물체를 향해 광물체의 주향(走向) 방향에 교차하여 굴진하는 수평갱도. 1크로스, 2크로스, 3크로스··· 등으로 표기. 탄광에서 4크로스라는 말은 쓰지 않고 5크로스로 표기.

크로스 갱도 수평갱도의 경우 주요 운반갱도와 이 운반갱도에서 광맥에 최단 거리로 착맥시키는 갱도.

크로울러 드릴(Crawler drill) 착암기를 크로울러에 실은 천공기계.

ㅌ

타주(打柱) 갱도 유지와 하리(양쪽 각주를 연결시키는 갱목)가 부러지는 것을 방지하기 위해 하리를 수직으로 떠받치는 가는 갱목. '중주'라고도 함. 일본 용어로는 우찌바시.

탄가(炭價) 무연탄의 판매가격. 발열량(kcal/kg)을 기준으로 16등급으로 구분되며 정부에서 매년 가격을 고시함. 특1급~특5급은 5,400kcal/kg, 9급~1급은 3,500~5,339kcal/kg, 급외 2등급은 3,000kcal~3,449kcal/kg.

탄광(炭鑛) 석탄을 경제적으로 채굴 · 선별한 후 상품으로 시장에 공급하는 사업소, 또는 석탄을 채굴하는 광산. 하나의 탄광이 독립된 몇 개의 구역으로 되어 있고, 각각 다른 갱구를 가지고 있을 경우 이것을 탄갱(炭坑) 또는 갱이라고 함. 탄광은 갱도굴착과 노천굴착으로 작업하고 있는데, 한국의 탄광은 전자에 속함.

탄광 나이 탄광에서는 위아래 10살 터울은 친구하듯 맞먹는다는 의미에서 붙여진 말.

탄광노동자 탄광에서 육체적 노동에 종사하고 급여를 받는 사람.

탄광사고 탄광에서 발생하는 사고. 재해 중에는 비교적 자주 일어나지만 재해자 수가 적을 때에는 빈발성 사고라 하고, 많은 인명과 재산의 피해를 주는 경우를 대형사고라 함. 낙반이나 운반에 의한 사고는 빈발성 사고가 많고, 가스폭발이나 탄진 폭발 등은 대형사고를 일으키는 경우가 많음. 운반에 의한 사고 중 사갱에서 인차의 로프가 끊어지거나 핀이 파손되면 대형사고가 나는 수도 있음.

탄광촌(炭鑛村) 탄광노동자와 그 가족들이 모여 사는 마을.

탄돌이 가다방.

탄맥 땅속에 묻혀 있는 석탄의 줄기.

탄복(炭服) 탄광에서 광부들이 입는 작업복.

탄부 광부. 갱부.

탄전(炭田) 경제적으로 채굴할 수 있는 탄층이 매장된 지역. 소규모로 잠재하는 것은 함탄지.

탄좌(炭座) 석탄의 합리적인 생산을 위하여, 어떤 일정 지역 내에 있는 여러 광구(鑛區)를 한데 묶은 것, 또는 그 구역.

탄진(炭塵) 탄광의 갱내에서 공기 속에 부유하고 있는 석탄의 미립자. 탄진은 석탄층을 채굴하거나 석탄을 운반할 때 발생하는 석탄의 미립자로서 주로 배기갱도에 많이 부유하거나 퇴적됨. 탄진의 크기는 10~30μm까지이나 대부분이 10μm 이하의 미세한 미분 상태로 공기 속에 부유함.

탄진폭발 부유 또는 퇴적 중인 탄진이 결정적인 화염에 닿거나 가스폭발 등의 원인으로 인화되어 일으키는 폭발. 일반적으로 휘발분을 많이 함유하고 회분이 적은 탄진일수록 폭발 위험성이 높음. 한국에서는 탄질 자체가 무연탄이므로 휘발분이 적어 탄진폭발이 일어난 기록이 없지만 외국에서는 가끔 탄진폭발이 발생함.

탄차 광차.

탄층(炭層) 지층 내에 매장되어 있는 석탄의 맥층(脈層).

탄폭 탄이 매장되어 있는 넓이를 말함. 탄폭이 고르고 넓으면 채굴갱도와 채탄막장이 편하지만, 우리나라의 경우 탄폭이 좁아서 막장이 좁고 굴곡이 심함.

탐광(探鑛) 광산 · 탄전 · 유전 등의 개발을 위하여 광상을 발견하고, 그 성질 · 상태 · 규모 등을 알아내는 작업. 지하의 구조를 알아내기 위해서는 지진파의 전파(傳播)를 이용하는 탄성파탐사, 지전류(地電流)의 측정을 이용하는 전탐법(電探法), 자성체의 강약을 이용하는 자력탐사, 중력의 차를 이용하는 중력탐사 등의 물리탐사법이 이용됨.

탐광갱도 확실한 석탄 매장 자료를 얻기 위해 굴진하여 만든 갱도. 탐광갱도에 의해서 광상의 규모나 광석의 성질 · 품위 · 매장량 등을 확인함.

탐광 굴진갱도(探鑛掘進坑道) 노두로부터 광맥을 따라 굴진할 때 채광을 하면서 탐광도 겸하는 갱도.

탐탄(探炭) 탄층 부존이 예상되는 지역에서 탄

층 구조, 부존 형태, 품위, 심도 등을 파악하기 위해 행해지는 조사 작업. 시추탐탄, 갱도탐탄, 물리탐사 등이 있음.

태 동발을 세는 단위. 주로 '틀'이라고 함.

토탄(土炭) 수생식물, 이끼, 기타 식물 유체의 퇴적물이 생화학적 변화를 받은 탄.

톱 슬라이싱법(top slicing method) 상부에서부터 갱도 높이만큼의 분층을 한 겹씩 깎으면서 채굴하는 방법. 채굴할 때에는 바닥에 널빤지와 철망을 깔아 놓고 하부 분층을 채굴할 때 이 널빤지를 쓰고 진행함. 이 널빤지와 철망은 하부로 내려갈수록 상부에서 붕괴된 암석에 대하여 쿠션 역할을 하는 매트(mat)가 됨. 채광 실수율이 높고 폐석 혼입량이 적으며, 작업이 안전한 장점이 있으나 갱목의 소비량이 많고 채굴비가 많이 드는 단점이 있음.

통기(通氣) 탄광 갱내에 신선한 공기를 유통시켜서 혼탁한 공기를 갱 바깥으로 내보내는 것. 통기를 할 경우 선풍기를 배기갱구 가까이 설치하여 갱내의 공기를 배출하고 다른 갱구에서 대기를 흡입하게 함. 배기갱구를 폐쇄하고, 다른 선풍기 풍도(風道)를 만들어서 선풍기와 연결하여 이를 통해서 갱 밖으로 배출하도록 함. 선풍기를 정지하고 어느 정도 시간이 경과한 후 운전을 재개하면 작업 장소의 가스 함유율이 증가할 염려가 있음.

통기갱(通氣坑) 통기를 위해 사용하는 사갱, 수갱 등을 말함.

통기갱도 통기를 위한 갱도.

통기 방법(通氣方法) 자연 통기법과 기계 통기법으로 구분. 작업 장소가 깊어지고 갱내 규모가 커지면 기계력, 즉 선풍기를 사용하는 기계통기법으로 통기시키는데 일반적으로 배기갱도 쪽에 큰 선풍기를 달아서 갱내 공기를 뽑아냄. 원심형 선풍기와 프로펠러형 선풍기가 있으나 주로 원심형 선풍기가 많이 사용.

통상임금 기본급 + 입갱수당(기본급 × $\frac{1}{2}$) ÷ 근로일수로 계산하는 직접부 임금 계산 방법. 탄광에 따라 조금씩 다름.

트레이 체인 컨베이어 역할을 함. 갱내에서 쓰는 것은 보통 길이 1m 20cm, 폭 50cm 크기가 활용됨.

트로이카 갱 밖에서 탄차 위로 이어진 전기선을 활용하여 움직이는 전기기관차.

특례 구역 광업권자는 갑종탄광에서 그 작업 구역의 일부에 대하여 가연성 가스에 대한 조치를 취할 필요가 없을 때 적용 배제를 인정하는 구역(특례 구역)을 정하여 이를 승인할 수 있음.

틀 동발을 세우면서 개수를 세는 단위. '태'라고도 함.

티프라(tippler) 광차를 비우는 장치. 발음에 따라 찐뿌라, 틴푸라, 틴플러.

ㅍ

팬 컨베이어 갱도 운반이나 막장 운반에서 많이 쓰이는 설비. 갱도가 심하게 굴곡되어 있는 경우 다른 컨베이어로는 여러 가지 어려운 점이 많기 때문에 사용.

펌프 갱내수를 퍼내는 기기. 양수기.

펌프공 양수공.

폐광 탄광의 채굴을 폐지함, 또는 그러한 탄광.

폐광대책비(廢鑛對策費) 정부가 비경제탄광의 정비를 위해 석탄광의 퇴직 근로자, 석탄광업자, 폐광지역 주변 환경을 복구하기 위해 지급하는 금액.

폐광촌 탄광으로 주 생업이 이루어진 지역에서 탄광이 폐광하면서 폐허가 된 마을.

폐석(廢石) 채광(채탄), 선광(선탄)의 과정에서 선별의 결과 폐기된 암괴, 암편이나 슬라임 또는 산물(최후의 광미). 일명 버력.

폐석장 폐석을 갖다 버리는 곳. 경석장. 보다장.

폐수 선탄장, 제련장, 기타 탄광의 제반 시설 등에 사용하여 폐기된 물.

폐탄 폐석장에다 갖다 버린 폐석을 체로 쳐서 선별한 것으로 열량은 2,000~3,000칼로리 정도로 발전소나 연탄공장으로 공급됨. 원탄에 섞어 연탄을 찍는 데 사용함. 일명 보다탄.

폭약(爆藥) 폭발 반응이 신속하고 폭굉(爆轟), 즉 충격파를 수반하여 폭발을 일으키는 화학류.

ㅎ

하고띠기 함당 단가로 셈하는 임금제.

하꼬 광차함.

하다마 광차가 미끄러져 내려가지 않도록 바퀴에 쇠막대기를 끼워 브레이크를 걸어 놓는 것. 일명 하도메.

하라이 측벽 쪽.

하리 지주목을 시공할 때 양쪽 각주를 연결하는 갱목을 뜻하는 일본식 용어. 너비, 관목.

하사미 탄맥 사이에 끼어 있는 암석.

하찌부 갠노(망치)만 가지고 굴진해 가는 작업.

한계탄광(限界炭鑛) 고비용, 저능률 구조의 경제성이 없는 탄광.

항장(坑長) 갱장(坑長)의 일본식 표기. 1980년대 이전의 탄광에서는 주로 항장으로 부름.

해수욕 휴가 석탄 증산이 한창이던 탄광에서 공휴가 귀할 때에도 여름철 공휴는 2~3일 났는데 이를 해수욕 휴가라고 부름.

햇돼지 탄광 경력이 거의 없는 신출내기 광부.

햇돼지 잡는다 신입 광부의 신고식을 말함.

향사(向斜) 습곡(褶曲)되어 있는 지층의 지질구조 상태가 골짜기형으로 되어 있는 부분. 향사의 골짜기 바닥에 해당하는 부분을 연결한 선을 향사축, 그 향사축의 양쪽 사면에 해당하는 부분을 향사익(向斜翼)이라고 함.

현대화 시설(現代化施設) 무(無)궤도 운반 개발 방식에 사용되는 시설로서 천공, 적재 및 운반의 대형화로 생산성 향상을 기할 수 있는 점보드릴, 마인(mine)트럭(40~100톤), LHD(적재기), 화약장전기, 장공천공기 등을 말함.

호라꾸 엎어지는 것.

호이스트(hoist) 비교적 소형의 화물을 들어 옮기는 장치. 원동기 · 기어 감속장치 · 감기통 등을 한 조로 하고 권상용(捲上用) 로프 끝에 훅(hook)을 장치하여 화물을 들어올림. 감기통을 손도르래로 움직이게 하는 수동(手動) 호이스트, 전동기를 사용한 전기 호이스트 · 텔퍼(telpher) 등이 있음. 단순히 호이스트라고 할 때는 일반적으로 전기 호이스트를 말함. 탄광에서는 압축공기를 이용해서 감기통을 회전시켜 로프를 감아 올리는 에어 호이스트(air hoist)가 사용됨.

홉바 탄광에 물건을 담아 놓을 수 있는 시설.

홍고도 주 운반갱도.

홑노미 기계 장비 없이 쓰는 노미.

홑노미질 기계 장비 없이 노미만 쓰는 것을 일컬음. 선산부가 손으로 노미를 잡고 탄벽에 찔러 돌리고 후산부가 그 위에 망치로 내리치는 작업.

화목(火木) 갱내의 동발 작업이나 케이빙 작업 등에서 쓰임새를 다하고 나오는 나무. 주로 땔감으로 활용됨. 광업소에서는 탄광노동자의 집에 상이 날 경우 이 화목을 모닥불용 땔감으로 보내 주곤 했는데 석탄이 붙어 있어 화력이 좋음.

화삽 불을 담아 옮길 때 쓰는 작은 삽. 부삽.

화이바(fiber) 탄광에서 안전모를 부르는 대명사. 일명 똥바가지.

환경안전(環境安全) 지하에서 작업이 이루어지는 탄광은 다른 산업에 종사하는 노동자보다 훨씬 많은 재해의 위험을 안고 있어 이에 대한 환경안전이 요구됨.

활성탄(活性炭) 목탄, 석탄(갈탄, 역청탄, 무연탄)에 화학적 또는 물리적으로 처리하여(미세 기공을 만듦) 흡착성을 지닌 탄소 물질.

횡목(橫木) 타주보다 훨씬 넓은 범위를 지지하는 받침목.

후까시 산소 공급 파이프로 연기를 뽑아내는 작업.

후다 광부들의 직번 혹은 고유번호가 새겨진 표찰.

후다판 광부들이 입갱할 때 이름과 직번을 새긴 표찰을 걸어 두는 판.

후루고도 채굴이 끝난 갱도.

후루기 한번 사용한 갱목.

후마이 막장의 아래쪽. 일명 후마에.

후산부 선산부의 일을 보조하는 미숙련공. 일본식 용어로는 아다무끼, 아도무끼. 3번 후산부와 4번 후산부로 나누기도 함.

후산부 잡는다 일을 못하는 선산부가 후산부를 고생시키는 상황을 표현하는 말.

후앙 갱내의 나쁜 공기를 바깥으로 빨아 당기는 선풍기.

훔부리 각주의 경사.

흡바 괭이.

참고문헌

가스통 바슐라르, 정영란 옮김, 『공기와 꿈』, 민음사, 1993.

강등학, 『정선아라리의 연구』, 집문당, 1998.

______, 「민요의 이해」, 『한국구비문학의 이해』, 월인, 2002.

강원도 편, 『강원도사(전통문화편)』, 강원도, 1986.

______, 『민속지』, 강원도, 1989.

강윤주, 「2009-2010년 유행어를 통해 본 중국 사회—사회 · 문화 · 과학기술 관련 유행어를 중심으로」, 계명대학교 대학원 통번역학과 석사논문, 2012.

고려대민족문화연구소, 『한국민속대관』, 고려대민족문화연구소, 1982.

______, 『한국민속의 세계』 7, 고려대학교 민족문화연구원, 2001.

고정옥, 『조선 민요연구』, 수선사, 1949.

구미래, 『한국인의 상징세계』, 교보문고, 1996.

구본혁, 『한국가락논공—음악문학론』, 진영사, 1987.

국립문화재연구소 편, 『강원도 세시풍속』, 국립문화재연구소, 2001.

______, 『한국세시풍속사전』, 국립민속박물관, 2005.

김기설, 「영동지방의 생업과 관련된 금기어연구」, 『한국민속학』, 민속학회, 1985.

______, 『영동지방의 금기어연구』, 고려대학교 교육대학원 석사논문, 1977.

______, 『강릉지역의 속신어』, 문왕출판사, 2001.

김무헌, 『한국노동민요론』, 집문당, 1986.

______, 『한국민요문학론』, 집문당, 1987.

김병하 외, 『정선 아리랑』, 범우사, 1996.

김성배 편, 『한국의 금기어 · 길조어』, 정음사, 1975.

김수업 외, 『현대사회 속의 전통적 민속문화』, 경남문화연구소, 1999.

김연갑, 『아리랑』, 집문당, 1988.

______, 『팔도아리랑 기행』, 집문당, 1994.

김열규, 『아리랑, 역사여, 겨레여, 소리여』, 조선일보사, 1987.

김은형, 「저문 폐광촌이 문화의 기지로」, 『한겨레21』 제421호, 2002. 8. 8.

김의숙 · 전상국, 『강원전통문화총서』, 국학자료원, 1997.

김의숙 · 이창식, 『민속학이란 무엇인가』, 북스힐, 2003.

김종대, 『우리문화의 상징세계』, 다른세상, 2001.

김진순, 『삼척의 소리기행』, 삼척시립박물관, 2003.

김태수, 『삼척의 민속예술』, 코리아루트, 2000.

김현채, 「신어 · 유행어를 통해보는 현대일본의 시대상―首相과 관련된 신어 · 유행어 대상어를 중심으로」, 부경대학교 대학원 일어일문학전공 석사논문, 2011.

대한석탄공사 편, 『대한석탄공사 50년사』, 대한석탄공사, 2001.

______, 《석공》(사보), 대한석탄공사, 2003~2007.

______, 『탄협40년사』, 대한석탄협회, 1988.

동해시 편, 『동해시사』, 동해시, 2000.

두창구 · 이동철, 『영동지역 민요 · 설화론』, 국학자료원, 2002.

류시화, 『나는 왜 너가 아니고 나인가』, 정신세계사, 1993.

민속학회, 『한국민속학의 이해』, 문학아카데미, 1995.

박경수, 『한국민요의 유형과 성격』, 국학자료원, 1998.

______, 『일본제국주의의 조선지배』, 청아, 1986.

박영수, 『행운의 풍속』, 새로운 사람들, 1997.

박정열 · 최상진, 「금기어(禁忌語) 분석을 통한 한국인의 심층심리 탐색」, 『한국심리학회지―일반』 22권, 한국심리학회, 2003.

박태순, 「탄광지대의 객지문화」, 『국토와 민중』, 한길사, 1983.

배도식, 『한국민속의 원형』, 집문당, 1995.

삼척군 편, 『삼척군지』, 삼척군, 1988.

______, 『삼척시지』, 삼척시, 1998.

삼척시립박물관 편, 『탄광촌 사람들의 삶과 문화』, 민속원, 2005.

서준섭, 「강원도 동해안 구비문학」, 『강원문화연구』 3, 강원대, 강원문화연구소, 1983.

송재선, 『동물속담사전』, 동문선, 1997.

신방흔, 『시각예술과 언어철학』, 생각의 나무, 2001.

신재용, 『우리약초로 지키는 생활한방』 3, 이유, 2003.

안재성, 『타오르는 광산』, 돌베개, 1988.

오은하, 「유행어의 국어교육적 연구」, 숙명여자대학교 교육대학원 국어교육전공 석사논문, 1999.

왕창, 채옥자 옮김, 『금기로 본 중국, 중국인』, 비전코리아, 2004.

이경엽, 『지역민속의 세계』, 민속원, 2004.

이만재, 『햇돼지 잡는 날』, 풀잎, 1991.

이원태, 「문화관광 및 경제효과에 편향된 추세」, 『문예연감』, 2002.

이지호, 『한국의 인구와 취락연구』, 서울대학교 지리교육과, 1984.

이창식, 「삼척지역의 민요」, 『강원민속학』 제11집, 강원도민속학회, 1995.

______, 『한국의 유희민요』, 집문당, 1999.

______, 『삼척지역의 민속문화』, 삼척문화원, 2000.

______, 『민속문화의 정체성 연구』, 집문당, 2001.

임동권, 『한국민요집』 1~6, 집문당, 1966~1981.

______, 『한국세시풍속연구』, 집문당, 1989.

______, 『태백산 민속지』, 민속원, 1997.

임재해, 『민속문화론』, 문학과지성사, 1994.

______, 「노래의 생명성과 민요 연구의 현장 확장」, 『민요 · 무가 · 탈춤 연구』, 태학사, 1998.

______, 「민속문화의 지속과 변화양상의 재인식」, 『실천민속문학연구』 3호, 실천민속학회, 2001.

______, 『민속문화의 생태학적 인식』, 당대, 2002.

장범성, 『중국인의 금기』, 살림, 2004.

장보은, 「유행어와 유머의 시대적 변천 연구」, 건국대학교 교육대학원 교육학과 석사논문, 2003.

장정룡, 『강원도 민속연구』, 국학자료원, 2002.

전기호, 『일제시대 재일한국인 노동자계급의 생태와 투쟁』, 지식산업사, 2003.

전원범, 『한국전래동요 연구』, 바들산, 1995.

전제훈, 『탄광으로 간 바다민속』, 민속원, 2013.

정연수, 「〈삼척기차놀이 노래〉 고찰」, 『제19회 전국향토문화공모전 수상집』, 전국문화원연합회, 2004(『강원학예연구』 1집, 강원학예연구회, 2005).

______, 「탄광촌의 축제현장」, 『한국 축제의 이해—강원도편』, 새미, 2006.

______, 「탄광촌 금기어 · 금기행위 연구」, 『제21회 전국향토문화공모전 수상집』, 전국문화원연합회, 2006.

______, 「탄광촌 민요에 나타난 탄광촌 정체성 연구」, 『강원민속학』 20집, 강원도민속학회, 2006.

______, 「태백시의 단오 세시풍속 연구」, 『강원민속학』 21집, 강원도민속학회, 2007.

______, 「탄광노동자의 작업장비 및 개인용품의 변천과정 고찰」, 『강원민속학』 22집, 강원도민속학회, 2008.

______, 「탄광시의 현실인식과 미학적 특성 연구」, 강릉대학교 대학원 박사논문, 2008.

______, 『탄광촌 풍속 이야기』, 북코리아, 2010.

______, 「탄광촌 유행어 고찰」, 『폐특법 제정 20주년 기념 백서—20년 전, 그 약속』, 고한사북남면신동지역살리기 공동추진위원회, 2015.

정영, 「국어 유행어에 대한 연구」, 전남대학교 대학원 국문과 석사논문, 2008.

정환구, 「그날까지 마지막 광부로 남으리라」, 『먼 훗날의 기쁨을 위하여』, 1996.

조성일, 『민요연구』, 연변인민출판사, 1981.

최래옥, 「한국민간속신어의 연구」, 『비교민속학』 2집, 비교민속학회, 1986.

______, 『한국 민간 속신어 사전』, 집문당, 1995.

______, 「민간속신어에 보이는 한국인의 자연관」, 『비교민속학』 21집, 비교민속학회, 2001.

최명림, 『한국 세시풍속의 변화와 문화콘텐츠화 연구』, 전남대학교 대학원 국문과 박사학위 논문, 2003.

최재혁, 「지역특색을 축제로 승화시킨 사북 석탄 문화제」, 『문화도시 문화복지』 18, 한국문화정책개발원, 1997.

카, 김승일 옮김, 『역사란 무엇인가』, 범우사, 2003.

태백시 편, 『태백시지』, 태백시, 1998.

편해문, 『옛아이들의 노래와 놀이 읽기』, 박이정, 2002.

프레이저, 이용대 옮김, 『황금가지』, 한겨레신문사, 2004.

프로이트, 김종엽 옮김, 『토템과 타부』, 문예마당, 1995.

하성봉, 『중국의 하늘을 연다』, 일송북, 2004.

하위징아, 권영빈 역, 『호모 루덴스』, 홍성사, 1981.

한국고유음반연구회 편, 『유성기음반가사집』 I, 민속원, 1990.

한국정신문화연구원 편, 『한국구비문학대계』(전30권), 고려원, 1980-1981.

______, 『한국유성기음반총목록』, 민속원, 1998.

한옥수, 「태백지구 탄광지대의 광업가정에 대한 가정경영 실태조사와 그 문제점의 도출분석 및 생활의 과학화방안 연구」, 『강원대학교 논문집』 제12집, 1978.

함광복, 「쇠락한 검은 노다지 왕국 영월광업소- 검은마차리 핫뉴스 석공철수작전」, 《월간태백》, 강원일보사, 1990. 7.

허재영, 『생활 속의 금기어 이야기』, 역락, 2000.

______, 「금기어의 구조 및 발생 요인」, 『사회언어학』, 한국사회언어학회, 2001.
홍춘봉, 『탄광촌 공화국』, 노동일보, 2002.
황석영, 「벽지의 하늘」, 『한국논픽숀선서』 3, 청년사, 1976.